JOACHIM PECK

Die Völkerrechtssubjektivität der Deutschen Demokratischen Republik

JOACHIM PECK

Die Völkerrechtssubjektivität der Deutschen Demokratischen Republik

AKADEMIE-VERLAG · BERLIN · 1960

Erschienen im Akademie-Verlag GmbH, Berlin W 1, Leipziger Straße 3-4
Lizenz-Nr. 202 · 100/26/60
Gesamtherstellung: IV/2/14 · VEB Werkdruck Gräfenhainichen · 1320
Bestellnummer: 5393
Printed in Germany
ES 4 B 3

INHALTSVERZEICHNIS

Die Deutsche Demokratische Republik ist ein Subjekt des Völkerrechts.

Wie ist es entstanden? Wie ist sein internationaler Status? Welche Rolle spielt es bei der Wiedervereinigung Deutschlands auf friedlichem und demokratischem Wege?

I. DER VÖLKERRECHTLICHE STATUS DEUTSCHLANDS IM JAHRE 1945

A. DIE POLITISCHE BEDEUTUNG DER FRAGE NACH DEM VÖLKERRECHTLICHEN STATUS DEUTSCHLANDS IM JAHRE 1945

Ausgangspunkt jeder Untersuchung über die Lage in Deutschland, insbesondere über die Völkerrechtssubjektivität der beiden existenten deutschen Staaten – der Deutschen Demokratischen Republik und der Deutschen Bundesrepublik –, ist der völkerrechtliche Status Deutschlands im Jahre 1945, das heißt die Feststellung, daß das sogenannte Großdeutsche Reich auf Grund der Tatsachen und Normen des Jahre 1945 seine Völkerrechtssubjektivität verloren hat, daß es als Subjekt des Völkerrechts untergegangen ist.
Die Beantwortung der Frage nach dem völkerrechtlichen Status Deutschlands im Jahre 1945 ist nicht nur von rein akademischer Bedeutung, sondern hat einen wichtigen politischen Hintergrund: Die Regierung der Deutschen Bundesrepublik vertritt bekanntlich den Rechtsstandpunkt, daß die Deutsche Bundesrepublik mit dem ehemaligen Deutschen Reich *identisch* sei. Sie verneint sowohl einen 1945 eingetretenen völkerrechtlichen Untergang des Deutschen Reiches als auch ein spätestens im Jahre 1949 durch dismenbratio bedingtes Entstehen zweier *neuer* deutscher Staaten als Subjekte des Völkerrechts.
Dieser Standpunkt ergibt sich aus einem Schreiben, das der westdeutsche Bundeskanzler, Dr. KONRAD ADENAUER, am 6. März 1951 an den seinerzeitigen Vorsitzenden des Rates der Alliierten Hochkommission für Westdeutschland, den französischen Hochkommissar André François-Poncet, richtete und in dem es unter anderem heißt:

> „Die Bundesrepublik bestätigt hiermit, daß sie für die äußeren Vorkriegsschulden des Deutschen Reiches haftet, einschließlich der später zu Verbindlichkeiten des Reiches zu erklärenden Schulden anderer Körperschaften, sowie für die Zinsen und

anderen Kosten für Obligationen der österreichischen Regierung, soweit derartige Zinsen und Kosten nach dem 12. März 1938 und vor dem 8. Mai 1945 fällig geworden sind.
Die Bundesregierung geht davon aus, daß bei der Feststellung der Art und des Ausmaßes, in welchem die Bundesrepublik diese Verpflichtungen erfüllt, der allgemeinen Lage der Bundesrepublik und insbesondere den *Wirkungen der territorialen Beschränkungen ihrer Herrschaftsgewalt* (hervorgehoben von mir, J. P.) und ihrer Zahlungsfähigkeit Rechnung getragen wird."[1]

Dieser Brief wird von ERICH KAUFMANN, einem der prominentesten Vertreter der Identitätstheorie in Westdeutschland, dahin erläutert, daß die Bundesrepublik damit „... bestätigte, daß sie auf Grund ihrer Identität mit dem Deutschen Reich für dessen Vorkriegsschulden haftet"[2].

Die Regierung der Deutschen Bundesrepublik folgert ihre These von der „Identität" der Bundesrepublik mit dem ehemaligen Deutschen Reich aus der Behauptung, daß das Deutsche Reich im Jahre 1945 als Subjekt des Völkerrechts *nicht* untergegangen sei, daß es trotz der Tatsachen und Normen des Jahres 1945 seine Völkerrechtssubjektivität behalten habe. Sie setzt sich damit auch völkerrechtlich dem Großdeutschen Reich Hitlers gleich und „identifiziert" sich auch politisch mit den vom Nationalsozialismus begangenen Verbrechen und Grausamkeiten.

Demgegenüber stellte die Regierung der Deutschen Demokratischen Republik unter anderem in einer Erklärung zur Londoner Suez-Konferenz im August 1956 fest: „Die Deutsche Demokratische Republik ist ... bis zur Wiedervereinigung einer der beiden deutschen Nachfolgestaaten des Deutschen Reiches."[3] Daraus folgt, daß das

[1] „Die Neue Zeitung", Berliner Ausgabe, 7. März 1951, S. 5; siehe hierzu auch das Schreiben der Alliierten Hohen Kommission für Deutschland an den westdeutschen Bundeskanzler vom 23. Oktober 1950, in: Deutsche Auslandsschulden, Dokumente von den internationalen Verhandlungen Oktober 1950 bis Juli 1951, Hameln 1951, S. 7 bis 9.

[2] KAUFMANN, Teilstaaten, S. 18. – Die in den Fußnoten lediglich mit Autorennamen oder Kurztiteln versehenen Literaturangaben befinden sich in ausführlicher Form im Literaturverzeichnis (S. 222–231).

[3] „Neues Deutschland", Berliner Ausgabe, 16. August 1956.

ehemalige Deutsche Reich infolge der Tatsachen und Normen des Jahres 1945 als Subjekt des Völkerrechts untergegangen ist. Die Regierung der Deutschen Demokratischen Republik zieht damit auch rechtlich einen Schlußstrich unter die verbrecherische Politik der alten Verderber Deutschlands. Sie hat im Buch der deutschen Geschichte ein neues, ein demokratisches und friedliches Kapitel begonnen.

Eine Analyse der Tatsachen und völkerrechtlichen Normen der Kriegs- und unmittelbaren Nachkriegszeit erbringt den Beweis, daß das Völkerrechtssubjekt Deutsches Reich im Jahre 1945 untergegangen ist und somit die These der Regierung der Deutschen Bundesrepublik vom Fortbestand des Deutschen Reiches und seiner Identität mit der Deutschen Bundesrepublik rechtlich unhaltbar ist.

B. DAS WESENTLICHE UNTERSCHEIDUNGSMERKMAL IN DEN BISHERIGEN VÖLKERRECHTLICHEN UNTERSUCHUNGEN

Über die Frage des völkerrechtlichen Status Deutschlands in den Jahren 1945 bis 1949 liegt bereits eine umfangreiche Literatur vor.[4] Doch gehen die Meinungen weit auseinander. Es wird die Meinung vertreten,

daß durch eine mit der bedingungslosen Kapitulation des Großdeutschen Reiches eingetretene debellatio „die staatliche Existenz des Deutschen Reiches auch im völkerrechtlichen Sinne beendet" worden[5] und der Status Deutschlands der eines Kondominiums gewesen sei, „... ausgeübt durch die vier Besatzungsmächte als Souveräne über das frühere deutsche Territorium und seiner Bevölkerung"[6];

daß das Deutsche Reich trotz der debellatio völkerrechtlich existent geblieben sei, da ein Staat seine Völkerrechtssubjektivität erst dann

[4] Siehe hierzu die bei STÖDTER angegebene Literatur; siehe auch TUNKIN, S. 192ff.

[5] So zum Beispiel BRANDWEINER, Verträge, S. 10.

[6] KELSEN, Peace Treaty. S. 1189: „... condominium exercised by the four occupant Powers as sovereigns over the former German territory and its population".

verliere, wenn zur debellatio die erklärte und verwirklichte Einverleibungsabsicht des Siegers hinzukomme[7], und, da diese den Staaten der Anti-Hitler-Koalition gefehlt habe, das Deutsche Reich infolgedessen trotz der debellatio als Subjekt des Völkerrechts weiterbestanden hätte[8];
daß der völkerrechtliche Status Deutschlands nach der bedingungslosen Kapitulation der Hitler-Wehrmacht vom 8. Mai 1945 der einer occupatio bellica gewesen, das heißt die alte Staatsgewalt „nicht untergegangen, sondern lediglich zurückgedrängt, suspendiert"[9] worden sei;
daß das Potsdamer Abkommen „ein neues Rechtsinstitut des Völkerrechts" entwickelt habe, das „nicht die Begründung einer neuen deutschen Souveränität, sondern im Gegenteil die zeitweilige Entziehung der Souveränitätsrechte Deutschlands als neue Form der internationalen Bestrafung für begangene völkerrechtswidrige Handlungen"[10] bedeutete.
Dabei herrscht in der *gesamten* Völkerrechtsliteratur Übereinstimmung darüber, daß das entscheidende Kriterium über das völkerrechtliche Sein oder Nichtsein des Deutschen Reiches in den Tatsachen und Normen des Jahres 1945 zu suchen ist. Aber mit dieser Feststellung hat die Übereinstimmung bereits ihr Ende gefunden. Schon die Frage, *was* zu den, die völkerrechtliche Lage Deutschlands entscheidenden Tatsachen und Normen zu zählen ist, wird nicht mehr einhellig beantwortet. Und die Wege trennen sich endgültig, wenn es um die Untersuchung geht, welchen völkerrechtlichen Rechtstatbestand die Tatsachen und Normen des Jahre 1945 erfüllen; wobei der Meinungsstreit vor allem darum geht, ob das Deutsche Reich als Subjekt des Völkerrechts bestehen geblieben ist oder ob es seine Völkerrechtssubjektivität verloren hat.

C. DER VÖLKERRECHTLICHE UNTERGANG DES GROSSDEUTSCHEN REICHES

Es gibt keine völkerrechtliche Bestimmung, die inhaltlich umfassend zum Ausdruck bringt, wann und unter welchen Voraussetzungen ein

[7] VERDROSS, VR, S. 190. [8] LÖWENTHAL, S. 399. [9] GEILER, S. 18f.
[10] STANDTKE, TILLMANN, WÜNSCHE, S. 296.

Staatengebilde als Subjekt des Völkerrechts anzusehen ist. In der Geschichte der internationalen Beziehungen lassen sich weder auf diesen Punkt bezogene bi- oder multilaterale Übereinkommen zwischen den Staaten noch ausdrückliche Beschlüsse internationaler Konferenzen oder internationaler Organe nachweisen, in denen die objektiven wissenschaftlichen Kriterien für die Existenz des Völkerrechtssubjektes Staat völkerrechtlich verbindlich *kodifiziert* worden sind. Wohl aber können wir objektive wissenschaftliche Kriterien über die Völkerrechtssubjektivität eines Staates völkerrechtlichen Normen und Prinzipien entnehmen, die im Verlauf des Wettbewerbes und der Zusammenarbeit der Staaten geschaffen wurden und die das Resultat eines deutlich zum Ausdruck gebrachten oder eines stillschweigenden Übereinkommens zwischen den Staaten sind.

1. Das Vorhandensein eines Instrumentes der Klassengewalt als objektives Kriterium der Völkerrechtssubjektivität eines Staates

Die wichtigsten Merkmale eines Staates sind: „1. Die Einteilung der Bevölkerung nach dem Gebiet; 2. besondere Formationen bewaffneter Menschen, eine besondere Macht, die nicht unmittelbar zusammenfällt mit der Bevölkerung, sondern einer bestimmten Klasse zur Verfügung steht“[11]. Jeder Staat ist, wie LENIN sagt, „das Organ der Herrschaft einer bestimmten Klasse“[12], „eine Maschine zur Aufrechterhaltung der Herrschaft einer Klasse über eine andere“[13]. Notwendiges Kriterium eines jeden Staates ist die „Einrichtung einer öffentlichen Gewalt“[14], eines Instrumentes der jeweiligen Klassengewalt, eines Machtorgans zur Aufrechterhaltung der jeweiligen Klassenherrschaft.

Das gilt auch für das Völkerrecht. Für die Existenz des Völkerrechtssubjektes Staat ist es daher – neben der Einteilung der Bevölkerung nach dem Gebiet – notwendig, daß ein Staatengebilde diejenigen Züge aufweist, die den Staat als die politische Institution der herrschenden Klasse kennzeichnen. Wichtigstes Kriterium für die Völkerrechtssubjektivität eines Staatengebildes ist demgemäß, wie MODSHORJAN richtig feststellt, „. . . eine oberste Gewalt . . ., welche

[11] Grundlagen der marxistischen Philosophie, S. 514.
[12] LENIN, Ausgewählte Werke. Bd. II, S. 162.
[13] LENIN, Über den Staat. S. 13. [14] ENGELS, Ursprung. S. 296.

dieses auf internationaler Ebene vertritt und fähig ist, sich an der Rechtsbildung zu beteiligen, die Rechtssubjekte zu verpflichten, übernommene Verpflichtungen zu erfüllen, und zu erreichen, daß die Rechtsnormen durch die Rechtssubjekte eingehalten werden"[15]. Ein Gemeinwesen besitzt dann Völkerrechtssubjektivität, wenn es tatsächlich als bestimmtes Territorium, zu dem eine Bevölkerung gehört, existiert und in ihm eine herrschende Klasse, unabhängig von einem anderen Staat, die Macht ausübt.[16] Das entscheidende Kriterium der Völkerrechtssubjektivität ist eine effektiv vorhandene Staatsmacht als die Gesamtheit des sich in den Händen der herrschenden Klasse befindenden Staatsapparates, die imstande ist, sich sowohl nach innen zu behaupten und durchzusetzen als auch nach außen hin den Staat in den internationalen Beziehungen, unabhängig von jedem anderen Staat, zu vertreten.

Es ist also zu untersuchen, ob auf Grund der Tatsachen und Normen des Jahres 1945 in Deutschland noch eine oberste deutsche Gewalt vorhanden war, welche sich sowohl im Innern behaupten und durchsetzen als auch Deutschland, unabhängig von jedem anderen Staat, auf internationaler Ebene vertreten konnte. Denn: Ein Gemeinwesen ist dann *nicht* Subjekt des Völkerrechts, wenn ihm die „reale Möglichkeit organisierter Machtentwicklung" fehlt. Mit Recht stellt KRÖGER fest, daß jede andere Auffassung sich in „wirklichkeitsfremde Spintisiererei" über den Staat als „Ding an sich" verlieren würde. „Der Staat ist als gesellschaftliche Realität immer ein konkretes soziales Faktum, er begegnet uns in der gesellschaftlichen Wirklichkeit nur in einer konkreten, klassenmäßig bestimmten Erscheinungsform, nicht als abstrakter Begriff. Wird die jeweilig gegebene Erscheinungrform des Staates beseitigt, so wird der betreffende Staat beseitigt."[17]

2. Die Kriegsziele der Anti-Hitler-Koalition des zweiten Weltkrieges

Die restlose Beseitigung des nazistischen deutschen Machtapparates in seiner Gesamtheit war das in den völkerrechtlichen Dokumenten

[15] MODSHORJAN, Völkerrechtssubjekte. Sp. 689; ebenso fordert Meshdunarodnoje Pravo, S. 86/87, das Bestehen eines entsprechenden Organs.
[16] So auch CÛTH, Sp. 404, und JEWGENJEW, Sp. 568.
[17] KRÖGER, Identitätstheorie, S. 359/360.

des zweiten Weltkrieges niedergelegte Kriegsziel der Anti-Hitler-Koalition. Mit anderen Worten: Es ging den Siegermächten des zweiten Weltkrieges darum, den bestehenden nazistischen deutschen Machtapparat zu vernichten, die „öffentliche Gewalt" des nationalsozialistischen deutschen Staates zu beseitigen. Das ergibt sich eindeutig aus den wichtigsten völkerrechtlichen Dokumenten der Anti-Hitler-Koalition des zweiten Weltkrieges.

Das erste der wesentlichen Dokumente, die den Tatsachen des Jahres 1945 zugrunde liegen, ist die von dem Präsidenten der Vereinigten Staaten von Amerika, Franklin D. Roosevelt, und dem Premierminister der Regierung Seiner Majestät im Vereinigten Königreich, Winston S. Churchill, am 14. August 1941 unterzeichnete Gemeinsame Verlautbarung der Vereinigten Staaten von Amerika und Großbritanniens über die Ziele ihrer Politik, die sogenannte Atlantikcharta. Artikel 6 dieser Charta lautet:

> „Nach der endgültigen Vernichtung der nationalsozialistischen Tyrannei hoffen sie, einen Frieden aufgerichtet zu sehen, der allen Nationen die Möglichkeit geben wird, in Sicherheit innerhalb ihrer Grenzen zu leben, und der die Gewähr dafür bieten wird, daß alle Menschen in allen Ländern ihr ganzes Leben lang frei von Furcht und Not leben können."[18]

Die Atlantikcharta, die eine endgültige „Vernichtung der nationalsozialistischen Tyrannei" forderte, wurde am 1. Januar 1942 in Washington durch die Regierungen von 26 Staaten – darunter der USA, der Sowjetunion und des Vereinigten Königreichs – als „gemeinsames Programm der Zielsetzung und Prinzipien ... anerkannt"[19]. Diese Erklärung, der sich bis zum 1. März 1945 weitere 19 Staaten anschlossen[20], sprach die Überzeugung der unterzeichneten Regierungen aus, „daß der vollständige Sieg über ihre Feinde notwendig ist, um Leben, Freiheit, Unabhängigkeit und religiöse Freiheit zu verteidigen und die Menschenrechte und Gerechtigkeit in ihren eigenen Ländern wie auch in anderen Ländern zu erhalten"[21].

In dem Bündnisvertrag zwischen der UdSSR und Großbritannien vom 26. Mai 1942 finden wir erstmalig einen besonderen Hinweis auf

[18] Vertrags-Ploetz, S. 385.
[19] Ebenda, S. 385/386.
[20] Ebenda, S. 386.
[21] Ebenda.

die Hitler-Regierung. In Teil I, Artikel 1 verpflichteten sich beide Parteien, „gegenseitig einander jede militärische und sonstige Hilfe im Krieg gegen Deutschland ... zu gewähren"[22], und stellten in Artikel 2 klar, „weder mit der Hitler-Regierung noch mit irgendeiner anderen deutschen Regierung, die nicht klar auf alle Angriffsabsichten verzichtet, in irgendwelche Verhandlungen einzutreten"[23].

Die Moskauer Viermächtekonferenz (UdSSR, USA, Großbritannien und China) vom Herbst 1943 legte die Haltung der Anti-Hitler-Koalition des zweiten Weltkrieges gegenüber der Hitler-Regierung bereits genauer fest. In der gemeinsamen, zusammen mit dem Abschlußkommuniqué vom 1. November 1943 veröffentlichten und von Roosevelt, Churchill und Stalin unterzeichneten Erklärung über Grausamkeiten wird festgestellt, daß die für die von der Hitler-Wehrmacht begangenen Grausamkeiten Verantwortlichen vor Gericht gestellt und bestraft werden sollen, „sobald irgendeiner in Deutschland gebildeten Regierung ein Waffenstillstand gewährt werden wird ..."[24]. Das läßt deutlich erkennen, daß die Großmächte nicht gewillt waren, mit der Hitler-Regierung oder Hitler-Deutschland, das heißt mit der in Deutschland bestehenden öffentlichen Gewalt, einen Waffenstillstand abzuschließen, sondern daß dies nur mit einer neuen, an die Stelle des Hitler-Regimes getretenen antifaschistisch-demokratischen Regierung, das heißt einer neuen antifaschistisch-demokratischen öffentlichen Gewalt, der Fall sein würde.

Der Vertrag zwischen Frankreich und der UdSSR vom 10. Dezember 1944 hat gleichfalls „den endgültigen Sieg über Deutschland"[25] zum Inhalt. Auch dieser Vertrag enthält in Artikel 2 die Verpflichtung beider vertragsschließenden Parteien, „weder in Sonderverhandlungen mit Deutschland einzutreten noch ohne gegenseitiges Einvernehmen Waffenstillstand oder Frieden zu schließen, sei es mit der Hitler-Regierung oder einer in Deutschland errichteten anderen Regierung oder einem ähnlichen Organ mit dem Ziel, die deutsche Angriffspolitik zu verlängern oder zu unterstützen"[26].

Die Erklärung von Jalta vom 12. Februar 1945 stellte dann mit aller Eindeutigkeit fest, daß die drei Großmächte der Anti-Hitler-

[22] Ebenda, S. 387.
[23] Ebenda.
[24] Ebenda, S. 396.
[25] Ebenda, S. 399.
[26] Ebenda.

Koalition gewillt waren, die Staats- und Kriegsmaschinerie Hitler-Deutschlands restlos zu vernichten. Ziffer 2 der Erklärung besagt:

> „Wir sind über die gemeinsame Politik und Planlegung zur Durchführung der Bestimmungen der bedingungslosen Kapitulation übereingekommen, die wir gemeinsam dem nationalsozialistischen Deutschland auferlegen werden, nachdem der bewaffnete deutsche Widerstand endgültig gebrochen ist. Diese Bestimmungen werden erst bekanntgegeben werden, wenn die endgültige Niederlage Deutschlands vollzogen ist.
>
> Gemäß dem in gegenseitigem Einvernehmen festgelegten Plan werden die Streitkräfte der drei Mächte je eine besondere Zone Deutschlands besetzen. Der Plan sieht eine koordinierte Verwaltung und Kontrolle durch eine Zentralkommission mit Sitz in Berlin vor, die aus den Oberbefehlshabern der drei Mächte besteht.
>
> Es ist beschlossen worden, daß Frankreich von den drei Mächten aufgefordert werden soll, eine Besatzungszone zu übernehmen und als viertes Mitglied an der Kontrollkommission teilzunehmen, falls es dies wünschen sollte. Die Grenzen der französischen Zone werden von den vier beteiligten Regierungen durch ihre Vertreter bei der Europäischen Beratenden Kommission in gegenseitigem Einvernehmen festgelegt.
>
> Es ist unser unbeugsamer Wille, den deutschen Militarismus und Nationalsozialismus zu zerstören und dafür Sorge zu tragen, daß Deutschland nie wieder imstande ist, den Weltfrieden zu stören. Wir sind entschlossen, alle deutschen Streitkräfte zu entwaffnen und aufzulösen; den deutschen Generalstab, der wiederholt die Wiederaufrichtung des deutschen Militarismus zuwege gebracht hat, für alle Zeiten zu zerschlagen; sämtliche deutschen militärischen Einrichtungen zu entfernen oder zu zerstören; die gesamte deutsche Industrie, die für militärische Produktion benützt werden könnte, zu beseitigen oder unter Kontrolle zu stellen; alle Kriegsverbrecher vor Gericht zu bringen und einer schnellen Bestrafung zuzuführen sowie eine in gleichem Umfang erfolgende Wiedergutmachung der von den Deutschen verursachten Zerstörungen zu bewirken; die nationalsozialistische Partei, die national-

> sozialistischen Gesetze, Organisationen und Einrichtungen zu beseitigen, alle nationalsozialistischen und militaristischen Einflüsse aus den öffentlichen Dienststellen sowie dem kulturellen und wirtschaftlichen Leben des deutschen Volkes auszuschalten und in Übereinstimmung miteinander solche Maßnahmen in Deutschland zu ergreifen, die für den zukünftigen Frieden und die Sicherheit der Welt notwendig sind.
> Es ist nicht unsere Absicht, das deutsche Volk zu vernichten; aber nur dann, wenn der Nationalsozialismus und der Militarismus ausgerottet sind, wird für die Deutschen Hoffnung auf ein würdiges Leben und einen Platz in der Völkergemeinschaft bestehen."[27]

Am 8. Mai 1945 unterzeichneten Keitel, Stumpff und von Friedeburg in Berlin-Karlshorst die Militärische Kapitulationsurkunde. Sie übergaben damit im Auftrage des Oberkommandos der Deutschen Wehrmacht „bedingungslos dem Obersten Befehlshaber der Alliierten Expeditionsstreitkräfte und gleichzeitig dem Oberkommando der Roten Armee alle gegenwärtig unter deutschem Befehl stehenden Streitkräfte zu Lande, zu Wasser und in der Luft"[28]. Die Kapitulationsurkunde stellte in Artikel 4 ausdrücklich fest:

> „Diese Kapitulationserklärung stellt kein Präjudiz für an ihre Stelle tretende allgemeine Kapitulationsbestimmungen dar, die durch die Vereinten Nationen oder in deren Namen festgesetzt werden und Deutschland und die deutsche Wehrmacht als Ganzes betreffen werden."[29]

Die in Artikel 4 der Kapitulationsurkunde angekündigten allgemeinen Kapitulationsbestimmungen folgen dann in den vier Berliner Deklarationen vom 5. Juni 1945:

1. „Erklärung in Anbetracht der Niederlage Deutschlands und der Übernahme der obersten Regierungsgewalt hinsichtlich Deutschlands durch die Regierungen des Vereinigten Königreichs, der Vereinigten Staaten von Amerika und der Union der Sozialistischen Sowjetrepubliken und durch die Provisorische Regierung der Französischen Republik":

[27] Ebenda, S. 401/402.
[28] Amtsblatt des Kontrollrates in Deutschland, Ergänzungsblatt 1, S. 6.
[29] Ebenda.

In der Präambel dieser Erklärung heißt es:

„Die deutschen Streitkräfte zu Lande, zu Wasser und in der Luft sind vollständig geschlagen und haben bedingungslos kapituliert, und Deutschland, das für den Krieg verantwortlich ist, ist nicht mehr fähig, sich dem Willen der siegreichen Mächte zu widersetzen. Dadurch ist die bedingungslose Kapitulation Deutschlands erfolgt, und Deutschland unterwirft sich allen Forderungen, die ihm jetzt oder später auferlegt werden.

Es gibt in Deutschland keine zentrale Regierung oder Behörde, die fähig wäre, die Verantwortung für die Aufrechterhaltung der Ordnung, für die Verwaltung des Landes und für die Ausführung der Forderungen der siegreichen Mächte zu übernehmen.

Unter diesen Umständen ist es notwendig, unbeschadet der späteren Beschlüsse, die hinsichtlich Deutschlands getroffen werden mögen, Vorkehrungen für die Einstellung weiterer Feindseligkeiten seitens der deutschen Streitkräfte, für die Aufrechterhaltung der Ordnung in Deutschland und für die Verwaltung des Landes zu treffen und die sofortigen Forderungen zu verkünden, denen Deutschland nachzukommen verpflichtet ist.

Die Vertreter der obersten Kommandobehörden des Vereinigten Königreichs, der Vereinigten Staaten von Amerika, der Union der Sozialistischen Sowjetrepubliken und der Französischen Republik, im folgenden „Alliierte Vertreter“ genannt, die mit der Vollmacht ihrer betreffenden Regierungen und im Interesse der Vereinten Nationen handeln, geben dementsprechend die folgende Erklärung ab:

Die Regierungen des Vereinigten Königreichs, der Vereinigten Staaten von Amerika, der Union der Sozialistischen Sowjetrepubliken und die Provisorische Regierung der Französischen Republik übernehmen hiermit die oberste Regierungsgewalt in Deutschland, einschließlich aller Befugnisse der deutschen Regierung, des Oberkommandos der Wehrmacht und der Regierungen, Verwaltungen und Behörden der Länder, Städte und Gemeinden. Die Übernahme zu den vorstehend genannten Zwecken der besagten Regierungsgewalt und Befugnisse bewirkt nicht die Annektierung Deutschlands.

Die Regierungen des Vereinigten Königreichs, der Vereinigten Staaten von Amerika, der Union der Sozialistischen Sowjetrepubliken und die Provisorische Regierung der Französischen Republik werden später die Grenzen Deutschlands oder irgendeines Teiles Deutschlands und die rechtliche Stellung Deutschlands oder irgendeines Gebietes, das gegenwärtig einen Teil deutschen Gebietes bildet, festlegen.“[30]

Die Artikel 1 bis 12 der Erklärung enthalten im wesentlichen militärische Bestimmungen. Artikel 13 lautet:

„a) In Ausübung der obersten Regierungsgewalt in Deutschland, die von den Regierungen des Vereinigten Königsreichs, der Vereinigten Staaten von Amerika und der Union der Sozialistischen Sowjetrepubliken sowie der Provisorischen Regierung der Französischen Republik übernommen wird, werden die vier Alliierten Regierungen diejenigen Maßnahmen treffen, die sie zum künftigen Frieden und zur künftigen Sicherheit für erforderlich halten, darunter auch die vollständige Abrüstung und Entmilitarisierung Deutschlands.

b) Die Alliierten Vertreter werden Deutschland zusätzliche politische, verwaltungsmäßige, wirtschaftliche, finanzielle, militärische und sonstige Forderungen auferlegen, die sich aus der vollständigen Niederlage Deutschlands ergeben. Die Alliierten Vertreter bzw. die ordnungsmäßig dazu ermächtigten Personen oder Dienststellen werden Proklamationen, Befehle, Verordnungen und Anweisungen ergehen lassen, um solche zusätzliche Forderungen festzulegen und die übrigen Bestimmungen dieser Erklärung auszuführen. Alle deutschen Behörden und das deutsche Volk haben den Forderungen der Alliierten Vertreter bedingungslos nachzukommen und alle solche Proklamationen, Befehle, Anordnungen und Anweisungen uneingeschränkt zu befolgen.“[31]

2. „Feststellung seitens der Regierungen des Vereinigten Königreichs, der Vereinigten Staaten von Amerika und der Union der Sozialistischen Sowjetrepubliken sowie der Provisorischen Regie-

[30] Ebenda, S. 7.
[31] Ebenda, S. 9.

rung der Französischen Republik über das Kontrollverfahren in Deutschland":

„1. Während der Zeit, in der Deutschland die sich aus der bedingungslosen Kapitulation ergebenden grundlegenden Forderungen erfüllt, wird in Deutschland die oberste Gewalt von den Oberbefehlshabern Großbritanniens, der Vereinigten Staaten, Sowjetrußlands und Frankreichs auf Anweisung ihrer Regierungen ausgeübt, von jedem in seiner eigenen Besatzungszone und gemeinsam in allen Deutschland als ein Ganzes betreffenden Angelegenheiten. Die vier Oberbefehlshaber bilden zusammen den Kontrollrat. Jeder Oberbefehlshaber wird von einem politischen Berater unterstützt.

2. Der Kontrollrat, dessen Entscheidungen einstimmig getroffen werden müssen, trägt für die angemessene Einheitlichkeit des Vorgehens der einzelnen Oberbefehlshaber in ihren entsprechenden Besatzungszonen Sorge und trifft im gegenseitigen Einvernehmen Entscheidungen über alle Deutschland als Ganzes betreffenden wesentlichen Fragen.

....

7. Die Verwaltung des Gebietes von Groß-Berlin wird von einer Interalliierten Behörde geleitet, die unter der Leitung des Kontrollrates arbeitet und aus vier Kommandanten besteht, deren jeder abwechselnd als Hauptkommandant fungiert. Sie werden von einem Stab von Sachbearbeitern unterstützt, der die Tätigkeit der örtlichen deutschen Behörden überwacht und kontrolliert.

8. Die oben dargelegte Regelung gilt für die der deutschen Kapitulation folgende Besatzungszeit, innerhalb welcher Deutschland die sich aus der bedingungslosen Kapitulation ergebenden grundlegenden Forderungen erfüllt. Eine Regelung für die darauffolgende Zeit wird Gegenstand einer Sondervereinbarung bilden."[32]

3. Die „Feststellung seitens der Regierungen des Vereinigten Königreichs, der Vereinigten Staaten von Amerika und der Union der Sozialistischen Sowjetrepubliken sowie der Provisorischen Regierung der Französischen Republik über die Besatzungszonen in Deutsch-

[32] Ebenda, S. 10.

land"[33] hat die Einteilung Deutschlands in die vier Besatzungszonen zum Inhalt.

4. Die „Feststellung seitens der Regierungen des Vereinigten Königreichs, der Vereinigten Staaten von Amerika und der Union der Sozialistischen Sowjetrepubliken sowie der Provisorischen Regierung der Französischen Republik über Beratung mit den Regierungen anderer Vereinter Nationen" lautet:

> „Durch den die Niederlage Deutschlands betreffenden Beschluß, der in Berlin am 5. Juni 1945 veröffentlicht worden ist, haben die Regierungen des Vereinigten Königreichs, der Vereinigten Staaten von Amerika und der Union der Sozialistischen Sowjetrepubliken sowie die Provisorische Regierung der Französischen Republik die oberste Gewalt über Deutschland übernommen. Die Regierungen der vier Mächte verkünden hiermit, daß es ihre Absicht ist, sich mit den Regierungen anderer Vereinter Nationen gelegentlich der Ausübung dieser Gewalt zu beraten."[34]

Diesen vier Berliner Deklarationen folgte das Potsdamer Abkommen vom 2. August 1945, dessen Abschnitt III sich insbesondere mit der Lage in Deutschland befaßt und der nach einer Präambel politische und wirtschaftliche Grundsätze enthält, deren sich die vier Besatzungsmächte in der *Anfangsperiode* der Kontrolle bedienen wollten. Von besonderer Bedeutung für den hier interessierenden Zusammenhang sind die Feststellungen aus der Präambel zu Abschnitt III:

> „Das Ziel dieser Übereinkunft bildet die Durchführung der Krim-Deklaration über Deutschland. Der deutsche Militarismus und Nazismus werden ausgerottet, und die Alliierten treffen nach gegenseitigen Vereinbarungen in der Gegenwart und in der Zukunft auch andere Maßnahmen, die notwendig sind, damit Deutschland niemals mehr seine Nachbarn oder die Erhaltung des Friedens in der ganzen Welt bedrohen kann."[35]

Wir sehen: Es war das in völkerrechtliche Normen gefaßte Ziel der Anti-Hitler-Koalition des zweiten Weltkrieges, den national-

[33] Ebenda, S. 11. [34] Ebenda, S. 12. [35] Ebenda, S. 14.

sozialistischen Machtapparat des Großdeutschen Reiches in seiner *Gesamtheit* zu zerstören und von ihm nichts, aber auch nicht den kleinsten Rest, übrigzulassen. Und es ging nicht nur um die Beseitigung der äußeren Erscheinungsformen dieses Machtapparates, sondern auch und vor allem um die Ausrottung seines Inhalts mitsamt seinen Wurzeln.

Nicht ohne Grund forderten die demokratischen Kräfte der europäischen Völker bereits nach dem ersten Weltkrieg eine Bestrafung der deutschen Kriegsverbrecher. Entsprechende Bestimmungen wurden auch in die Artikel 227 bis 230 des Versailler Vertrages aufgenommen; doch verliefen diese Bestrebungen, da bekanntlich eine Krähe der anderen kein Auge aushackt und die imperialistischen Kreise des Westens an der Rettung des deutschen Imperialismus interessiert waren, um ihn als Stoßkeil gegen die junge Sowjetmacht zu benutzen, wie das Hornberger Schießen.[36]

Nach dem ersten Weltkrieg ging zwar der Kaiser – aber es blieben die Generäle, und mit ihnen die Schlotbarone und Junker, die Herren der Wirtschaft und der Bankwelt, der deutsche Imperialismus. Der Weg, den das deutsche Volk dann ging, ist zu bekannt, als daß er hier noch einmal dargestellt werden müßte. Er führte zum 30. Januar 1933, zum 1. September 1939, zum 22. Juni 1941 und endete in Berlin-Karlshorst am 8. Mai 1945. Es war ein Weg, dessen Grausamkeiten und Verbrechen, dessen Vertragsverletzungen und völkerrechtswidrige Handlungen durch den Nürnberger Hauptkriegsverbrecherprozeß und die folgenden Kriegsverbrecherprozesse zur Genüge gerichtsnotorisch belegt sind.

„Die Diktatur des Dritten Reiches stützte sich auf die unselige Dreieinigkeit des Nationalsozialismus, Militarismus und Wirtschaftsimperialismus", erklärte der amerikanische Ankläger im sogenannten Flick-Prozeß, Brigadegeneral TAYLOR.[37] Diese „unselige Dreieinigkeit", ihre Handlungen und Verbrechen, ihre Grausamkeiten und völkerrechtswidrigen Handlungen – sie sind das historische Fundament, auf dem die Tatsachen und Normen des Jahres 1945 beruhen; ohne ihre Kenntnis und Berücksichtigung sind die völker-

[36] Siehe hierzu im übrigen STEINIGER, Der Nürnberger Prozeß, Bd. I, S. 14/15.

[37] Flick-Prozeß, S. 37.

rechtlichen Dokumente über den Status Deutschlands nicht verständlich, ja, sie bestimmen deren Inhalt, Zweck und Ziel. Diese historischen Ereignisse und gesellschaftlichen Erscheinungen geben der Feststellung des Potsdamer Abkommens erst ihren gerechten Sinn und rechtlichen Inhalt: „Der deutsche Militarismus und Nazismus werden ausgerottet, und die Alliierten treffen nach gegenseitigen Vereinbarungen in der Gegenwart und in der Zukunft auch andere Maßnahmen, die notwendig sind, damit Deutschland niemals mehr seine Nachbarn oder die Erhaltung des Friedens in der ganzen Welt bedrohen kann."

Die Tatsachen und Normen des Jahres 1945 kommen nicht von ungefähr. Sie sind auch nicht das Ergebnis eines beliebigen Krieges, sondern sie haben ihre Grundlage im konkreten gesellschaftlichen Sein der Staaten, in der unabdingbaren Forderung und im Willen der Völker, die Bedrohung des Friedens durch den aggressiven deutschen Imperialismus und Militarismus ein für allemal zu beseitigen.

Das Geschehen unseres Jahrhunderts, insbesondere das der letzten vierzig Jahre, hat auch auf das Völkerrecht einen großen Einfluß gehabt. „Im Völkerrecht kann ein großer Krieg oder eine große Konferenz, wie etwa der Wiener Kongreß, grundlegende Änderungen bringen, welche den Geist des gesamten Völkerrechts nicht unberührt lassen."[38] Aber nicht nur ein großer Krieg oder die einen Krieg beendende große Konferenz beeinflussen das Völkerrecht. Das, was in den letzten Jahrzehnten einen immer stärker werdenden Einfluß auf die internationalen Beziehungen und damit auf das Völkerrecht ausübt, ist der Wille der Völker, der Wille der die Völkerrechtssubjekte „Staat" bewohnenden schaffenden Menschen, den gegebenen Frieden zu erhalten, es erst gar nicht zu einem Krieg kommen zu lassen.

Von grundlegender Bedeutung für diese Entwicklung des Völkerrechts ist das Entstehen der Sowjetunion, der Eintritt dieses ersten sozialistischen Staates in die internationalen Beziehungen. Ausgehend von der Tatsache, daß in diesem Lande die Ausbeutung des Menschen durch den Menschen beseitigt ist, daß es dort niemanden gibt, der an einem Krieg verdienen könnte, wurde die UdSSR zum

[38] Laun, Staats- und Völkerrecht, S. 14.

Vorkämpfer für die zutiefst demokratischen Grundprinzipien des Völkerrechts. Als sozialistischer Staat kämpfte und kämpft die Sowjetunion, wie KOROWIN sagt, „konsequent für die Erhaltung der allgemein anerkannten demokratischen Prinzipien des Völkerrechts in den internationalen Beziehungen, Prinzipien, die in der Mehrzahl der Fälle während der Periode der bürgerlich-demokratischen Revolutionen entstanden sind"[39]. Die Sowjetunion ist der unmittelbare Vertreter des Willens ihrer Völker. In ihr – und in den nach dem zweiten Weltkrieg entstandenen weiteren sozialistischen Staaten – handelt das Volk selbst durch die Organe seines Staates, wird eine Außenpolitik des Volkes betrieben und das Völkerrecht im Interesse des Volkes angewendet und ausgenutzt.

Dieses Beispiel hat schon vor dem zweiten Weltkrieg, insbesondere aber während des zweiten Weltkrieges, einen immer größer werdenden Einfluß auf die Völker anderer Staaten ausgeübt. Es vollzog sich, verstärkt durch die vom Nationalsozialismus für den Frieden heraufbeschworene Gefahr und den dann durch ihn vollzogenen Friedensbruch, eine Mobilisierung der öffentlichen Weltmeinung zu den Fragen der internationalen Beziehungen und des Völkerrechts. Es wurde „der kollektive Wille der Völker organisiert und, da es sich um das Völkerrecht handelt, das internationale Rechtsbewußtsein, das in den ‚allgemeinen Grundsätzen' oder ‚Grundprinzipien' des Völkerrechts zum Ausdruck kommt, als wichtiger politischer Faktor bestätigt"[40].

Diese Entwicklung hatte ihren ersten Höhepunkt im zweiten Weltkrieg und fand ihre völkerrechtliche Bestätigung in der Präambel der Charta der Vereinten Nationen, in der die Entschlossenheit der Völker der Vereinten Nationen zum Ausdruck gebracht wird,

> „die kommenden Generationen vor der Geißel des Krieges zu bewahren, die zweimal zu unseren Lebzeiten unsägliches Leid über die Menschheit gebracht hat, und den Glauben an grundlegende Menschenrechte, an Würde und Wert der menschlichen Person und an die Gleichberechtigung von Mann und

[39] KOROWIN, Proletarian Internationalism, S. 25: „. . . consistently for the observation of the generally accepted democratic principles of international law in international relations, principles that in the majority of cases grew up during the period of bourgeois- democratic revolutions".

[40] KOROWIN, Volksmassen, Sp. 404.

> Frau und von großen und kleinen Nationen erneut zu bekräftigen, und Bedingungen zu schaffen, unter denen Gerechtigkeit und Achtung der Verpflichtungen, die auf Verträgen oder anderen Quellen des Völkerrechts beruhen, gewährleistet werden kann ...“[41].

Sie setzte sich fort und verstärkte sich in den Jahren nach dem zweiten Weltkrieg, in denen das weltweite Lager des Sozialismus, die Staaten der sich von kolonialer Abhängigkeit und Unterdrückung befreienden Völker sowie die aktive Tätigkeit breitester Volksmassen zum Schutze des Friedens auch in der sogenannten westlichen Welt einen immer größer werdenden Einfluß auf den Verlauf des Weltgeschehens ausübten und heute mehr denn je ausüben.

Die Deutschland betreffenden Tatsachen und Normen des Jahres 1945, insbesondere die Erklärung von Jalta, die vier Berliner Deklarationen und das Potsdamer Abkommen, sind nichts anderes als der konkrete, auf die Verhältnisse in Deutschland bezogene Ausfluß der allgemeinen, in der Präambel der UN-Charta niedergelegten völkerrechtlichen Grundsätze. Die Völker der Vereinten Nationen wollten durch ihre Regierungen Vorsorge treffen,

daß der aggressive deutsche Imperialismus und Militarismus nicht noch einmal unsägliches Leid über die Menschheit bringen,

daß der aggressive deutsche Imperialismus und Militarismus den Glauben an die grundlegenden Menschenrechte und die Würde und den Wert der menschlichen Person nicht noch einmal mit Füßen treten können und

daß auch in Deutschland Bedingungen geschaffen wurden, unter denen Gerechtigkeit und Achtung der Verpflichtungen, die auf Verträgen oder anderen Quellen des Völkerrechts beruhen, gewährleistet werden.

Hinter den Regierungen, deren Vertreter im Namen der Vereinten Nationen die Erklärung von Jalta, die vier Berliner Deklarationen und das Potsdamer Abkommen unterzeichneten, stand die Gesamtheit der Völker der Welt, stand ihre Forderung nach einem Leben in Frieden, Sicherheit und friedlichem Wohlstand. Es ist bekannt, und so manche Veröffentlichung führender Staatsmänner der westlichen Welt nach dem zweiten Weltkrieg hat es bestätigt, daß der unüber-

[41] UN-Charta, S. 3.

sehbare Wille sowohl des eigenen als auch der anderen Völker nach friedlichem Leben eine entscheidende Rolle bei der Ausarbeitung und dem Zustandekommen der Dokumente des Jahres 1945 gespielt hat. Die Völker forderten Sicherheit vor dem aggressiven deutschen Imperialismus und Militarismus, sie forderten die Sicherung des unter so unermeßlichen Blutopfern erkämpften Friedens. Die geschichtliche Erfahrung hat die Völker gelehrt, daß, solange in Deutschland den aggressiven und revanchelüsternen militaristischen und imperialistischen Kräften Handlungsfreiheit gewährt wird und solange nicht wirkungsvolle und durchgreifende Maßnahmen eingeleitet und verwirklicht werden, die eine Entwicklung Deutschlands auf friedlicher und demokratischer Grundlage gewährleisten, die alten Verderber Deutschlands wieder zur Macht gelangen und keine formellen Garantien und Verpflichtungen den Völkern Europas – vor allem den Nachbarn Deutschlands – das Vertrauen in ihre eigene Sicherheit geben können. Diese in die Erkenntnis der Völker umgesetzte Erfahrung der Geschichte war es, die den Staatsmännern bei der Ausarbeitung der Dokumente des Jahres 1945 die Feder führte – wenn sich auch die Hand des einen oder anderen westlichen Politikers und Militärs gesträubt haben mag.

Wenn auch die völkerrechtlichen Normen des Jahres 1945 unmittelbar durch die Staaten gesetzt wurden, mittelbar war es der nicht übersehbare und nicht zu umgehende Wille der Völker, den errungenen Frieden ein für allemal zu sichern. Diese Erkenntnis, die eine neue und zugleich eine Weiterentwicklung des Völkerrechts deutlich werden läßt, spricht aus den Worten des amerikanischen Hauptanklägers im Nürnberger Hauptkriegsverbrecherprozeß, JACKSON, „daß unsere Haltung in dieser Zeit das Denken der Welt" – und damit vor allem das Denken der Völker – „auf eine Stärkung der Gesetze des internationalen Verhaltens hinlenkt"[42]; das aber heißt nichts anderes als Friedenssicherung und Aggressionsverbot als den vornehmsten Aufgaben des modernen Völkerrechts.

Das ist der tiefe Sinn vor allem der Berliner Deklarationen und des Potsdamer Abkommens, darin liegt ihre völkerrechtliche Rechtfertigung.

[42] Zitiert nach (STEINIGER), Der Nürnberger Prozeß, Bd. I, S. 25.

3. Die 1945 vollzogene Beseitigung des nationalsozialistischen deutschen Machtapparates

Es ging – daran lassen die bereits zitierten Dokumente keinen Zweifel – den Siegermächten der Anti-Hitler-Koalition im Jahre 1945 um die Ausmerzung des reaktionären deutschen Macht- und nationalsozialistischen Parteiapparates an Haupt und Gliedern. Leider hat es sich hier und da eingebürgert, im Zusammenhang mit den Ereignissen der Jahre 1933 bis 1945 immer nur von *Hitler*-Deutschland zu sprechen. So richtig diese Formulierung im Einzelfall auch sein mag, so liegt in ihr doch die Gefahr, zu vertuschen, daß der Nationalsozialismus die räuberischste, aggressivste und verbrecherischste Form des deutschen Imperialismus war und daß die Wurzeln dieses *Hitler*-Deutschlands bis zum Ende des vergangenen Jahrhunderts zurückreichen. Es ist doch kennzeichnend, daß sich seit den Verträgen von Bonn und Paris im Mai 1952 vor allem in Westdeutschland die Stimmen mehren, die mit besonderer Pointierung von *Hitler*-Deutschland sprechen, um daraus ableiten zu können, daß die Kräfte, die dem Nationalsozialismus erst die „Machtübernahme" ermöglichten, nicht diesem *Hitler*-Deutschland gleichzusetzen seien, da sie – man höre und staune – niemals etwas mit Hitler zu tun gehabt hätten, ja, wie im Falle Schacht oder Papen, Speidel oder Heusinger, sogar seine „erklärten Gegner" gewesen seien.

Es ist angesichts des Wiedererstehens des aggressiven deutschen Imperialismus und Militarismus in der Deutschen Bundesrepublik daher von aktuellstem Interesse, festzustellen, daß die Siegermächte der Anti-Hitler-Koalition des zweiten Weltkrieges in keiner Weise daran dachten, die Umgestaltung Deutschlands an Haupt und Gliedern auf den Hitlerschen Macht- und Parteiapparat, so wie er sich seit 1933 in Deutschland entwickelt und gefestigt hatte, zu beschränken, sondern daß es ihr erklärter Wille war, auch die Wurzeln des Nationalsozialismus, also den aggressiven deutschen Imperialismus und Militarismus, mit Stumpf und Stiel zu beseitigen.

Die bereits genannten Dokumente stellen außer Frage, daß es den Siegermächten darum ging, den deutschen Militarismus ein für allemal zu vernichten. Auch die in den Punkten 1 bis 10 des Abschnittes III des Potsdamer Abkommens enthaltenen „Politischen Grundsätze" lassen eindeutig erkennen, daß jeder Wiedergeburt oder

Wiederaufrichtung des deutschen Militarismus, jeder militaristischen Betätigung und Propaganda vorgebeugt werden sollte, um so der Entwicklung wahrhaft demokratischer Einrichtungen in Deutschland freien Raum zu schaffen. Die Feststellung in Abschnitt III des Potsdamer Abkommens: „Der deutsche Militarismus und Nazismus werden ausgerottet . . .“[43] stellte keine rethorische Phrase dar, sondern war die conditio sine qua non für die Maßnahmen, die von den Siegermächten ergriffen werden sollten und mußten, um den Frieden in Europa und in der Welt zu sichern und dem deutschen Volk die Möglichkeit zu geben, „sich darauf vorzubereiten, sein Leben auf einer demokratischen und friedlichen Grundlage von neuem wiederaufzubauen“[44].

Über die Rolle der aggressiven deutschen Monopolherren zwischen den beiden Weltkriegen stellte das Urteil im Nürnberger Hauptkriegsverbrecherprozeß fest:

> „Im November 1932 wurde dem Präsidenten Hindenburg eine von Großindustriellen und Finanzleuten unterzeichnete Eingabe vorgelegt, in der er ersucht wurde, Hitler mit der Kanzlerschaft zu betrauen. Bei der Sammlung von Unterschriften für diese Eingabe spielte Schacht eine hervorragende Rolle.“[45]

An einer späteren Stelle heißt es weiter im Urteil:

> „Im April 1933 unterbreitete Gustav Krupp von Bohlen Hitler namens des Reichsverbandes der Deutschen Industrie einen Plan für die Neugestaltung der deutschen Industrie, der nach seiner Feststellung dadurch gekennzeichnet war, daß er wirtschaftliche Maßnahmen und politische Notwendigkeiten miteinander in Einklang zu bringen strebte. In diesem Plan stellte Krupp fest, daß „die politische Entwicklung sich mit den Wünschen begegnet, die ich selbst und das Präsidium seit langem gehegt haben“. Was Krupp mit dieser Feststellung gemeint hatte, wird vollkommen klar durch den Entwurf einer Rede, die er im Januar 1944 in der Berliner Universität zu halten beabsichtigte, die aber tatsächlich nie gehalten wurde. In Bezug auf die Jahre 1919 bis 1933 schrieb Krupp:

[43] Amtsblatt des Kontrollrates, Ergänzungsblatt 1, S. 14.
[44] Ebenda.
[45] (Steiniger), Der Nürnberger Prozeß, Bd. I, S. 127.

‚Es ist das große Verdienst der gesamten deutschen Wehrwirtschaft, daß sie in diesen schlimmen Jahren nicht untätig gewesen ist, mochte auch aus einleuchtenden Gründen ihre Tätigkeit dem Lichte der Öffentlichkeit entzogen sein. In jahrelanger stiller Arbeit wurden die wissenschaftlichen und sachlichen Voraussetzungen geschaffen, um zu gegebener Stunde ohne Zeit- und Erfahrungsverlust wieder zur Arbeit für die deutsche Wehrmacht bereitzustehen ... Nur durch diese verschwiegene Tätigkeit deutschen Unternehmertums, aber auch auf Grund der Erfahrungen, die mittlerweile durch Friedensprodukte gewonnen wurden, konnte nach 1933 unmittelbar der Anschluß an die neuen Aufgaben der Wiederwehrhaftmachung erreicht, konnten dann auch die ganz neuen vielfältigen Probleme gemeistert werden.‘“[46]

So wurde aus berufenem Munde verkündet, daß die Ziele Hitlers in Wahrheit die der aggressiven deutschen Monopolherren, die des aggressiven deutschen Imperialismus waren, und es ist klar und folgerichtig, daß den „Politischen Grundsätzen“ des Abschnittes III des Potsdamer Abkommens in den Ziffern 11 bis 19 die „Wirtschaftlichen Grundsätze“ folgten, deren Grundprinzipien vor allem darauf hinausliefen, „... alle nationalsozialistischen und militaristischen Einflüsse ...“ auch aus dem „... wirtschaftlichen Leben des deutschen Volkes auszuschalten ...“[47].

Alle die Lage Deutschlands betreffenden grundlegenden Dokumente des Jahres 1945 weisen so darauf hin, daß es das Hauptziel der Siegermächte war, den bestehenden politischen, wirtschaftlichen, kulturellen und militärischen Machtapparat der deutschen Imperialisten und Militaristen restlos zu beseitigen und dem deutschen Volk die Möglichkeit zu geben, an die Stelle des alten nach und nach einen neuen, demokratischen Machtapparat zu setzen. Dem dienten auch die ersten Verlautbarungen und Maßnahmen der Besatzungsmächte.

Verdross behauptet demgegenüber, der imperialistische deutsche Machtapparat sei nicht vollständig zerstört worden; vielmehr hätten „alle lokalen Organe (Gerichts- und Verwaltungsbehörden) ununter-

[46] Ebenda, S. 134.
[47] Siehe Erklärung von Jalta.

brochen nach deutschem Recht weiterfunktioniert"[48]. Er erklärt, daß die vier Besatzungsmächte im besetzten Gebiet ihre eigene Gewalt ausgeübt und nur die „oberste Schicht" der Staatsgewalt des besetzten Staates vorübergehend ausgeschaltet hätten.[49]
Das entspricht – wie bereits angedeutet – nicht den Tatsachen. Es ging den Siegermächten entsprechend ihrem Kriegsziel eben nicht nur um eine bloß vorübergehende Ausschaltung irgendeiner *obersten* Schicht der imperialistischen deutschen Staatsgewalt, sondern um die Beseitigung des bisherigen Machtapparates in seiner *Gesamtheit* bis hinunter zu den Gemeinden, wobei alle Bereiche dieses Apparates erfaßt wurden. Dem dienten alle Verlautbarungen und Maßnahmen aus der Anfangszeit der Besatzung. Hierfür einige besonders kennzeichnende Beispiele:
„Die endgültige Umgestaltung des deutschen politischen Lebens auf demokratischer Grundlage" – und zwar in seiner Gesamtheit nicht nur der obersten Schicht – war vorzubereiten[50]; gerade darum übernahmen die Besatzungsmächte, wie es in der ersten Berliner Deklaration heißt, auch alle „Befugnisse ... der Regierungen, Verwaltungen und Behörden der Länder, Städte und Gemeinden";

die lokale Selbstverwaltung sollte in ganz Deutschland nach demokratischen Grundsätzen wiederhergestellt, also eine grundlegende Neugestaltung gerade der lokalen, das heißt der untersten Behörden durchgeführt werden[51];

die alliierten Vertreter übernahmen die Regelung aller Fragen, „die Deutschlands Beziehungen mit anderen Ländern betreffen"[52];

die Alliierten Vertreter gaben „Anweisungen ... in bezug auf die Auflösung, Wiederaufnahme oder Anwendung aller von Deutschland eingegangenen Verträge, Konventionen oder anderer internationaler Abkommen oder irgendeines Teiles oder irgendeiner Bestimmung desselben"[53];

[48] VERDROSS, Die völkerrechtliche Stellung Deutschlands. S. 130.
[49] Ebenda; ähnlich BINDSCHEDLER, S. 40.
[50] Potsdamer Abkommen, in: Amtsblatt des Kontrollrates, Ergänzungsblatt 1, S. 13ff., Ziffer III, A, 3 IV.
[51] Ebenda, Ziffer III, A, 9 I.
[52] Kontrollrats-Proklamation Nr. 2, Ziffer 5, in: Amtsblatt des Kontrollrates, Nr. 1 vom 29. Oktober 1945, S. 8ff.
[53] Proklamation Nr. 2, Ziff. 6.

deutschen Staatsangehörigen war es „untersagt, ohne Erlaubnis oder Befehl der Alliierten Vertreter deutsches Gebiet zu verlassen“[54];

die deutschen Behörden hatten „das gesamte deutsche Binnen-Nachrichtennetz (einschließlich aller militärischen und zivilen Post-, Telegraphen- und Fernverbindungssysteme und Einrichtungen und damit verknüpften Mittel) den Alliierten Vertretern zur Verfügung zu stellen und alle Anweisungen der Alliierten Vertreter zwecks Unterstellung des Binnenverbindungssystems unter die vollständige Kontrolle der Alliierten Vertreter zu befolgen“[55];

die Alliierten Vertreter übten die von ihnen für notwendig gehaltene Kontrolle aus „über die Gesamtheit oder irgendeinen Teil oder einer Sparte der deutschen Finanz, Landwirtschaft (einschließlich Forstwesen), Produktion, des Bergbaues, der öffentlichen Versorgung, der Industrie, des Handels, des Warenverkehrs und der Wirtschaft im allgemeinen, innerhalb und außerhalb Deutschlands, und über alle damit verwandten und verknüpften Angelegenheiten, einschließlich Leitung oder Verbot von Fabrikation, Herstellung, Konstruktion, Bearbeitung, Gebrauch und Verwendung aller Gebäude, Betriebe, Einrichtungen, öffentlicher und privater Werke, Anlagen, Ausrüstungen, Produkte, Materialien, Lager und Mittel“[56];

„über das Eigentum, die Gutachten, Rechte, Anrechte und Interessen (innerhalb oder außerhalb Deutschlands) des deutschen Staates, seiner politischen Unterabteilungen, der deutschen Zentralbank, der staatlichen, halbstaatlichen, provinzialen, städtischen oder kommunalen Behörden oder Naziorganisationen und über das Eigentum, die Guthaben, Rechte, Anrechte und Interessen im Ausland aller Personen, die in Deutschland wohnhaft oder geschäftlich tätig“ waren, durfte „in keiner Weise ohne die Genehmigung der Alliierten Vertreter disponiert werden“[57];

„die Verheimlichung, Zerstörung, Versenkung, Abbauung, Entfernung und Übertragung oder Beschädigung von Schiffen, Transportmitteln, Häfen oder Hafenanlagen oder aller Art Gebäuden, Betrieben, Einrichtungen, Vorrichtungen, Produktions-, Versorgungs-, Vertriebs- oder Verkehrsmittel, Anlagen, Ausrüstungen, Zahlungsmittel, Lagervorräten oder Hilfsmitteln oder allgemein

[54] Proklamation Nr. 2, Ziff. 8a.
[55] Ebenda, Ziff. 10.
[56] Ebenda, Ziff. 12.
[57] Ebenda, Ziff. 14a.

von öffentlichen oder privaten Werken, Versorgungsanstalten oder Einrichtungen aller Art, wo immer sie sich auch befinden mögen", war „den deutschen Behörden und dem deutschen Volk verboten"[58];

die deutschen Behörden mußten „alle Verfügungen befolgen, die von den Alliierten Vertretern für die Lenkung von Bevölkerungsverschiebungen und für die Reise- und Umsiedlungskontrolle einzelner Personen in Deutschland angeordnet" wurden[59];

die deutschen Behörden mußten „alle Anweisungen befolgen, die von den Alliierten Vertretern für die Abschaffung der Nazi-Gesetzgebung und für die Umgestaltung des deutschen Gesetzes und des deutschen Gesetz-, Rechts-, Verwaltungs-, Polizei- und Erziehungswesens, einschließlich der Ersetzung des betreffenden Personals, herausgegeben" wurden[60];

„mit der Ausschaltung der Gewaltherrschaft Hitlers durch die Alliierten Mächte" war „das terroristische System der Nazigerichte abgeschafft" worden. An seine Stelle sollte „eine Rechtspflege treten, die sich auf die Errungenschaften der Demokratie, Zivilisation und Gerechtigkeit gründet"[61];

„alle deutschen Gerichte ... in dem besetzten Gebiet sind suspendiert ...", verordnete die amerikanische Militärregierung. „Die Wiedereröffnung von Straf- und Zivilgerichten ... wird gebilligt werden, wenn es die Umstände erlauben"[62].

Es gab so kein Gebiet des öffentlichen Lebens in Deutschland, das sich die Siegermächte nicht ausdrücklich vorbehalten hätten, und zwar von der höchsten Regierungsgewalt bis hinunter zu rein lokalen Angelegenheiten. Und gerade das wollten die Alliierten: die völlige Beseitigung des bisherigen Machtapparates, eine Aufgabe, deren Lösung, das sei ausdrücklich festgestellt, in allen vier Besatzungs-

[58] Ebenda, Ziff. 17 a.
[59] Ebenda, Ziff. 33.
[60] Ebenda, Ziff. 41.
[61] Ebenda Nr. 3, Präambel, in: Amtsblatt des Kontrollrates, Nr. 1 vom 29. Oktober 1945, S. 22.
[62] Aus einer Bekanntmachung der amerikanischen Militärregierung, zitiert nach NOBLEMAN, S. 805, Anm. 10: „All German courts ... within the occupied territory are suspended ... Reopening of the criminal and civil courts ... will be authorized when conditions permit."

zonen Deutschlands, also rein äußerlich auch in den drei Westzonen, in Angriff genommen wurde, bis sich dann mit der bekannten Rede des amerikanischen Außenministers Byrnes in Stuttgart am 6. September 1946 auch offiziell eine Änderung der bisherigen Politik der drei Westmächte in ihren Besatzungszonen anzubahnen begann. Es ging im Jahre 1945 allen Besatzungsmächten nicht nur um die Ausschaltung irgendeiner oberen Schicht bei Fortbestand der unteren Organe, sondern vielmehr um die restlose Beseitigung des staatlichen, wirtschaftlichen und militärischen Machtapparates des deutschen Imperalismus in seiner Gesamtheit und um die Schaffung von etwas vollständig Neuem durch das deutsche Volk selbst, das es bisher in der Geschichte Deutschlands noch nicht gegeben hatte. Ein neues, *demokratisches* Machtinstrument sollte an die Stelle des alten, imperialistischen Machtinstrumentes treten, und von dem alten sollte nichts, aber auch nicht das Geringste mehr übrigbleiben; wobei festzuhalten ist, daß der imperialistische deutsche Machtapparat in der Anfangszeit der Besatzung auch tatsächlich in ganz Deutschland beseitigt wurde und in der damaligen sowjetischen Besatzungszone, der jetzigen Deutschen Demokratischen Republik infolge der demokratischen Reformen auch mitsamt seinen Wurzeln beseitigt blieb, während in den drei Westzonen, der jetzigen Deutschen Bundesrepublik, seine Wurzeln nicht ausgerottet wurden und demzufolge der Prozeß der Wiedererrichtung eines imperialistischen Machtapparates bald wieder begann.

Es gibt darum nicht wenige Autoren in Westdeutschland, die die Tatsachen und Normen des Jahres 1945 auf den Kopf zu stellen und zu vergewaltigen versuchen, um so die These vom „Nichtuntergang" des imperialistischen deutschen Machtapparates aufzustellen und damit den völkerrechtlichen Fortbestand des Deutschen Reiches zu rechtfertigen. So ist es zum Beispiel für Stödter sowohl tatsächlich als auch rechtlich unmaßgeblich, daß „die Alliierten mit einem umfassenden Reformationsplan nach Deutschland gekommen sind, daß sie großangelegte Pläne der Demobilisierung und Demokratisierung ihres besiegten Gegners zu verwirklichen trachten. Form, Inhalt und Umfang solcher Kriegsziele einer kriegsführenden Partei sind für sich allein nicht Rechtsquelle und Maßstab ihrer Befugnisse gegenüber der anderen Seite. Das Recht ergibt sich nicht aus der Reformation, sondern die Reformation hat sich nach dem

Recht zu richten."[63] Stödter behauptet deshalb, daß die Deutschland betreffenden „Reformationspläne" der Siegermächte der Anti-Hitler-Koalition des zweiten Weltkrieges für Deutschland nicht verbindlich seien: „Das, was gemeinhin als für Deutschland maßgebendes Völkerrechtsstatut bezeichnet wird, die Potsdamer Proklamation vom 5. 6. 1945 [64], ist eine völkerrechtliche Vereinbarung der Siegermächte untereinander, die für Deutschland als an dieser Abmachung unbeteiligten Staat weder Rechte noch Pflichten auszulösen vermag."[65]

Das Potsdamer Abkommen ist nach Ansicht der Bonner-Regierung für Deutschland völkerrechtlich nicht bindend. In einem Rechtsgutachten im Verbotsprozeß gegen die Kommunistische Partei Deutschlands vor dem Bundesverfassungsgericht erklärte Erich Kaufmann als offizieller Gutachter der Bonner Regierung, daß das deutsche Volk in dem Abkommen nicht „angesprochen" oder, um ein übliches Fremdwort zu gebrauchen nicht „Normenadressat" sei. Daraus sei ersichtlich, „daß nur die alliierten Regierungen und nicht die Bundesregierung oder das deutsche Volk oder Individuen und Gruppen des deutschen Volkes Normenadressaten sind . . ."[66]. Für Kaufmann stellt sich das Potsdamer Abkommen als völkerrechtswidrige Intervention in die inneren Angelegenheiten Deutschlands dar: „Bei den allgemeinen Prinzipien des Potsdamer Abkommens handelt es sich um Probleme der inneren Struktur Deutschlands: Dezentralisation, Erziehungswesen, demokratische Parteien, Entfernung von Nationalsozialisten aus Politik und Wirtschaft, Entflechtung und dergleichen mehr . . . Das sind doch alles innere Angelegenheiten Deutschlands; und es ist allgemeine Völkerrechtsregel, daß jede Einmischung in die inneren Angelegenheiten eines anderen Staates verboten ist."[67]

Diese, der offiziellen Politik der Bonner Regierung zugrunde liegende Behauptung läuft darauf hinaus, die Kriegsziele der Anti-Hitler-

[63] Stödter, S. 170/171.

[64] Stödter meint damit offensichtlich die vier Berliner Deklarationen vom 5. Juni 1945. Siehe Amtsblatt des Kontrollrats in Deutschland, Ergänzungsblatt 1, Sammlung von Urkunden betreffend die Errichtung der Alliierten Kontrollbehörde, S. 7 bis 12.

[65] Stödter, S. 87.

[66] Kaufmann, Gutachten, S. 2141.

[67] Ebenda, S. 2137.

Koalition des zweiten Weltkrieges, das heißt die Entnazifizierung, Entmilitarisierung und Demokratisierung Deutschlands, als bloße „Reformation“ hinzustellen und darüber hinaus diese „Reformation“ als mit dem Völkerrecht nicht vereinbar zu erklären. Dabei versucht STÖDTER einmal, die geschichtlichen Tatsachen dem, was er Recht nennt, unterzuordnen, und zum anderen, wenn er an bestimmten Tatsachen nun wirklich nicht vorbeikann, diese tatbestandsmäßig zu gunsten des Wiedererstehens des deutschen Militarismus in Westdeutschland auszulegen und damit die klerikalmilitaristische Bonner Staatsmacht zu rechtfertigen. Das gleiche Spiel treibt KAUFMANN. Er und STÖDTER versuchen damit zu vertuschen, daß die in den Dokumenten der Kriegs- und unmittelbaren Nachkriegszeit niedergelegten grundlegenden Kriegsziele der Anti-Hitler-Koalition des zweiten Weltkrieges über die Entmilitarisierung, Entnazifizierung und Demokratisierung Deutschlands, die dann im Potsdamer Abkommen ihre zusammenfassende völkerrechtliche Aussage erhalten haben, auch den nationalen Interessen des deutschen Volkes entsprechen, daß sie auch das deutsche Volk völkerrechtlich berechtigen und verpflichten.

Wir stellen fest: Auch das Völkerrecht beruht auf den gesellschaftlichen Erscheinungen im Leben der Staaten. Es trägt, wie jedes Recht, Klassencharakter, Überbaucharakter. Seine Besonderheit besteht aber darin, daß es, wie „Meshdunarodnoje Pravo“ es formuliert, „nicht ... den Willen der herrschenden Klasse irgendeines beliebigen einzelnen Staates“ ausdrückt. „Es ist Ausdruck der Koordinierung des Willens einer Reihe von Staaten in der Form eines internationalen Vertrages oder einer durch lange Praxis herausgebildeten Gewohnheit. Darin, daß es zur Entwicklung der friedlichen Zusammenarbeit zwischen allen Staaten, unabhängig von deren Gesellschaftsordnung, beiträgt, besteht die Bedeutung des modernen Völkerrechts.“[68] Es ist also grundfalsch, das Völkerrecht vom Leben der Staaten loszulösen, ja, das Leben der Staaten einem über den imperialistischen Leisten geschlagenen „Völkerrecht“ unterwerfen zu wollen. Am Anfang steht nicht irgendein abstrakter Lehrsatz à la Stödter oder Kaufmann, in den es das Leben der Staaten hineinzuzwängen gilt; am Anfang stehen vielmehr die aus den viel-

[68] Meshdunarodnoje Pravo, S. 7.

fältigen Beziehungen der Staaten zueinander fließenden Verträge, stehen die völkerrechtgemäßen Tatsachen des internationalen Lebens. Auch das Völkerrecht ist auf Grund der demokratischen Entwicklung im Leben der Staaten in ständiger Weiterbildung begriffen. Das trifft auch auf den Status Deutschlands im Jahre 1945 zu. Nur die Tatsachen und Normen des Jahres 1945, ihr Inhalt und ihr Zweck geben uns Auskunft darüber, welcher völkerrechtliche Rechtstatbestand im Falle Deutschlands vorgelegen hat. Auch der Beurteilung der Lage Deutschlands im Jahre 1945 müssen wir den erkenntnistheoretischen Satz zugrunde legen, daß alles von der gegebenen Situation, von Zeit, Ort und Bedingung abhängt. Auch jede völkerrechtliche Untersuchung muß mit der Wirklichkeit, mit den konkreten historischen Verhältnissen übereinstimmen. Wir dürfen daher die völkerrechtliche Situation Deutschlands im Jahre 1945 nicht lehrbuchmäßig-abstrakt, das heißt losgelöst von den gesetzmäßigen, ursächlichen Zusammenhängen der gesellschaftlichen Erscheinungen im Leben der Staaten, betrachten. Das würde bedeuten, das Völkerrecht von der gesellschaftlichen Wirklichkeit zu lösen und es als Schöpfung irgendeiner „überirdischen Gewalt" zu betrachten, würde die Theorie von der Praxis, die Wissenschaft von der Wirklichkeit trennen, würde das Völkerrecht dem Sein des realen Lebens entgegenstellen. Auch der Völkerrechtswissenschaftler muß die Wirklichkeit in ihrer konkreten Einheit studieren und sich immer dessen bewußt sein, daß seine Arbeit kein „Schweben im Raum" darstellt, in keinem „Reich des reinen Denkens" vor sich geht, daß vielmehr auch in seiner Wissenschaft nicht irgendeine „absolute Wahrheit", sondern das reale Sein der Staaten sowohl in ihren effektiven Beziehungen zueinander als auch in ihrer gesellschaftlichen Entwicklung die Grundlage seiner Arbeit bilden muß. Der Ausgangspunkt der Arbeit eines jeden Völkerrechtlers besteht, wie SCHURSCHALOW sagt, „in der eingehenden Untersuchung der aktuellen, vom Völkerrecht geregelten internationalen Verbindungen, in ständiger Entwicklung der Völkerrechtstheorie, die die friedlichen Beziehungen zwischen den Staaten, unabhängig von ihrer sozialen Ordnung, fördert und ein wirksames Werkzeug im Kampf für den allgemeinen Frieden und die Sicherheit der Völker ist"[69].

[69] SCHURSCHALOW, Sp. 243.

Das Völkerrecht losgelöst von der historischen Wirklichkeit zu betrachten oder die Wirklichkeit in feststehende, für alle Zeiten geltende, absolut aufgefaßte Begriffe des Völkerrechts hineinzuprojizieren würde das Völkerrecht zu einem metaphysischen „Ding an sich" machen, dem sich die Wirklichkeit, das Sein der Staaten, unterzuordnen hätte. Umgekehrt wird ein Schuh daraus: Auch das Völkerrecht und seine grundlegenden Prinzipien haben ihre Wurzeln allein in den geschichtlichen Realitäten; einige dieser Prinzipien haben ihre eigene historische Entwicklung, „die von einem Jahrzehnte, ja zuweilen sogar Jahrhunderte währenden Kampf um Anerkennung gekennzeichnet ist"[70]; sie sind nur erkennbar und verständlich durch den großen geschichtlichen Zusammenhang auf Grund der objektiven Entwicklungsgesetze der menschlichen Gesellschaft.

Deswegen kann es bei einer Untersuchung der Lage Deutschlands im Jahre 1945 nicht darum gehen – wie STÖDTER es will –, die „Reformation" dem „Recht" unterzuordnen, um so – und darauf läuft diese These nach KAUFMANN ja schließlich und endlich hinaus – die in den Tatsachen und Normen des Jahres 1945 liegende „Reformation" als „nicht rechtlich" und darum als für Deutschland nicht verbindlich hinzustellen. Vielmehr müssen sich auch in einer völkerrechtlichen Untersuchung der Deutschlandfrage die Entwicklungsgesetze der Geschichte widerspiegeln. Die Ereignisse des Jahres 1945 sind das Ergebnis einer bestimmten geschichtlichen Entwicklung; es sind Ereignisse, die aus ihrem eigenen, inneren Zusammenhang zu klären und zu erklären sind. Es gilt, wie ENGELS sagt, „die treibenden Kräfte zu erforschen, die ... hinter den Beweggründen der geschichtlich handelnden Menschen stehen und die eigentlichen letzten Triebkräfte ausmachen ..."[71]. Ohne diese Erkenntnis wäre auch das Völkerrecht leblos und ohne Inhalt, wäre die Völkerrechtswissenschaft eine Wissenschaft im leeren Raum, wäre sie unfähig, ihre historische, durch die gegebene Lage bedingte Aufgabe zu erfüllen.

Wie sehr STÖDTER die geschichtlichen Tatsachen auf den Kopf stellt, zeigt folgendes. Er sagt: „Eine bedingungslose Kapitulation des deutschen Reiches, des deutschen Volkes, Deutschlands oder

[70] LACHS, S. 353. [71] ENGELS, Feuerbach. S. 366. [72] STÖDTER, S. 34.

wie immer man sich ausdrücken mag, ist von keiner deutschen Seite ausgesprochen worden. Die Wehrmachtskapitulation hat rein militärischen Charakter. Aus der bedingungslosen Kapitulation der deutschen Streitkräfte können keine Schlußfolgerungen für die gegenwärtige völkerrechtliche Lage Deutschlands geschlossen werden."[72] Er bezieht die Urkunde über die militärische Kapitulation allein „auf Angelegenheiten militärischen Charakters"[73].
Gewiß, das Völkerrecht unterscheidet zwischen Kapitulationen und Waffenstillstandsverträgen. Kapitulationen enthalten meist nur Angelegenheiten militärischen Charakters und haben nach dem traditionellen Völkerrecht nur militärische Folgen.[74] Demgegenüber können Waffenstillstandsverträge auch politische Zwecke verfolgen und stellen meist die Vorstufe zu einem Friedensvertrag[75] dar. Sie können, wie die Kapitulation, von Militärs abgeschlossen werden, doch sind, „... da allgemeine Waffenstillstandsverträge von wesentlicher politischer Bedeutung sind, allein die kriegführenden Regierungen selbst oder ihre Oberbefehlshaber berechtigt, sie abzuschließen ..."[76]. Daraus folgert STÖDTER: „Die Regelung politischer Fragen im Rahmen der Kapitulation entbehrt der Gütigkeit, wenn nicht ihre nachträgliche Ratifizierung durch die zuständigen Regierungsstellen beider Kriegführender erfolgt oder wenn die Militärbefehlshaber im Vorwege von ihren Regierungen eine entsprechende Ermächtigung erhielten."[77] Er unterscheidet also zwischen der Militärischen Kapitulationsurkunde, auf Grund derer er einen weiteren Widerstand der deutschen Streitkräfte für „völkerrechtlich unzulässig" erklärt[78], und einer, von der deutschen Regierung selbst vollzogenen oder in einen Waffenstillstands-„Vertrag" gekleideten, bedingungslosen Kapitulation des Deutschen Reiches, die er rechtlich für nicht erfolgt hält[79] und dabei auch – wie wir bereits oben[80] festgestellt haben – die vier Berliner Deklarationen ausdrücklich ausschließt.

[73] Ebenda, S. 30.
[74] GUGGENHEIM, VR. S. 171, Anm. 26; ULLMANN, S. 338; VERDROSS, Verfassung. S. 52; OPPENHEIM-LAUTERPACHT, Bd. II, S. 543.
[75] OPPENHEIM-LAUTERPACHT, Bd. II, S. 548.
[76] Ebenda, S. 550: „... since general armistices are of vital political importance, only the belligerent Governments themselves or their commanders-in-chief are competent to conclude them ..."; ebenso ULLMANN, S. 339.
[77] STÖDTER, S. 28. [78] Ebenda, S. 34. [79] Ebenda. [80] Siehe Anm. 65.

STÖDTER argumentiert, indem er jedes Dokument aus dem geschichtlichen Zusammenhang herausreißt, formaljuristisch etwa folgendermaßen: Ein Krieg könne nur durch eine von der *Regierung* des besiegten Staates vollzogene Kapitulation oder durch Waffenstillstandsvertrag beider kriegführenden Seiten beendet werden. Da im Falle Deutschland nur die von Keitel, Stumpff und v. Friedeburg unterschriebene *Militärische* Kapitulationsurkunde bezüglich der „unter deutschem Oberbefehl stehenden Streitkräfte zu Lande, zu Wasser und in der Luft" vorliege, hätten wohl diese Streitkräfte völkerrechtlich wirksam jeden weiteren Widerstand eingestellt, nicht aber habe das Deutsche Reich, das deutsche Volk, Deutschland, „oder wie immer man sich ausdrücken mag", kapituliert. Die vier Berliner Deklarationen und das Potsdamer Abkommen sind seiner – und ebenso KAUFMANNs – Ansicht nach für Deutschland völkerrechtlich unverbindlich, da sie weder von einer deutschen Regierung unterschrieben noch von einer deutschen Regierung nachträglich ratifiziert worden seien. Die von ihm erwähnten „Reformations"-Absichten der Siegermächte sind für ihn ohne rechtliche Bedeutung. STÖDTER nimmt daher bei Fortbestand des imperialistischen deutschen Machtapparates das Vorliegen einer occupatio bellica im Sinne der HLKO an[81], die den Besatzungsmächten allerdings weitgehende Rechte einräume.

Wir sehen: Für STÖDTER ist das Ende des zweiten Weltkrieges das Ende eines beliebigen Krieges im Sinne des Völkerrechts der Jahrhundertwende. Für ihn ergibt sich aus den Tatsachen und Normen des zweiten Weltkrieges nichts Neues; für ihn ist das Völkerrecht um die Jahrhundertwende stehengeblieben; für ihn haben sich die Ereignisse nach diesem „Recht", nicht aber das Recht nach den die ganze Welt bewegenden Ereignissen des zweiten Weltkrieges und seiner Vorgeschichte zu richten.

Um von vornherein jeden Zweifel auszuschließen: Wir stehen mit KOROVIN fest auf dem Boden des normativ-rechtlichen Charakters des Völkerrechts[82]. „Das Recht erfüllt in den internationalen Beziehungen eine bedeutende Aufgabe, und man darf diese Aufgabe nicht leugnen. Viele Phänomene, die aufeinander einwirken, üben auf

[81] STÖDTER, S. 288ff.
[82] Siehe hierzu KOROWIN, Grundlegende Fragen. Sp. 222/223.

den Gang der Ereignisse, auf das Leben, wie wir es kennen und an dem wir aktiv teilnehmen, Einfluß aus. Unter diesen Phänomenen hat das Recht eine aktive Aufgabe zu erfüllen; ..."[83] Was uns aber von STÖDTER grundlegend unterscheidet, ist die Erkenntnis, daß das Recht nicht losgelöst von den gesellschaftlichen Erscheinungen im Leben der Staaten betrachtet werden darf, daß die Ereignisse nicht dazu da sind, in die Zwangsjacke eines absoluten, unveränderlichen, über den gesellschaftlichen Erscheinungen im Leben der Staaten stehenden Rechts gezwängt zu werden, sondern daß Ereignisse und Recht in einer Wechselwirkung stehen, daß sich auch das Völkerrecht auf Grund der weltpolitischen Ereignisse vom Niederen zum Höheren, vom Gestern über das Heute zum Morgen entwickelt und daß es so nicht nur dazu beiträgt, Geschichte zu schreiben, sondern sie auch zu beeinflussen. Sehr zu Recht sagte der verstorbene amerikanische Hauptankläger im Nürnberger Hauptkriegsverbrecherprozeß, ROBERT H. JACKSON, über die Bedeutung dieses Prozesses, der sich eingehend mit den Tatsachen und Normen des zweiten Weltkrieges befaßte: „Nürnbergs Wert für die Welt wird weniger davon abhängen, wie treu es die Vergangenheit interpretiert, als wie gewissenhaft es für die Zukunft vorsorgt."[84] Und er fügte dem an anderer Stelle hinzu: „Jetzt stehen wir vor einem der seltenen Augenblicke in denen das Denken, die Einrichtungen und die Gewohnheiten der Welt erschüttert sind von dem Stoß des Krieges, der das Leben unzähliger Millionen getroffen hat."[85] Gerade das aber ist es, was STÖDTER nicht wahr haben will, was er im Interesse der Wiedergeburt des deutschen Imperialismus in Westdeutschland zu vertuschen sucht. Daß die Völker für eine friedliche Zukunft Vorsorge treffen, aus dem zweiten Weltkrieg und seiner Vorgeschichte Lehren ziehen und damit in immer stärkerem Maße auch auf das Völkerrecht Einfluß nehmen, das ist es, wogegen sich die pseudorechtlichen Konstruktionen von STÖDTER und KAUFMANN wenden.

Der zweite Weltkrieg hat im Verhältnis der Volksmassen zum Krieg und zu den Kräften, die an einem Kriege interessiert sind, weil sie an ihm verdienen, einen grundlegenden Wandel geschaffen. Indem der Krieg die Völker ergreift, organisiert und mobilisiert er die Völker

[83] LACHS, S. 357.
[84] Zitiert nach (STEINIGER), der Nürnberger Prozeß. Bd. I, S. 9.
[85] Ebenda, S. 23/24.

gegen sich. Gerade der zweite Weltkrieg und die seit seiner Beendigung vergangene Zeit liefern den geschichtlichen Beweis dafür, daß der Krieg eine die Völker gegen den Krieg selbst organisierende und mobilisierende Kraft darstellt. Infolge der modernen Kampfmittel funktioniert der Integrationsfaktor Krieg für die herrschenden Kräfte des Imperialismus nicht mehr zuverlässig; er wendet sich jetzt gegen sie. Das Denken, die Einrichtungen und die Gewohnheiten der Welt waren im zweiten Weltkrieg darauf gerichtet, die Hitlerbarbarei und deren Urheber, den aggressiven deutschen Imperialismus und Militarismus, zu vernichten und unter allen Umständen zu verhindern, daß zum dritten Mal in diesem Jahrhundert von Deutschland der Krieg ausgehe.

Das Streben aller Völker ging dahin, mit der Organisation der Vereinten Nationen – wie deren Satzung festlegt – ein Instrument zu schaffen, das in der Lage ist, „die kommenden Generationen vor der Geißel des Krieges zu bewahren . . .“.

Mehr noch: In einer Reihe von Staaten entmachteten – dem Beispiel der Sowjetunion folgend – die schaffenden Menschen der Völker die Kräfte, die bis dahin, wie Jackson es nennt, „die Regierungen und das Schicksal der Völker in ihrer Gewalt“ gehabt hatten, und nahmen die Geschicke ihrer Staaten in die eigenen Hände.

Überall – im Osten wie im Westen – festigte sich der Wille der Völker, dem Krieg und seinen Ursachen Paroli zu bieten; ein Wille, aus dem heraus dann die Weltfriedensbewegung entstand, ein Wille, der in zunehmendem Maße auch im Völkerrecht seinen Niederschlag findet. Die gesellschaftlichen Erscheinungen in den internationalen Beziehungen üben einen entscheidenden Einfluß auch auf die völkerrechtlichen Beziehungen der Staaten untereinander aus. Die Vorsorge der Völker für die Zukunft, ihre Sorge für den Frieden Europas und der Welt waren es, die den Tatsachen und Normen des Jahres 1945 ihr grundlegendes Gepräge gaben, die ihren Zweck und ihren Inhalt bestimmten und die daher auch einen entscheidenden Einfluß auf die völkerrechtliche Lage Deutschlands ausübten. Das, was Stödter „Reformation“ nennt, war das erklärte höchste Kriegsziel der Anti-Hitler-Koalition des zweiten Weltkrieges, nämlich „den deutschen Militarismus und Nationalsozialismus zu zerstören und dafür Sorge zu tragen, daß Deutschland nie wieder imstande ist, den Weltfrieden zu stören“. Deshalb war es ihr unbeugsamer Wille, „solche Maßnahmen in Deutschland zu ergreifen, die für den zukünftigen Frieden und die Sicherheit der Welt notwendig sind"[86].

Dieses Kriegsziel kam nicht von ungefähr. Es war das Ergebnis zweier Weltkriege, in denen die Herren der deutschen Schwerindustrie und Bankwelt, die Großgrundbesitzer und Junker, in denen der preußisch-deutsche Militarismus Europa und die Welt in ein Meer von Blut und Tränen gestürzt haben. Es war ein Kriegsziel, das von allen Völkern gebilligt und dessen Verwirklichung von ihnen gefordert wurde.

Stödter sagt, das Recht ginge der „Reformation" vor. Welches Recht meint Stödter? Etwa das „Recht", die „Reformation" für unrechtmäßig zu erklären? Oder das „Recht", das von Knieriem bemüht, um die in den Nürnberger Kriegsverbrecherprozessen Angeklagten und Verurteilten jetzt von aller Schuld freizusprechen?[87] Wir meinen, es geht vor allem um das Recht von rund 10 Millionen Toten des ersten Weltkrieges[88] und um das Recht von rund 55 Millionen Toten und anderen Opfern des Hitlerfaschismus[89], ihren Kindern das zu ersparen, was sie selbst haben durchleben oder mit dem Tode bezahlen müssen. Wir wollen keine abstrakte völkerrechtliche Lehrbuchweisheit mit einem „juristisch-theoretischen Hinundherrechnen"[90], sondern ein Recht, das fest in den historischen Ereignissen ruht, das aus ihnen hervorgeht, das der Sicherung und Festigung des Friedens dient und das seinerseits „auf eine Stärkung der Gesetze des internationalen Handelns hinlenkt".

Die Tatsachen und Normen des Jahres 1945 entsprachen den nationalen Lebensfragen des deutschen Volkes ebenso wie denen aller übrigen Völker Europas. Es ging um die Schaffung antiimperialistischer Verhältnisse in Deutschland. Das war das übereinstimmende Kriegsziel der Anti-Hitler-Koalition, wie es in den Normen des Jahres 1945 seinen völkerrechtlichen Niederschlag gefunden hat, zu

86 Siehe Erklärung von Jalta.
87 Siehe hierzu die Einleitung von Steiniger, Der Nürnberger Prozeß. Bd. I, S. 7 bis 54.
88 Geschichts-Ploetz, S. 685.
89 In: (Steiniger), Der Nürnberger Prozeß. Bd. I, S. 11. – Eine Gesamtzahl der Toten und Opfer des Nationalsozialismus ist bezeichnenderweise im Geschichts-Ploetz nicht angegeben.
90 So Steiniger, S. 11.

dessen Verwirklichung das Machtinstrument Staat des deutschen Imperialismus beseitigt werden sollte und, wie bewiesen wurde, auch beseitigt wurde.

4. Die völkerrechtlichen Folgen der Beseitigung des nationalsozialistischen Machtapparates

Welches sind nun die völkerrechtlichen Folgen der Beseitigung des nationalsozialistischen deutschen Machtapparates?

a) Keine occupatio bellica

Die Vertreter der Bonner „Identitätstheorie" versuchen nun den Fortbestand des imperialistischen Machtapparates des Großdeutschen Reiches damit zu rechtfertigen, daß sie auf die Lage Deutschlands im Jahre 1945 die Bestimmungen der HLKO zur Anwendung bringen. Das hat seinen guten Grund; denn die Anwendung der Bestimmungen der HLKO hat rechtlich das Weiterbestehen des alten imperialistischen Staatsapparates und seiner ökonomischen Basis in ihrer Gesamtheit zur Voraussetzung – und das ist es ja, worum es den „Identitäts"-Theoretikern vor allem geht.
Darum vermag nach STÖDTER die Tatsache, „daß es sich bei dem zweiten Weltkrieg um einen totalen Krieg gehandelt habe, der von einer großen Anzahl von Staaten mit dem Ziele der Niederwerfung eines totalitären politischen Systems geführt worden ist, zu einer Außerkraftsetzung der Haager Landkriegsordnung im Falle Deutschlands nicht zu führen ..."[91]. STÖDTER bleibt seiner reaktionären Konzeption treu, wenn er versucht, das, was er „Reformation" nennt, in die Zwangsjacke einer occupatio bellica zu stecken, da diese rechtlich und politisch der von ihm behaupteten „Reformation" am besten entspricht. Für ihn ist der „Krieg ... eine Fortführung der Politik mit anderen Mitteln"[92] und eine Okkupationsmacht daher „nicht auf Akte von militärischer Notwendigkeit beschränkt", sondern auch berechtigt, „vor allem politische Maßnahmen im weitesten Sinne des Wortes" zu treffen.[93] Er erklärt zuerst ausdrücklich: „Von diesen Kriegszielen der Alliierten her beurteilt sich im Rahmen

[91] STÖDTER, S. 170; die gleiche Ansicht vertreten auch GEILER, S. 18f., und SCHLOCHAUER, S. 119.
[92] STÖDTER, S. 231. [93] Ebenda, S. 232.

der Bestimmungen der Haager Landkriegsordnung der Inhalt ihrer Okkupationsgewalt. Grundsätzlich können die alliierten Besatzungsorgane in Deutschland die Maßnahmen treffen, die die Durchsetzung der erwähnten Kriegsziele zum Gegenstand haben. Die sich daraus ergebenden Befugnisse sind allumfassend. Sie beschränken sich namentlich nicht auf die Regelung von Angelegenheiten militärischen Charakters, sondern beziehen sich auch auf politische und wirtschaftliche Bereiche."[94]

Und dann kommt der Pferdefuß: „Bei der Geltendmachung solcher weitgehenden Befugnisse haben die Bestimmungen der Landkriegsordnung über die kriegerische Besetzung als Grenze zu dienen."[95] Damit hat STÖDTER das Problem der Quadratur des Kreises gelöst: Nachdem er erst erklärte, die sich im Rahmen der HLKO für die alliierten Besatzungsorgane ergebenden Befugnisse zur Durchsetzung ihrer Kriegsziele seien allumfassend, begrenzt er diese „allumfassenden" Befugnisse sofort wieder durch die Bestimmungen derselben HLKO. Das ist aber nichts anderes, als ein rechtliches Hintertürchen, das sich STÖDTER offengelassen hat und durch das er schlüpfen will, falls die „Reformation" für den aggressiven deutschen Imperialismus zu gefährlich werden sollte.

Worum geht es STÖDTER? Er ist sich durchaus darüber im klaren, daß die von den Siegermächten des zweiten Weltkrieges geforderte Schaffung einer antiimperialistischen und antimilitaristischen Ordnung in Deutschland sich nicht in die traditionellen Normen der HLKO pressen läßt. Darum erklärt er die Bestimmungen der HLKO für „allumfassend". Sein Hauptziel aber ist die Rettung des deutschen Imperialismus mit Hilfe der HLKO, da diese zwar eine Wandlung der äußeren Form zuläßt, die Besatzungsmächte aber grundsätzlich verpflichtet, die dem Staatstypus des besetzten Landes zugrunde liegende Gesellschaftsordnung unangetastet zu lassen. STÖDTER stützt sich auf die HLKO, um die ökonomische Basis der aggressiven deutschen Monopolherren zu erhalten, jeden Eingriff in diese Basis für „unrechtmäßig" – um mit KAUFMANN zu sprechen: „interventionistisch" – zu erklären, um so – und darauf läuft diese Argumentation letztlich und endlich hinaus – die von der Anti-Hitler-Koalition geforderte Entnazifizierung, Entmilitarisierung und Demo-

[94] Ebenda, S. 239/240.
[95] Ebenda, S. 240.

kratisierung Deutschlands, das heißt die Schaffung antiimperialistischer und antimilitaristischer Verhältnisse durch das deutsche Volk selbst, für „unrechtmäßig“ und „interventionistisch“ zu bezeichnen. Das zeigt sich auch gleich darin, daß er in der Frage der Reparationen ein Haar in der Suppe findet, ihre einseitige Auferlegung durch die Sieger ablehnt und – wahrscheinlich aus gutem Grund – Jerusalem zitiert, der die Grenzen der Reparationspflicht in den „Gesetzen der Menschlichkeit“ und den „Forderungen des öffentlichen Gewissens“ sieht.[96] Es ist in diesem Zusammenhang bezeichnend, daß selbst Oppenheim-Lauterpacht darauf hinweist, daß eine ganze Reihe *westdeutscher* Autoren gerade den Punkten des Potsdamer Abkommens eine „Verletzung“ der Bestimmungen der HLKO vorwirft, durch die die Alliierten „Maßnahmen bezüglich der deutschen Industrie in der Absicht ergriffen, um zu verhüten, daß diese wieder eine Gefahr für den internationalen Frieden wird“[97].

Die HLKO ist auf die Lage Deutschlands im Jahre 1945 nicht anwendbar, weil nicht nur die von den Großmächten vollzogenen Tatsachen weit über die Haager Bestimmungen hinausgehen, sondern auch die von ihnen gesetzten Normen an die Stelle der HLKO getreten sind.

Das wird von der überwiegenden Mehrzahl selbst der prominentesten westlichen Völkerrechtswissenschaftler zugegeben. Wenn wir auch mit den Auffassungen der im folgenden – und auch an anderer Stelle – zitierten bürgerlichen Völkerrechtswissenschaftlern in den meisten Grundsatz- und vielen Einzelfragen nicht übereinstimmen, so halten wir es doch für notwendig, den westdeutschen „Identitäts“-Theoretikern den Spiegel der eigenen, sprich bürgerlichen Völkerrechtswissenschaft entgegenzuhalten. So erklärte zum Beispiel Kelsen – auf dessen debellatio-Theorie wir noch eingehen werden – bereits im Jahre 1944 in einem Artikel über den völkerrechtlichen Status Deutschlands nach der endgültigen Niederwerfung der Hitler-Aggression: „Die militärische Besetzung des feindlichen Territoriums ist vor allem ein Bestandteil der Kriegführung; sie setzt in den Beziehungen zwischen dem besetzenden und dem besetzten

[96] Ebenda, S. 241ff., insbes. S. 243.

[97] Oppenheim-Lauterpacht, Bd. II, S. 603/604, Anm. 2: „. . . took measures in relation to German industry intended to prevent it from becoming a danger to international peace“.

Staat einen Kriegszustand voraus; sie hat ihrem innersten Kern nach einen vorübergehenden Charakter. Da die Siegermächte eine grundlegende Reform der politischen Struktur Deutschlands, eine vollständige Änderung seines politischen Systems und eine Umerziehung des deutschen Volkes beabsichtigen, ist der Status einer kriegerischen Besetzung auf keinen Fall eine hinreichende Basis."[98]
1945, nach der bedingungslosen Kapitulation des deutschen Imperialismus, lehnte KELSEN mit Nachdruck das Vorliegen einer occupatio bellica im Sinne der HLKO ab. Er schrieb: „Es ist allgemein anerkannt, daß es über die einer besetzenden Macht von der Haager Vereinbarung zugestandenen Kompetenzen hinausgeht, Veränderungen vorzunehmen, die die grundlegenden Einrichtungen (des besetzen Staates, J. P.) betreffen. Ein Okkupant kann nicht eine demokratische Republik in eine absolute Monarchie umwandeln oder eine faschistische Diktatur in eine Demokratie. Der Okkupant kann, das ist wahr, bestimmte politische Gesetze ändern, aber nur, soweit dies für militärische Zwecke notwendig ist."[99] Artikel 43 der Haager Landkriegsordnung, sagt KELSEN, lege dem Okkupanten scharf umrissene Rechte und Pflichten auf. So dürfe er zum Beispiel das besetzte Gebiet aus politischen Gründen nicht verwaltungsmäßig neu aufteilen; er habe auch nicht das Recht, territoriale Veränderungen vorzunehmen, indem er Teile des besetzten Territoriums anderen Staaten einverleibt. Darum könne, so folgert KELSEN, bei der Besetzung Deutschlands keine occupatio bellica im Sinne der HLKO vorliegen: „Es kann wenig Zweifel darüber bestehen, daß der

[98] KELSEN, The international legal status. S. 689: „Military occupation of enemy territory is essentially an incident of warfare; it presupposes a state of war in the relationship between the occupant state and the state whose territory is occupied; it has by its very nature a transient character. If a fundamental reform of the political structure of Germany, a complete change of her political system and reeducation of the German people, is intended by the victorious Powers, the status of belligerent occupation is by no means an adequate basis".

[99] KELSEN, The legal status. S. 519: „It is generally deemed to be beyond the competence conferred upon the occupant power by the Hague Regulations to engage in changes in regard to fundamental institutions. An occupant may not transform a democratic republic into an absolute monarchy or an fascist dictatorship into a democracy. The occupant, it is true, may alter certain political laws, but only in so far as this is necessary for its military purposes".

Status einer kriegerischen Besetzung nicht mit der Absicht der Siegermächte vereinbar ist, Deutschland sowohl politisch als auch wirtschaftlich zu reorganisieren und sein Territorium zugunsten seiner Nachbarn zu verkleinern.“[100]

Auch für SAUSER-HALL, der im übrigen eine debellatio Deutschlands ablehnt[101], gehen die Befugnisse der Besatzungsmächte über die konventionellen Bestimmungen der HLKO weit hinaus. Er folgert dies aus der besonderen Lage Deutschlands. Die Besonderheit des Kampfes gegen Hitler-Deutschland und seinen Geist hätten zu seiner Ausrottung auch besondere Mittel gefordert.[102] Er spricht deshalb von einer „occupatio sui generis“[103].

MANN stellt fest: „Denn es kann kein Zweifel daran bestehen, daß die Alliierten sich nicht in den Grenzen der Haager Regeln gehalten und auch nicht die Absicht gezeigt haben, sich in diesen Grenzen zu halten. Das ergibt sich nicht nur unmittelbar aus der Berliner Deklaration, . . . sondern auch aus den vielen späteren Äußerungen und Anordnungen, die im herkömmlichen Recht keine Stütze finden.“[104]

Er rechtfertigt die über die HLKO hinausgehenden Maßnahmen mit der besonderen Lage in Deutschland und sagt: „Die einzigartige Lage verlangte und rechtfertigte eine einzigartige Lösung, den Ausgangspunkt einer neuen Entwicklung.“[105]

Für GROS ist die Lage Deutschlands im Jahre 1945 entsprechend den grundlegenden Dokumenten „unvereinbar mit einem System einfacher kriegerischer Besetzung“, da „die Beziehungen zwischen Deutschland und den Alliierten schon nicht mehr die Beziehungen zwischen Kriegsführenden sind, obwohl der Krieg formell noch nicht beendet ist“[106]. Mit einer ähnlichen Begründung lehnt auch FREEMAN, für den bis zur bedingungslosen Kapitulation vom 8. Mai 1945 eine kriegerische Besetzung vorlag, nach Inkrafttreten der Berliner Deklara-

[100] Ebenda: „There can be little doubt that the status of belligerent occupation would not be compatible with the intention of the victorious Powers to reorganize Germany politically as well as economically and to reduce the territory in favour of her neighbours“.

[101] SAUSER-HALL, S. 25. [102] Ebenda, S. 34/35.

[103] Ebenda, S. 36. [104] MANN, Sp. 470. [105] Ebenda, Sp. 472.

[106] GROS, S. 77/78: „. . . incompatible avec un système de simple occupation de guerre . . . Les relations entre l'Allemagne et les Alliés ne sont déjà plus des relations de belligerents, mais la fin de la guerre n'est pas formellement realisée“.

tionen die Geltung der HLKO für die Lage in Deutschland ab.[107] JENNINGS erklärt: „Die alliierte Besetzung ist keine kriegerische Besetzung im Sinne der Artikel 42 bis 56 der Haager Vereinbarungen."[108] Er folgert dies aus der besonderen, sich aus den Berliner Deklarationen ergebenden Lage in Deutschland."[109]
Nach POTTER ist die Besetzung Deutschlands und Japans „sehr verschieden von dem vorläufigen und äußerlichen Charakter einer kriegerischen Besetzung in ihrer orthodoxen Form"[110].
FENWICK beurteilt die alliierte Besetzung Deutschlands folgendermaßen: „Was der Kapitulation des Feindes folgte, darf nicht nach den speziellen Gesetzen des Krieges, sondern nach den allgemeinen Prinzipien von Gerechtigkeit und Billigkeit beurteilt werden."[111] Für alle von den Alliierten durchgeführten Maßnahmen „gab es keine Richtschnur im Internationalen Recht. Ihre Rechtfertigung lag in dem allgemeinen Prinzip der Selbstverteidigung"[112], – und, so fügen wir hinzu, nicht nur im Prinzip der Selbstverteidigung, sondern auch, und vor allem, in der Notwendigkeit der Herstellung und Sicherung des Friedens; eines Friedens, der den Völkern die Angst vor dem Morgen nehmen, der ihnen und ihren Kindern die Sicherheit eines glücklichen Lebens gewährleisten sollte.
VON KEMPSKI schreibt: „Wer also das Rechtsverhältnis zwischen Deutschland und den Alliierten als hinreichend durch den Begriff der occupatio bellica erfaßt behaupten wollte, käme zu der absurden Folgerung, daß die Alliierten fortgesetzt den Artikel 43 der Haager Landkriegsordnung verletzen würden."[113]
ABENDROTH ist der Ansicht, daß sich die Siegermächte bei der Organisation ihrer Gewalt in Deutschland weder an die Grundsätze

[107] FREEMAN, S. 605.
[108] JENNINGS, S. 140: „The Allied occupation is not a belligerent occupation within the meaning of Articles 42–56 of the Hague Regulations."
[109] Ebenda, S. 137.
[110] POTTER, S. 324: „. . . very different from the temporary and external character of military occupation in its orthodox form."
[111] FENWICK, Recognition. S. 573: „What followed after the surrender of the enemy must be judged in the light not of the specific laws of war but of the general principles of justice and equity."
[112] Ebenda, S. 667: „For all this there was no precedent in international law. Its justification lay in the broad principle of self-defence."
[113] VON KEMPSKI, S. 194.

der Haager Landkriegsordnung über die occupatio bellica gehalten haben noch halten wollten.[114] BINDSCHEDLER läßt keinen Zweifel daran, „daß die Alliierten die Befugnisse einer Besatzungsmacht gemäß den Haager Regeln weit überschritten haben ...“[115], um dann – an die Adresse gewisser westdeutscher Autoren gerichtet – festzustellen: „Es geht aber kaum an, die Kompetenzen der Alliierten einfach als illegal und völkerrechtswidrig zu erklären, weil sie mit der Haager Landkriegsordnung im Widerspruch stehen. Der überwiegende Teil der öffentlichen Meinung der ganzen Welt, vor allem auch der Juristen, ist der Auffassung, daß diese Maßnahmen im großen und ganzen durchaus legal sind.“[116]

Auch FRIED[117] und WRIGHT[118] lehnen eine Anwendung der Haager Regeln auf die Lage in Deutschland ab. CHEN fügt dem hinzu, daß die Situation in Deutschland nach der bedingungslosen Kapitulation „nicht in orthodoxe rechtliche Kategorien eingeordnet werden kann“[119]. Und ein Rechtsgutachten der amerikanischen Militärregierung vom 17. März 1947 verneint gleichfalls die Anwendung der Haager Regeln auf die Lage in Deutschland nach der bedingungslosen Kapitulation und nimmt eine „occupatio sui generis“ als vorliegend an.[120]

In der Literatur, die sich speziell mit der völkerrechtlichen Lage Deutschlands im Anschluß an die bedingungslose Kapitulation befaßt, werden also vor allem zwei Punkte hervorgehoben:

a) Es herrscht Übereinstimmung darüber, daß sich der völkerrechtliche Status Deutschlands nicht in die orthodoxen Regeln der Haager Vereinbarungen zwängen läßt. Wenn OPPENHEIM-LAUTERPACHT die Rechte einer Besatzungsmacht zwar dahin auslegt, daß „der Okkupant völlig unabhängig von der Verfassung und den Gesetzen des (besetzten, J. P.) Gebietes ist, da die Okkupation ein Instrument der Kriegführung ist und die Behauptung und Sicher-

114 ABENDROTH, In: „Neue Justiz“ 1 (1947), S. 74.
115 BINDSCHEDLER, S. 48.
116 Ebenda.
117 FRIED, S. 327.
118 WRIGHT, Nuremberg Trial, S. 50.
119 CHEN, S. 71: „... cannot be neatly fitted into orthodox legal categories.“
120 Zitiert nach MEISTER, S. 175/176.

heit der Truppen und der Kriegszweck im Vordergrund seiner Interessen stehen"[121], bezüglich der Lage in Deutschland aber erklärt, daß die Alliierten die Grenzen der HLKO in manchen Dingen nicht eingehalten hätten und der Status Deutschlands auf der bedingungslosen Kapitulation und nicht auf einer kriegerischen Besetzung nach den konventionellen Bestimmungen des Völkerrechts beruhe[122], so können wir diese Auffassung als die in der westlichen Völkerrechtswissenschaft herrschende bezeichnen.

b) Immer wieder finden wir in dieser Literatur Hinweise auf die „Besonderheit des Kampfes gegen Hitler-Deutschland", auf die „einzigartige Lage", die eine „einzigartige Lösung" rechtfertige, auf die „allgemeinen Prinzipien von Gerechtigkeit und Billigkeit", auf die Notwendigkeit einer Beachtung der „öffentlichen Meinung der ganzen Welt", auf eine „sui-generis-Lage" in Deutschland, die sich aus der „Besonderheit des zweiten Weltkrieges" ergebe, usw. Diese Wissenschaftler stellen also gerade das in den Mittelpunkt ihrer Erörterungen, was STÖDTER ablehnt, die sogenannte Reformation, und sie sehen darin, wie es zum Beispiel MANN formuliert, „den Ausgangspunkt einer neuen Entwicklung".

Dem ist im Grundsätzlichen zuzustimmen. Ja, erstmalig in der Geschichte war es das erklärte, in völkerrechtliche Normen gekleidete Kriegsziel einer der beiden kriegführenden Seiten, nicht nur die militärischen Streitkräfte der anderen Seite völlig zu zerschlagen, sondern darüber hinaus *grundlegende Veränderungen* im gesamten Staats- und Wirtschaftsgefüge des besiegten Landes vorzunehmen, mehr noch, das Volk des besiegten Landes von seiner verderblichen Vergangenheit zu befreien; zu befreien sowohl im Interesse der Nachbarvölker Deutschlands als auch im nationalen Lebensinteresse des deutschen Volkes selbst. Darum stellen die Maßnahmen der Anti-Hitler-Koalition in keiner Weise eine Intervention gegen die deutsche Nation dar. Im Gegenteil! Indem der Machtapparat des aggressiven deutschen Militarismus und Imperialismus beseitigt

121 OPPENHEIM-LAUTERPACHT, Bd. II, S. 437: „. . . the occupant is totally independent of the constitution and the laws of the territory, since occupation is an aim of warfare, and the maintenance and safety of his forces and the purpose of war stand in the foreground of his interests . . ."

122 Ebenda, S. 602 und 603.

werden sollte – und im Osten Deutschlands auch beseitigt blieb –, sollte die deutsche Nation von ihren eigenen Verderbern befreit werden, sollte dem deutschen Volk die Möglichkeit gegeben werden, in Wahrnehmung des Rechtes auf Selbstbestimmung aus sich selbst heraus einen neuen, demokratischen Machtapparat zu schaffen und dadurch die Geschicke der Nation in die eigenen Hände zu nehmen. Die mit der militärischen Niederlage der Hitler-Wehrmacht verbundene Besetzung Deutschlands durch die Siegermächte setzte nicht nur den Schlußstrich unter den vom aggressiven deutschen Imperialismus und Militarismus vom Zaune gebrochenen Aggressionskrieg, sie diente nicht nur der Sicherung der Wiedergutmachung des den anderen Völkern durch die Aggression zugefügten Schadens, sie war nicht nur eine Vorbeugungsmaßnahme seitens der Siegermächte zur Verhinderung einer möglichen neuen Aggression, sondern sie war auch – und das ist tatsächlich und rechtlich das Neue bei der Besetzung Deutschlands – ein Mittel zur Freimachung der demokratischen und friedliebenden Kräfte des deutschen Volkes; sie war ein Mittel zur Sicherung der Wahrnehmung des völkerrechtlichen Prinzips der Selbstbestimmung durch die antifaschistisch-demokratischen Kräfte des deutschen Volkes selbst. Mit anderen Worten: Die Besetzung Deutschlands sollte auch dem Aufbau eines neuen, demokratischen und friedlichen Deutschlands durch das deutsche Volk selbst dienen.

Und gerade das unterscheidet die Besetzung Deutschlands im Jahre 1945 so grundlegend nicht nur von der occupatio bellica, sondern auch von der debellatio, das heißt von der Unterwerfungsdoktrin.

b) Keine debellatio

Worum geht es bei der sogenannten debellatio?

Über die debellatio und die mit ihr für den debellierten Staat verbundenen Folgen besteht in der westlichen Völkerrechtswissenschaft keine einhellige Meinung. Verschiedene Schriftsteller sehen in der debellatio eine mit der völligen militärischen Niederwerfung verbundene *Vernichtung* des gegnerischen Staates *als Subjekt des Völkerrechts;* andere wiederum sind der Ansicht, daß eine debellatio sich auf die völlige *militärische* Niederwerfung beschränke, sie als solche noch *keinen* Verlust der Völkerrechtssubjektivität des debellierten

Staates zur Folge habe, sondern daß der völkerrechtliche Untergang des besiegten Staates erst durch die erklärte und dann verwirklichte Annexionsabsicht des oder der Sieger vollzogen werde.

So ist nach RIVIER der Tatbestand einer Unterwerfung oder debellatio gegeben, „wenn der Krieg durch die vollständige Niederlage eines der Kriegführenden endet, und zwar dergestalt, daß sein gesamtes Territorium besetzt, die Autorität seiner Regierung beseitigt ist und er auf Grund dessen aufhört, als Staat zu bestehen“[123]. Demgegenüber bewirkt nach VERDROSS „eine bloße debellatio ... noch keinen Untergang des niedergekämpften Staates, wenn er entweder von seinen Bundesgenossen weiter verteidigt wird oder wenn dem Sieger die Einverleibungsabsicht fehlt. Ein Staat bleibt daher als dasselbe Völkerrechtssubjekt erhalten, solange das Staatsvolk nicht endgültig einem anderen Staat einverleibt oder auf mehrere Staaten aufgeteilt wurde.“[124] Auch OPPENHEIM-LAUTERPACHT unterscheidet zwischen „conquest“ und „subjugation“. Conquest ist für ihn allein die mit der „Eroberung“ des feindlichen Territoriums verbundene militärische Niederwerfung des Gegners, wobei das feindliche Territorium „rechtlich unter der Souveränität des Feindes verbleibt“[125], während eine subjugation dann eintritt, „wenn ein Kriegführender, nachdem er die Streitkräfte des Gegners vernichtet und dessen Territorium erobert hat, dessen Existenz durch Annexion des eroberten Territoriums vernichtet“[126]. „Die Annexion verwandelt die Eroberung in Unterwerfung.“[127]

Diese Meinung kann als die in der westlichen Völkerrechtswissenschaft herrschende angesehen werden. Auch HOLD-FERNECK[128],

[123] RIVIER, Bd. II, S. 436: „Il y a subjugation, debellatio, lorsque la guerre se termine par la défaite complète de l'un des belligerants, tellement que tout son territoire est pris, que l'autorité de son gouvernement est supprimée et qu'il cesse en conséquence d'exister comme Etat“; ebenso FAUCHILLE, Bd. II, S. 1030, und ULLMANN, S. 192.

[124] VERDROSS, VR., S. 190.

[125] OPPENHEIM-LAUTERPACHT, Bd. I, S. 567: „... remains legally under the sovereignty of the enemy ...“

[126] Ebenda, Bd. II, S. 600: „... when a belligerent, after having annihilated the forces and conquered the territory of his adversary, destroys his existence by annexing the conquered territory.“

[127] Ebenda, Bd. I, S. 567: „Annexation turns the conquest into subjugation.“

[128] HOLD-FERNECK, Bd. II, S. 100.

STRUPP[129], SCHÄTZEL[130], VON WALDKIRCH[131], HERSHEY[132], FENWICK[133], HYDE[134], GUGGENHEIM[135] und andere sind der Ansicht, daß ein Staat nur dann untergehe, wenn zur völligen militärischen Unterwerfung und Besetzung des feindlichen Territoriums die erklärte und durchgeführte Absicht des Siegers hinzukomme, das betreffende Territorium zu *annektieren*. Es herrscht Übereinstimmung darüber, daß zum Untergang eines Staates „sowohl ein objektiver Tatbestand, der völlige militärische Zusammenbruch des Besiegten, als auch ein subjektiver Tatbestand, die Existenzaufgabe des Besiegten oder die Existenzvernichtung durch den Sieger, gehört"[136].

An diese herrschende Lehre knüpft nun eine Reihe von Wissenschaftlern in ihrer Beurteilung des völkerrechtlichen Status von Deutschland im Jahre 1945 an, indem sie erklären, daß ein Untergang des Deutschen Reiches nach dem Völkerrecht nicht erfolgt sein könne, da die Siegermächte wiederholt erklärt hätten, sie trügen sich nicht mit der Absicht, Deutschland zu annektieren.

Richtig, die Berliner Deklaration hinsichtlich der Übernahme der obersten Regierungsgewalt durch die Regierungen der vier Mächte besagt ausdrücklich: „Die Übernahme zu den vorstehend genannten Zwecken der besagten Regierungsgewalt und Befugnisse bewirkt nicht die Annektierung Deutschlands."[137] Aus diesem Satz folgert darum STÖDTER, daß die Deklaration „von der staatlichen Fortexistenz Deutschlands"[138] ausgehe. Ähnlich erklärt FAWCETT, daß der deutsche Staat weiterbestehe, „da die Übernahme der Obersten Gewalt durch die vier Mächte ausdrücklich nicht die Wirkung einer Annexion Deutschlands haben sollte"[139]. Aus dem gleichen Grunde nimmt auch das Rechtsgutachten der amerikanischen Militär-

[129] STRUPP, S. 135/136.
[130] SCHÄTZEL, S. 368.
[131] VON WALDKIRCH, S. 341.
[132] HERSHEY, S. 180.
[133] FENWICK, S. 661.
[134] HYDE, S. 357/358.
[135] GUGGENHEIM, VR., Bd. I, S. 406.
[136] HANSJÖRG JELLINEK, S. 112.
[137] Amtsblatt des Kontrollrates, Ergänzungsblatt 1, S. 7.
[138] STÖDTER, S. 91; ebenso VON TUREGG, S. 41: „Wenn keine Annexion vorliegt, ist auch keine Debellation gegeben, da das subjektive Merkmal einer solchen fehlt."
[139] FAWCETT, S. 382: „But the German state, though shorn of much of its sovereignty, continues, since the assumption of supreme authority by the Four Powers has been expressly declared not to have effected the annexation of Germany."

regierung vom 17. März 1947 den Weiterbestand des Deutschen Reiches als Subjekt des Völkerrechts an.[140]
Trotzdem nimmt die Mehrheit der prominentesten westlichen Wissenschaftler den Untergang des Deutschen Reiches als Subjekt des Völkerrechts an:
Nach KELSEN, der ein konsequenter Vertreter der debellatio-Theorie ist, ist die Existenz einer unabhängigen Regierung ein wesentliches Merkmal der Völkerrechtssubjektivität eines Staates. „Durch die Vernichtung der letzten deutschen Regierung haben die Siegermächte die Existenz Deutschlands als eines souveränen Staates aufgehoben."[141] „Durch die totale Niederlage, die Kapitulation seiner Streitkräfte und die Vernichtung seiner nationalen Regierung hat Deutschland aufgehört, als ein souveräner Staat und als Völkerrechtssubjekt zu existieren."[142] Für VIRALLY entsprach die bedingungslose Kapitulation im Mai 1945 „genau den Voraussetzungen der debellatio. Das Okkupationsregime wurde mit dem Verschwinden des legalen Staates tatsächlich beendet."[143] ABENDROTH folgert aus

140 Zitiert nach MEISTER, S. 175/176; ebenso:
BINDSCHEDLER, S. 39/40: „Die deutsche Staatsgewalt ist keineswegs vollkommen zerstört worden, besteht vielmehr in Bruchstücken weiter. Vor allem fehlt der animus domini, die Annexionsabsicht der Alliierten";
die Stellungnahme des britischen Außenministeriums in Sachen R. v. BROTTRILL, ex parte KUECHENMEISTER: „Auf Grund dieser Deklaration (d. h. der Berliner Deklaration vom 5. Juni 1945, J. P.) besteht Deutschland noch als Staat . . ."; zitiert nach MANN, Sp. 478;
SAUSER-HALL, S. 25; VERDROSS, Die völkerrechtliche Stellung Deutschlands, S. 129ff.;
Urteil des Obergerichts des Kantons Zürich vom 1. Dezember 1945, in: „Schweizerische Juristenzeitung", 1946, S. 89ff., insbesondere S. 90; weitere Stimmen zum Fortbestand des Deutschen Reiches bei STÖDTER, S. 98, Anm. 109.

141 KELSEN, The legal status, S. 519: „By abolishing the last Government of Germany the victorious powers have destroyed the existence of Germany as a sovereign state."

142 KELSEN, Peace Treaty, S. 1188: „By its complete defeat, the surrender of its armed forces, and the abolishment of its national government, Germany has ceased to exist as a sovereign state and subject of international law."

143 VIRALLY, S. 23: „. . . exactement à l'hypothèse de la debellatio. Le régime de l'occupation militaire avait pris fin en fait par la disparition de l'État legal."

den Berliner Deklarationen, „daß die deutsche Souveränität und die deutsche Völkerrechtssubjektivität untergegangen sind und daß nunmehr kraft des Rechts der Eroberung die vier Siegermächte innerhalb der Bindungen durch die Beschlüsse der Krimkonferenz gemeinschaftlich über das Gebiet Deutschland verfügen können“[144]. Die gleiche Schlußfolgerung zieht SCHWARZENBERGER aus den Berliner Deklarationen: „Hitler-Deutschland wurde als Völkerrechtssubjekt ausgelöscht, als die Alliierten am 5. Juni 1945 die oberste Kontrolle über Deutschland übernahmen.“[145] Ebenso erklärt GROS: „Der deutsche Staat verschwand am 5. Juni 1945 infolge der völligen Auflösung aller öffentlichen Dienste und der Abwesenheit einer Regierung.“[146] Für FREEMAN hatte die Berliner Deklaration ein „Verschwinden des deutschen Staates als kriegführende Macht“[147] zum Inhalt. Die rechtliche Folge der Berliner Deklarationen war für SCHICK, „daß Deutschland als unabhängiger Staat aufhörte zu bestehen“[148]. CHEN weist darauf hin, daß die Alliierten das Recht beanspruchten, „den Status und die Grenzen Deutschlands zu bestimmen“, und folgert daraus: „Wenn der Status eines Staates von fremden Staaten bestimmt werden soll, hört er auf, ein Staat im wahren Sinne des Wortes zu sein.“[149]

[144] ABENDROTH, S. 73/74.

[145] SCHWARZENBERGER, Power Politics, S. 397: „Hitlerite Germany was eliminated as a subject of international law when, on June 5, 1945, the Allied assumed supreme control over Germany.“ Siehe hierzu auch SCHWARZENBERGER: Machtpolitik. Deutsche, gekürzte – und überarbeitete – Übersetzung der zweiten englischen Ausgabe von Power Politics, Tübingen 1955, S. 60: „. . . daß Deutschland infolge debellatio als Völkerrechtssubjekt zu existieren aufgehört hatte und die Besatzungsmächte gemeinsam die Souveränitätsrechte in diesem Raum ausübten.“

[146] GROS, S. 74: „L'État allemand, à la date du 5 juin 1945, avait disparu à la suite de la désintégration complète de tous les services publics et de l'absence d'un Gouvernement.“

[147] FREEMAN, S. 605 – „. . . disappearance of the German State as a belligerent entity . . .“

[148] SCHICK, S. 780 – „The legal consequence of the Potsdam Declaration was that Germany as an independent state cessed to exist“. (Schick meint offensichtlich die Berliner Deklarationen, denn er bezieht sich vorher ausdrücklich auf den 5. Juni 1945.)

[149] CHEN, S. 72 – „The Allies had certainly claimed the right to ‚determine‘ the ‚status‘ and boundaries of Germany. If the status of a state

Der gleichen Ansicht vom Untergang des Deutschen Reiches als Subjekt des Völkerrechts sind weiter SCHWELB[150], BENOIST[151], MANN[152], FRIED[153], FINCH[154], KUNZ[155], BRANDWEINER[156] und WRIGHT[157]. Sie wurde auch vom Hauptankläger für die Französische Republik im Nürnberger Hauptkriegsverbrecherprozeß vertreten: „Gegenwärtig gibt es jedoch keinen deutschen Staat. Seit der Kapitulationserklärung vom 8. Mai 1945 bis zu dem Tage, an dem durch Übereinkommen der vier Besatzungsmächte eine Regierung eingesetzt sein wird, gibt es kein Organ, das den deutschen Staat vertritt."[158] Und das Urteil im Nürnberger Hauptkriegsverbrecherprozeß stellt unter Bezugnahme auf das Statut betreffend die Bestrafung der Hauptkriegsverbrecher fest: „Die Ausarbeitung des Statuts geschah in Ausübung der souveränen gesetzgebenden Gewalt jener Staaten, denen sich das Deutsche Reich bedingungslos ergeben hatte."[159]

Wir erkennen, daß die Mehrzahl der in der westlichen Welt anerkannten Völkerrechtswissenschaftler – und zwar gleichgültig, ob sie Anhänger der debellatio-Theorie sind oder nicht – mit ihren wissenschaftlichen Feststellungen über den Status Deutschlands im Jahre 1945 im Gegensatz zur Politik ihrer eigenen Regierungen stehen, die ja bekanntlich die westdeutsche „Identitäts"theorie in ihrer Politik anerkennen und unterstützen. Das festzustellen, erscheint uns notwendig!

Auch wir bejahen – wie oben dargelegt wurde – den Untergang des Deutschen Reiches als Subjekt des Völkerrechts; doch nicht auf Grund einer debellatio.

Die debellatio gründet sich auf dem „Recht des Siegers", und zwar *jedes* Siegers, auch des *Aggressions*siegers. Die debellatio rechtfertigt

is to be determined by foreign States it ceased to be a ‚state' in the true sense of word."

150 SCHWELB, S. 207.
151 BENOIST, S. 61.
152 MANN, S. 475.
153 FRIED, S. 326.
154 FINCH, S. 22.
155 KUNZ, Ending the war, S. 117; siehe auch: The Status of Occupied Germany under International Law a Legal Dilemma, in: „The Western Political Quaterly", Bd. III, Nr. 4 (1950), S. 538ff.
156 BRANDWEINER, Verträge, S. 10.
157 WRIGHT, Nuremberg Trial, S. 50; ebenso in: Legal Positivism, S. 412.
158 Der Prozeß gegen die Hauptkriegsverbrecher, Bd. V, Nürnberg 1947, S. 438.
159 (STEINIGER), Der Nürnberger Prozeß, S. 169.

jeden Krieg als die Fortsetzung der Politik mit anderen Mitteln, rechtfertigt damit auch die Aggression.
Es bedarf wohl keiner weiteren Erörterung, daß die Theorie von der debellatio oder Unterwerfung deshalb mit dem im modernen Völkerrecht allgemein anerkannten Prinzip des Aggressionsverbotes nicht vereinbar ist.
Ferner: Die Vertreter der debellatio-Theorie setzen der „Unterwerfung" des besiegten Kriegsgegners durch den oder die Sieger völkerrechtlich keine Grenzen, ja, sie stellen es sogar in das freie Ermessen des oder der Sieger, den besiegten Staat als Ganzes zu annektieren. Insofern gehen die Vertreter der Theorie, daß zum Verlust der Völkerrechtssubjektivität zur debellatio die Annexion hinzukommen müsse, im Prinzip von der gleichen Konzeption der Unterwerfung aus wie die Vertreter der konsequenten Debellationstheorie.[160]
Doch auch der Behandlung eines besiegten Gegners setzen die allgemein anerkannten Prinzipien des Völkerrechts Grenzen. Dem sogenannten freien Ermessen des Siegers steht das unveräußerliche Recht auch der besiegten Nation entgegen, sich – mit den Worten des Potsdamer Abkommens – „sein Leben auf einer demokratischen und friedlichen Grundlage von neuem wiederaufzubauen"; mit anderen Worten: Das allgemein anerkannte völkerrechtliche Prinzip der demokratischen Selbstbestimmung und friedlichen Entwicklung steht auch dem Volke eines besiegten Staates zu. Daraus erklärt sich die Feststellung über die Nichtannexion Deutschlands in der Berliner Deklaration hinsichtlich der Übernahme der obersten Regierungsgewalt durch die vier Mächte.

c) Keine Annexion

Lenin sagt, daß „der Begriff der Annexion untrennbar mit dem Begriff der Selbstbestimmung der Nationen verbunden ist"[161] – „. . . denn Annexion ist ja nichts anderes als Verletzung der Selbstbestimmung der Nationen . . ."[162].
In der Erklärung von Jalta heißt es: „Es ist nicht unsere Absicht, das deutsche Volk zu vernichten . . ."[163] Im Potsdamer Abkommen

160 Tunkin, S. 192.
161 Zitiert nach Modshorjan, Souveränität, Sp. 581.
162 Lenin, Ausgewählte Werke, Bd. I, S. 868.
163 Vertrags-Ploetz, S. 402.

steht fast gleichlautend: „Es ist nicht die Absicht der Alliierten, das deutsche Volk zu vernichten oder zu versklaven"; und weiter: „Die Alliierten wollen dem deutschen Volk die Möglichkeit geben, sich darauf vorzubereiten, sein Leben auf einer demokratischen und friedlichen Grundlage von neuem wiederaufzubauen."[164] Das ist der Zusammenhang, in dem die Erklärung der *Nicht*annexion Deutschlands durch die Alliierten gesehen werden muß.

Diesen Erklärungen sind langwierige Verhandlungen zwischen den Großmächten der Anti-Hitler-Koalition vorausgegangen. Und es ist völlig verfehlt, an der bloßen Feststellung der Nichtannexion Deutschlands in den erwähnten Dokumenten nur juristisch-theoretisch hin- und herzudeuteln, ohne zu ergründen, was die Worte „bewirkt nicht die Annektierung Deutschlands" an tatsächlichem politischem und rechtlichem Wollen zum Ausdruck bringen sollten. Auch sie stellen eine völkerrechtliche Norm dar, die ihren realen Inhalt durch die Außenpolitik der Staaten erhält.

Bereits auf der Konferenz von Quebec zwischen Roosevelt und Churchill vom 11. bis 24. August 1943 wurde der Plan des amerikanischen Staatssekretärs Henry Morgenthau jr. über die Aufteilung Deutschlands und dessen Zurückführung auf den Stand eines Agrarstaates durch den USA-Präsidenten angenommen.[165] Der gleiche Plan war die Grundlage einer ebenfalls in Quebec zwischen Roosevelt und Churchill vom 10. bis 16. September 1944 durchgeführten Konferenz; bis dann Roosevelt am 22. September 1944 überraschend seine bereits vollzogene Unterschrift unter den Morgenthauplan zurückzog[166] – ohne indessen seine auf die Zerstückelung Deutschlands gerichtete Politik zu ändern. Einen ähnlichen Plan zur Zerstückelung Deutschlands entwickelte der frühere Staatssekretär im amerikanischen Außenministerium, Sumner Welles. Danach sollten in Deutschland drei selbständige Staaten geschaffen werden, und zwar ein süddeutscher, ein westdeutscher und ein ostdeutscher Staat, deren Grenzen „im wesentlichen durch kulturelle, geschichtliche und wirtschaftliche Erwägungen" bestimmt werden sollten.[167]

[164] Amtsblatt des Kontrollrates, Ergänzungsblatt 1, S. 14.
[165] Vertrags-Ploetz, S. 390.
[166] Geschichts-Ploetz, S. 889.
[167] Warburg, S. 291/293; über die Pläne der Westmächte zur Zerstückelung Deutschlands und damit seine Vernichtung als Subjekt des

Es ist heute kein Geheimnis mehr, daß diese Politik der Aufteilung und Zerstückelung Deutschlands durch die Siegermächte des zweiten Weltkrieges am Widerstand der UdSSR gescheitert ist, deren Kriegsziel hervorragend durch die Botschaft STALINs an die Völker der Sowjetunion vom 9. Mai 1945 gekennzeichnet wird, in der es heißt: „Die Sowjetunion feiert den Sieg, obwohl sie nicht beabsichtigt, Deutschland aufzuteilen oder zu vernichten."[168] Diese Haltung gegenüber Deutschland setzte sich durch die sowjetische Politik innerhalb der Anti-Hitler-Koalition im Verlauf der letzten Monate des zweiten Weltkrieges immer mehr durch. Sie bestimmte schließlich die Tatsachen und Normen des Jahres 1945, wie die abgegebenen Erklärungen der Alliierten eindeutig beweisen.

Die Erklärung der Nichtannexion Deutschlands in der ersten Berliner Deklaration bedeutet nichts anderes als den in Jalta und Potsdam zum Ausdruck gekommenen Willen der Siegermächte, das deutsche Volk weder zu vernichten noch zu versklaven, bedeutet die Absage an alle Welles- und Morgenthau-Pläne der Aufteilung und Zerstückelung Deutschlands. Die Nichtaufteilung und Nichtzerstückelung Deutschlands war ebenso ein in den Tatsachen und Normen des Jahres 1945 zum Ausdruck kommender, in völkerrechtliche Normen gefaßter Wille der Siegermächte wie ihre Absicht, den militärischen, politischen und wirtschaftlichen Machtapparat des imperialistischen Deutschlands in seiner Gesamtheit zu vernichten und einen neuen, demokratischen Machtapparat an seine Stelle zu setzen, um so dem deutschen Volk die Möglichkeit zu geben, „sein Leben auf einer demokratischen und friedlichen Grundlage von neuem wiederaufzubauen". Die Sicherung des Selbstbestimmungsrechts für das deutsche Volk schloß jede Annexion Deutschlands durch die Siegermächte des zweiten Weltkrieges aus.

Die Erklärung der Nichtannexion Deutschlands durch die Alliierten ist die völkerrechtliche Absage an alle Pläne einer Vernichtung oder Zerstückelung Deutschlands; die Worte „bewirkt nicht die Annektierung Deutschlands" in der ersten Berliner Deklaration stellen die völkerrechtliche Bestätigung der Nichtvernichtung oder Nichtversklavung des deutschen Volkes sowie die Sicherung seines Rechts

Völkerrechts siehe im einzelnen: PECK, Zur Geschichte der Spaltung Deutschlands, in: „Deutsche Außenpolitik", Sonderheft II/1959.

[168] DIZ/I, S. 8.

auf Selbstbestimmung dar, wie es auch in Jalta und Potsdam formuliert wurde.

Die Feststellung der Nichtannexion Deutschlands verhindert nun aber nicht den Verlust der Völkerrechtssubjektivität Deutschlands. Trotz dieser Erklärung ist das Deutsche Reich als Subjekt des Völkerrechts untergegangen. Gewiß, die genannte Deklaration stellt fest, daß die Alliierten Deutschland und einen deutschen Staat nicht für immer von der europäischen Landkarte ausradieren wollten; was aber ausradiert werden sollte und in der Anfangszeit der Besatzung auch ausradiert wurde, war der damals bestehende imperialistische deutsche Machtapparat. Damit entfiel das wichtigste objektive wissenschaftliche Kriterium für die Völkerrechtssubjektivität Deutschlands.

Die Lage Deutschlands im Jahre 1945 findet in der Staatengeschichte keine Parallele. Hier geschah und entstand sowohl tatsächlich als auch rechtlich etwas Neues, was sich zum Teil durch das überkommene Völkerrecht tatbestandsmäßig nicht erfassen läßt.

Neue Tatsachen erfordern auch rechtlich eine neue Wertung. Darum stellen wir fest: Eine Annexion Deutschlands durch die Alliierten liegt nicht vor und sollte auch nicht vorliegen; trotzdem ist durch die Beseitigung des nazistischen militärischen, politischen und wirtschaftlichen deutschen Machtapparates das Großdeutsche Reich untergegangen, da das Machtinstrument der herrschenden Klasse in seiner Gesamtheit vernichtet werden sollte und auch vernichtet wurde. Bestehen blieb die Einteilung der Bevölkerung nach dem Gebiet, das heißt, es blieb in den durch das Potsdamer Abkommen bestimmten Grenzen das Territorium Deutschland, es blieb die auf ihm ansässige deutsche Bevölkerung – und beide sollten nach dem erklärten Willen der Alliierten auch bleiben. Das wichtigste Kriterium der Völkerrechtssubjektivität, ein anderer, und zwar demokratischer und friedlicher Machtapparat sollte neu geschaffen und dem deutschen Volk *dadurch* die Möglichkeit gegeben werden, „sein Leben auf einer demokratischen und friedlichen Grundlage von neuem wiederaufzubauen“. Das ist der reale Inhalt der durch die Politik der Großmächte gesetzten völkerrechtlichen Normen. Dem deutschen Volk sollte – daran läßt das Potsdamer Abkommen keinen Zweifel – die Möglichkeit gegeben werden, sich diesen neuen, demokratischen Machtapparat auf der Grundlage des Rechtes auf

Selbstbestimmung *selbst* zu schaffen; einen Machtapparat, der den grundlegenden Prinzipien der in den Dokumenten des Jahres 1945 niedergelegten Kriegsziele der Alliierten – Entmilitarisierung, Entnazifizierung und Demokratisierung Deutschlands – entsprach und der infolgedessen mit den nationalen Interessen des deutschen Volkes übereinstimmte.

d) Die Übernahme der „obersten Regierungsgewalt" durch die vier Mächte

Wie steht es nun mit der Übernahme der „obersten Regierungsgewalt" durch die vier Mächte in Deutschland?
Hier glaubt STÖDTER bei der Rechtfertigung seiner These vom Fortbestand des Deutschen Reiches erneut einhaken zu können. Er behauptet, die in der ersten Berliner Deklaration und im Potsdamer Abkommen von den Alliierten erklärte Übernahme der „supreme authority", der „obersten" oder „höchsten Regierungsgewalt in Deutschland", sei nicht einer Übernahme der Souveränität gleichzusetzen. Er meint, „daß unter der ‚obersten Regierungsgewalt' nicht die Souveränität verstanden werden kann"[169].
Auch hier macht sich STÖDTER die Sache sehr leicht: Wenn die Alliierten Souveränität gemeint hätten, so argumentiert er, dann hätten sie auch Souveränität gesagt; und wenn schon nicht „Souveränität", dann doch die dafür im Völkerrecht gebräuchlichen Umschreibungen wie „alle Titel und Rechte" oder ähnliches. Was nicht in Völkerrechtslehrbüchern oder in bereits vorliegenden Dokumenten und Verträgen steht, gilt für STÖDTER nicht, das ist rechtlich nicht da – denn die „Reformation" hat sich für ihn ja nach dem „Recht" zu richten. Für STÖDTER haben die richtigen Worte von SIR FISHER WILLIAMS keine Gültigkeit: „Das Leben des Menschengeschlechts ist ein Prozeß fortwährender Veränderung, und das Recht kann davon keine Ausnahme machen."[170]

[169] STÖDTER, S. 62; ebenso JENNINGS, S. 121 – „The Berlin Declaration is obviously a carefully drafted document and it is significant, that far from declaring that the occupying Powers have assumed the sovereignty over Germany, it studiously avoids any reference to sovereignty. It speaks only of an assumption of ‚supreme authority' which is not necessarily the same thing."

[170] SIR FISHER WILLIAMS, S. 94.

Es ist eine Binsenweisheit, daß die Normen und Prinzipien des Völkerrechts durch die Außenpolitik der Staaten und Völker bestimmt werden. Der reale Inhalt des Rechtsinstituts „höchste“ oder „oberste Regierungsgewalt“ der Alliierten in Deutschland kann daher nur deren Politik, das heißt den von den Siegermächten des zweiten Weltkrieges gegenüber dem Deutschen Reich verfolgten Kriegszielen, entnommen werden. Nur so können wir feststellen, welcher völkerrechtliche Rechtstatbestand durch die Übernahme der „höchsten“ oder „obersten Regierungsgewalt“ durch die vier Mächte gegeben war.

Für STÖDTER ist „supreme authority“ nichts weiter als die „Feststellung einer Regierungs*kontrolle*“ im Rahmen der HLKO[171] bei Fortbestand der staatlichen Souveränität des Deutschen Reiches. Vielleicht hat er bei OPPENHEIM-LAUTERPACHT nachgelesen, wo es heißt: „Erobertes feindliches Territorium, obgleich augenblicklich im Besitz und unter Herrschaft des Eroberers, verbleibt rechtlich unter der Souveränität des Feindes, bis es durch Annexion unter die Souveränität des Eroberers fällt.“[172] So erläutert OPPENHEIM-LAUTERPACHT abstrakt-juristisch die staatliche Souveränität eines besetzten Gebietes im Sinne der HLKO. So, und zwar nur so, tut es auch STÖDTER in bezug auf Deutschland. Er überträgt diesen abstrakten Lehrsatz rein formal und lehrbuchmäßig auf die Lage in Deutschland im Jahre 1945, indem er sagt: Keine Annexion, daher Weiterbestand der deutschen Souveränität, sprich: Weiterbestand der alten, imperialistischen und militaristischen deutschen Staatsmacht. Was STÖDTER indessen verschweigt, ist die Tatsache, daß selbst OPPENHEIM-LAUTERPACHT bezüglich Deutschlands entscheidend von seiner eigenen Abstraktion abweicht, indem er erklärt: „Vor der Wiederherstellung der deutschen Souveränität war die Ausübung der inneren und äußeren Vorrechte und Rechte des deutschen Staates völkerrechtlich wirksam entweder den vier Mächten gemeinsam oder jeder von ihnen bezüglich des Teiles des deutschen Territoriums, das ihrer Verwaltung unterstand, über-

171 STÖDTER, S. 64.

172 OPPENHEIM-LAUTERPACHT, Bd. I, S. 567 – „Conquered enemy territory, although actually in the possession and under the sway of the conqueror, remains legally under the sovereignty of the enemy until through annexation it comes under the sovereignty of the conqueror.“

tragen."[173] OPPENHEIM-LAUTERPACHT sieht also im Gegensatz zu STÖDTER trotz der auch von ihm zugestandenen Nichtannexion Deutschlands durch die Alliierten eine deutsche staatliche Souveränität als nicht mehr gegeben an.

Lag aber nun, wie OPPENHEIM-LAUTERPACHT behauptet, eine Souveränität der vier Mächte über Deutschland vor?

Nein, sie war nicht gegeben!

„Die Souveränität ist", wie „Sowjetstaat und Sowjetrecht" feststellt, „ein einheitlicher Begriff, der sowohl das politische wie auch das juristische Moment in sich einschließt."[174] Es ist infolgedessen falsch – wie STÖDTER es tut –, einseitig nur das abstrakt-rechtliche Moment zu sehen, ebenso wie es nicht richtig wäre, unter Außerachtlassung allen Rechts nur vom politischen Moment auszugehen. Ob und inwieweit die staatliche Souveränität eines besetzten Landes bestehengeblieben ist, ergibt sich aus der Einheit der juristischen und politischen Momente, wobei jedes mit dem anderen in einer Wechselwirkung steht. Ebenso wie die Politik sich in Übereinstimmung mit dem Völkerrecht befinden muß, ebenso ist es klar, daß das Völkerrecht infolge seines Klassencharakters – weil nach MARX für die internationalen Beziehungen letztlich die Produktionsverhältnisse innerhalb der einzelnen Staaten entscheidend sind[175] – auf den politischen Vereinbarungen zwischen den Staaten, auf den gegen- und mehrseitigen Beziehungen der Staaten im Prozeß ihres Kampfes und ihrer Zusammenarbeit beruht. Mit Recht sagt LUKASCHUK: „Die Normen oder die Institute des Völkerrechts erhalten ihren realen Inhalt durch die Außenpolitik der Staaten"[176], und wir fügen hinzu: auch der Völker.

[173] Ebenda, Bd. I, S. 568 – „Prior to the restitution of German sovereignty the exercise of the internal and external prerogatives and rights of the German State was rested, with full effect in International Law, either jointly with the four Powers or with any one of them in respect of the part of German territory placed unter its administration."

[174] Sowjetstaat und Sowjetrecht, Sp. 590.

[175] Darum bezeichnete KARL MARX die internationalen Beziehungen als abgeleitete Produktionsverhältnisse. In: Zur Kritik der politischen Ökonomie, Berlin 1951, S. 267.

[176] LUKASCHUK, Sp. 238.

Das gilt auch für das völkerrechtliche Institut der staatlichen Souveränität. Sie bedeutet in der gegenwärtigen Epoche „die Machtvollkommenheit der Staatsgewalt innerhalb der Grenzen des Staates und ihre Unabhängigkeit von ausländischen Staaten auf internationaler Ebene“[177]. Wenn wir also den völkerrechtlichen Rechtstatbestand Souveränität als die „Unabhängigkeit der Staatsgewalt des gegebenen Staates von der Gewalt jedes anderen Staates definieren, die ihren Ausdruck in dem Recht des Staates findet, frei, nach eigenem Ermessen über seine inneren und äußeren Angelegenheiten zu entscheiden ...“[178], so kann kein Zweifel daran bestehen, daß dieser Rechtstatbestand 1945 im Falle Deutschland nicht vorlag. Es bestand, wie wir bewiesen haben, weder eine deutsche Staatsgewalt, noch konnte von irgendeiner unabhängigen Machtvollkommenheit deutscher Organe – gleich auf welcher Ebene – gesprochen werden. Jede Macht sowohl innerhalb Deutschlands als auch im Verhältnis Deutschlands zu anderen Staaten war auf die vier Besatzungsmächte übergegangen. Wir haben ferner festgestellt, daß auch die die Souveränität eines besiegten und besetzten Staates zwar entscheidend einschränkenden, dem besetzten Staat die staatliche Souveränität jedoch grundsätzlich belassenden Regeln der HLKO infolge der Tatsachen und Normen des Jahres 1945 auf die Lage Deutschlands tatbestandsmäßig gleichfalls nicht zutreffen. Und wir haben nicht zuletzt darauf hingewiesen, daß ein Fortbestand der staatlichen Souveränität Deutschlands, wie sie in der Gesamtheit der imperialistischen und militaristischen Staatsmacht des Großdeutschen Reiches zum Ausdruck kam, in keiner Weise mit dem erklärten Kriegsziel der Siegermächte des zweiten Weltkrieges übereingestimmt hätte. Eine staatliche Souveränität des Deutschen Reiches war also tatbestandsmäßig nicht mehr gegeben.

Welcher völkerrechtliche Rechtstatbestand lag nun vor?

Schwarzenberger hält eine „Ausübung der gemeinsamen Souveränität der Besatzungsmächte über Deutschland“[179] für gegeben. Nach Kelsen bedeutete der Verlust der Völkerrechtssubjektivität Deutschlands, „daß die vier Besatzungsmächte die Souveränität

177 Modshorjan, Souveränität, Sp. 583.
178 Sowjetstaat und Sowjetrecht, Sp. 589.
179 Schwarzenberger, Völkerrecht, S. 121.

über das frühere deutsche Territorium und seine Bevölkerung übernommen haben"[180]. Der gleichen Ansicht hinsichtlich der Übernahme der Souveränität durch die vier Besatzungsmächte sind auch WRIGHT[181], FINCH[182], FRIED[183], SCHICK[184], FREEMAN[185] und CHEN[186].

Das besagt mit anderen Worten, daß nach Ansicht dieser westlichen Wissenschaftler die vier Mächte das Recht hatten, völlig frei und nach eigenem Ermessen über die inneren und äußeren Angelegenheiten Deutschlands und des deutschen Volkes zu entscheiden. Darin spiegelt sich klar und deutlich ihre Konzeption der Unterwerfung wider.[187]

[180] KELSEN, Peace Treaty, S. 1188 – „This meant that the four occupant Powers assumed sovereignty over the former German territory and its population".

[181] WRIGHT, Nuremberg Trial, S. 38 und S. 50.

[182] FINCH, S. 20f.

[183] FRIED, S. 326.

[184] SCHICK, S. 780.

[185] FREEMAN, S. 605.

[186] CHEN, S. 72.

[187] Darum bezeichnete KELSEN auf der Grundlage seiner Unterwerfungstheorie bereits in einem 1944 veröffentlichten Artikel den Status Deutschlands nach Beendigung des Krieges fälschlicherweise als den eines „Kondominiums" der drei Großmächte über Deutschland. Dieses sei durch die Tatsache gekennzeichnet, daß das betreffende Territorium im gemeinsamen Besitz von zwei oder mehr Staaten sei, die ihre Souveränität über das Territorium und seine Bewohner gemeinschaftlich ausübten (in: The international legal status, S. 692). Dabei hält es KELSEN unter Berufung auf den Status von Fiume und Memel nach dem ersten Weltkrieg für wichtig, darauf hinzuweisen, daß ein Kondominium mit der Absicht errichtet werden könne, den Status des betreffenden Territoriums später endgültig festzulegen (ebenda, S. 692/693; siehe auch in: The legal Status of Germany ..., S. 523/524, und in: Is a Peace Treaty with Germany ...?, S. 1189).
Die gleiche Ansicht wie KELSEN vertreten u. a. FINCH (S. 22), WRIGHT (in: Nuremberg Trial, S. 50), SCHICK (S. 780), SCHWARZENBERGER (in: Power Politics, S. 387), ABENDROTH (S. 75) und CHEN (S. 72); während MANN (S. 476), v. KEMPSKI (S. 197) und LÖWENTHAL (S. 399) von einem Koimperium sprechen und GROS (S. 77) ein provisorisches internationales Verwaltungsregime vergleichbar einem Vormundschaftsregime annimmt.
Auf der anderen Seite zeigt sich, daß die westlichen Wissenschaftler, die ein Weiterbestehen des deutschen Staates annehmen – auch wenn

Rücken wir die Dinge ins rechte Licht!
War die Ausübung einer „souveränen" Gewalt durch die vier Mächte unbegrenzt und unbefristet? Nein, sie war weder unbegrenzt noch unbefristet!
Die Aufgabe der Besetzung, die „sich auf das Prinzip der völkerrechtlichen Verantwortung des Staates für eine Aggression gründete"[188], bestand darin, die Verwirklichung der in den völkerrechtlichen Dokumenten niedergelegten Haftpflicht Deutschlands zu sichern und die Durchführung der im Potsdamer Abkommen verankerten Kriegsziele der Anti-Hitler-Koalition zu gewährleisten. Das gleiche gilt für die Ausübung der obersten Gewalt durch die vier Mächte.

sie, anders als STÖDTER, keine occupatio bellica für vorliegend erachten —, im Verlauf ihrer rechtlichen Untersuchungen doch gezwungen sind, den effektiven Tatsachen Rechnung zu tragen. So nennt SAUSER-HALL das Besatzungsregime nach 1945 in neuer Terminologie eine treuhänderische Besetzung, weil sie auf einer Treuhandschaft beruht habe (S. 36). Ähnlich heißt es in einem Urteil des Obergerichts des Kantons Zürich vom 1. Dezember 1945: „In Deutschland müssen gegenwärtig die alliierten Militärstellen als Träger der deutschen Staatsgewalt betrachtet werden. Richtig mag sein, daß darin ein völkerrechtliches Novum liegt. Das Völkerrecht bedarf aber ohnehin stets wieder der Ergänzung, und angesichts eines neuartigen Zustandes gilt es, auch die diesem Tatbestand am ehesten gerecht werdenden Rechtsfolgen zu finden. Der heute in Deutschland herrschende Zustand kommt nun am ehesten einer Art treuhänderischer Verwaltung der deutschen Staatsgewalt durch die Besatzungsmächte gleich" (in: „Schweizerische Juristen-Zeitung" 1946, S. 89ff. — S. 91). Im gleichen Sinne spricht JENNINGS von einem „Government in commission", demzufolge der Wille der Alliierten darin bestanden hätte, das deutsche Territorium nicht als einen vollständigen Teil ihrer eigenen Territorien zu regieren, sondern im Namen eines weiterbestehenden deutschen Staates (S. 137). Dem hält BINDSCHEDLER — gleichfalls vom Weiterbestehen des Deutschen Reiches ausgehend — entgegen, daß die Besatzungsbehörden „alliierte und nicht deutsche Staatsgewalt" (S. 51) ausgeübt hätten. „Die Auffassung, wonach die Besatzungsbehörden den deutschen Staat repräsentieren, müßte übrigens zu der merkwürdigen Folgerung führen, daß sie Vertretungsorgane für beide Kriegsparteien zugleich seien, nachdem nach Ansicht der Alliierten der Kriegszustand nach wie vor besteht" (S. 52). Er sagt: „Deutschland ist zwar rechtsfähig geblieben, hat jedoch vorübergehend seine Handlungsfähigkeit eingebüßt" (S. 58; ebenso MOSLER, S. 368).

188 TUNKIN, S. 195.

Die Berliner Deklaration über das Kontrollverfahren in Deutschland begrenzt in ihrem Artikel 1 die Übernahme der „obersten Regierungsgewalt" in Deutschland durch die vier Mächte ausdrücklich auf die Zeit, „in der Deutschland die sich aus der bedingungslosen Kapitulation ergebenden grundlegenden Forderungen erfüllt"[189]. Artikel 8 der gleichen Deklaration legt bezüglich der Wahrnehmung der obersten Regierungsgewalt nochmals fest: „Die oben dargelegte Regelung gilt für die der deutschen Kapitulation folgende Besatzungszeit, innerhalb welcher Deutschland die sich aus der bedingungslosen Kapitulation ergebenden grundlegenden Forderungen erfüllt."[190]
Auch das Potsdamer Abkommen begrenzt die Deutschland auferlegten Maßnahmen, das heißt auch die Besetzung und die Ausübung der „obersten Regierungsgewalt" durch die vier Mächte, auf die „Periode der alliierten Kontrolle" (Präambel zu Teil III) beziehungsweise auf die „Anfangsperiode der Kontrolle" (Überschrift zu den Politischen und Wirtschaftlichen Grundsätzen).

Damit sind die Grenzen der Ausübung der „obersten Regierungsgewalt" genau umrissen:

Sie sind es einmal *zeitlich*: Der Wortlaut der genannten Dokumente läßt klar erkennen, daß weder die Ausübung der „obersten Regierungsgewalt" noch die Besetzung Deutschlands bis zum St. Nimmerleinstag andauern sollten, sondern nur so lange, wie es die Verwirklichung der Deutschland obliegenden Haftpflicht und die Sicherung der von den Siegermächten aufgestellten grundlegenden Forderungen notwendig machten.
Sie sind es zum andern auch *inhaltlich*: Sowohl die Berliner Deklarationen als auch das Potsdamer Abkommen sprechen von einer Übernahme der „obersten Regierungsgewalt" zum Zwecke der Kontrolle, das heißt der Kontrolle der Verwirklichung der grundlegenden Prinzipien der Anti-Hitler-Koalition durch die vier Mächte. Diese Kontrolle hat jedoch nichts mit der von Stödter zitierten „Regierungskontrolle" im Sinne der HLKO gemein. Letztere bedeutet die Kontrolle einer oder mehrerer Besatzungsmächte über eine bestehengebliebene Staatsmacht; erstere dagegen umreißt die Ver-

[189] Siehe Anmerkung 32.
[190] Ebenda.

pflichtung der vier Großmächte der Anti-Hitler-Koalition, nicht nur den imperialistischen deutschen Staatsapparat restlos zu zerschlagen, sondern im Sinne der Berliner Deklarationen und des Potsdamer Abkommens auch alle Voraussetzungen dafür zu schaffen, daß ein neuer, demokratischer und friedlicher Staatsapparat durch das deutsche Volk selbst geschaffen werden kann; ein Staatsapparat, der in der Lage und fähig war, nach einer bestimmten Zeit die Regierungsgewalt in Deutschland wieder zu übernehmen. Mit anderen Worten: Die Kontrolle der vier Mächte bedeutete weder eine unbeschränkte Verfügungsgewalt der vier Mächte über Deutschland noch eine bloße Beaufsichtigung der neu entstehenden deutschen Organe durch sie, sondern hatte vor allem die Verpflichtung der vier Mächte zum Inhalt, alle notwendigen Maßnahmen zu treffen und zu verwirklichen, die einer Freisetzung der demokratischen und friedlichen Kräfte des deutschen Volkes dienten und eine Restaurierung der verderblichen deutschen Vergangenheit verhinderten.

Die Übernahme der „obersten Regierungsgewalt" durch die vier Mächte hatte demzufolge ihre inhaltliche Begrenzung im Selbstbestimmungsrecht der deutschen Nation, im unveräußerlichen Recht des deutschen Volkes auf eigene Staatsbildung. Das und nichts anderes besagt die Feststellung der drei Großmächte in der Präambel zu Abschnitt III des Potsdamer Abkommens, daß die Alliierten dem deutschen Volk die Möglichkeit geben wollten, „sich darauf vorzubereiten, sein Leben auf einer demokratischen und friedlichen Grundlage von neuem wiederaufzubauen".

Die Übernahme der „obersten Regierungsgewalt" durch die vier Mächte hatte inhaltlich also einen doppelten Zweck. Sie diente einmal der restlosen Ausmerzung der alten Staatsgewalt des deutschen Imperialismus und Militarismus, und sie sollte zum anderen den Aufbau einer neuen, demokratischen und friedliebenden deutschen Staatsgewalt durch das deutsche Volk selbst auf der Grundlage seines Rechts auf Selbstbestimmung ermöglichen.

Die Ausübung der „obersten Regierungsgewalt" durch die vier Mächte begründete tatbestandsmäßig keine Souveränität der vier Mächte über Deutschland oder in Deutschland. Gewiß, sie enthielt einige Kriterien, die der Ausübung souveräner Gewalt nahekommen; das ergab sich aus dem Fehlen einer eigenen deutschen Staatsgewalt. Aber sowohl die erklärte Nichtannexion Deutschlands als auch das

Recht der deutschen Nation auf Selbstbestimmung und das Recht des deutschen Volkes auf eigene Staatsbildung setzten den vier Mächten tatbestandsmäßig die Grenzen, die es ihnen unmöglich machten, im Rahmen der „obersten Regierungsgewalt“ völlig frei und nach eigenem Ermessen über die inneren und äußeren Angelegenheiten Deutschlands zu entscheiden.

Ich halte es nicht für möglich, die Ausübung der „obersten Regierungsgewalt“ durch die vier Mächte tatbestandsmäßig in eines der überkommenen Institute des Völkerrechts einzuordnen. Ich sehe darin vielmehr ein neues Rechtsinstitut des Völkerrechts, das – beruhend auf einer zeitweiligen und zweckbestimmten Entziehung der Souveränitätsrechte Deutschlands – zwar eine zeitweilige Übernahme höchster Machtbefugnisse durch die vier Mächte darstellte, das aber – beruhend auf dem Recht des deutschen Volkes auf Selbstbestimmung – inhaltlich auflösend bedingt war durch die Schaffung einer neuen, demokratischen und friedliebenden deutschen Staatsgewalt durch das deutsche Volk selbst. Das ist der demokratische Inhalt der Übernahme der „obersten Regierungsgewalt“ durch die vier Mächte im Jahre 1945.

Die Entwicklung eines neuen Rechtsinstitutes ist auch für das Völkerrecht nichts Außergewöhnliches. Auch das Völkerrecht ist nichts Starres, Unveränderliches, sondern es ist in ständiger Weiterentwicklung begriffen.

Die Schaffung eines neuen Rechtsinstitutes des Völkerrechts im Rahmen der Besetzung Deutschlands im Jahre 1945 geschah auf Grund völkerrechtsgemäßer Vereinbarungen der vier Mächte, war also Völkerrecht. Gerade das aber wollen gewisse westdeutsche Völkerrechtler nicht wahrhaben. So behauptet zum Beispiel LAUN, der vom Fortbestand des Deutschen Reiches ausgeht[191], daß „das allgemeine Völkerrecht für Deutschland abgeschafft und ... ein Ausnahmerecht an die Stelle des allgemeinen Völkerrechts gesetzt worden“ sei.[192] LAUN vergleicht die demokratischen Bestimmungen des Potsdamer Abkommens – man lese und staune – mit der nationalsozialistischen Nichtarier-Gesetzgebung, wobei sich letztere von ersterem nur dadurch unterscheide, „daß der Kreis der vom all-

[191] LAUN, Staats- und Völkerrecht, S. 246.
[192] LAUN, HLKO, S. 65.

gemeinen Recht ausgenommenen Personen nicht durch die Abstammungsgemeinschaft oder Rasse bestimmt wird, ... sondern überwiegend durch die Staatsangehörigkeit“[193]. Dieses Recht sei, so sagt LAUN, „nach dem Willen der Alliierten Mächte offenbar nicht als ein Provisorium, als ein vorübergehender Notbehelf“ gedacht; er ist vielmehr der Ansicht: „Fortan gibt es zweierlei positives Völkerrecht: eines für die deutschen Staatsangehörigen und einen Teil der Menschen mit deutscher Muttersprache und eines für die übrige Welt. Mit dem Grundsatz der Gleichheit der Völker im Völkerrecht ist es vorbei.“[194]

So wird das Völkerrecht verfälscht, um die These vom Fortbestand des Deutschen Reiches, und damit seiner ökonomischen Basis, rechtfertigen zu können. So wird der Versuch unternommen, zu begründen, daß das allgemeine Völkerrecht für Deutschland angeblich nicht mehr angewandt werde.

Der Grund für alle diese Konstruktionen ist zu offensichtlich, als daß wir wortlos an ihm vorbeigehen könnten. Wenn STÖDTER die „Reformation“ dem „Recht“ unterordnen will, wenn KAUFMANN das Potsdamer Abkommen als völkerrechtswidrige Intervention in die inneren Angelegenheiten Deutschlands bezeichnet oder LAUN die Deutschland betreffenden Tatsachen und Dokumente des Jahres 1945 ein mit der nationalsozialistischen Nichtarier-Gesetzgebung vergleichbares völkerrechtliches „Sonderrecht“ nennt, so richten sich all diese Konstruktionen im Grunde gegen die Hauptforderungen von Jalta und Potsdam: die Entnazifizierung, Entmilitarisierung und Demokratisierung Deutschlands, sollen sie der Rechtfertigung und Rettung des aggressiven deutschen Imperialismus und Militarismus dienen. Der Hinweis von OPPENHEIM-LAUTERPACHT, daß die Angriffe westdeutscher Autoren sich vor allem gegen diejenigen Bestimmungen des Potsdamer Abkommens richten, die eine Demokratisierung der deutschen Wirtschaft zum Inhalt hatten, stellt den mit diesen Konstruktionen verfolgten Zweck klar heraus: Die These vom Fortbestand des Deutschen Reiches soll die Wiedergeburt des aggressiven deutschen Imperialismus und Militarismus in Westdeutschland völkerrechtlich rechtfertigen, soll jedes Bestreben, auf

[193] Ebenda, S. 67.
[194] Ebenda.

Grund der Erfahrungen der Geschichte die alten Verderber Deutschlands ein für allemal aus dem Leben des deutschen Volkes auszumerzen, als völkerrechtswidrig hinstellen. Darum auch die Erfindung eines neben dem allgemeinen Völkerrecht stehenden, nur Deutschland und die Deutschen betreffenden „Sonderrechts".
Um es mit aller Deutlichkeit zu sagen: Das, was von LAUN „Sonderrecht" genannt wird, ist eine Weiterentwicklung des modernen Völkerrechts. Das Neue, das sich aus den Tatsachen und Normen des Jahres 1945 ergibt und das in der bisherigen Staatengeschichte und im konventionellen Völkerrecht keine Parallele hat, besteht gerade darin, daß von den Siegermächten Maßnahmen getroffen wurden, um dem vom aggressiven deutschen Imperialismus und Militarismus mit Füßen getretenen völkerrechtlichen Grundsatz der Gleichberechtigung und des Selbstbestimmungsrechts der Völker Europas wieder Geltung zu verschaffen. Es wurde kein völkerrechtliches „Sonder"recht geschaffen, sondern im Gegenteil die Einheitlichkeit des allgemein anerkannten und von Hitler mißachteten Völkerrechts wiederhergestellt. Die Forderung der Anti-Hitler-Koalition des zweiten Weltkrieges nach der Entmilitarisierung, Entnazifizierung und Demokratisierung Deutschlands war völkerrechtsgemäß. Ihre Durchsetzung für Deutschland und die völkerrechtlichen Prinzipien der Gleichberechtigung und der Selbstbestimmung sind zwei Seiten ein und derselben Medaille: der Sicherung und Festigung des Friedens in Europa und in der Welt, der vornehmsten und vordringlichsten Aufgabe des modernen Völkerrechts.

D. DEUTSCHLAND BLIEB DEUTSCHLAND

In einem Bericht aus dem Jahre 1945 erklärte die Politische Abteilung des Schweizer Bundesrates: „Rechtlich ist Deutschland für die Schweiz ein Staat geblieben, es hat aber nicht mehr die Rechtsfähigkeit einer internationalen Person."[195] Diese Stellungnahme ist unverständlich; denn Feuer kann nicht gleich Wasser sein, und umgekehrt. Gewiß, für den Schweizer Bundesrat war das Problem des

[195] In: Schweizerisches Jahrbuch für internationales Recht III (1946), S. 202 – „en droit, l'Allemagne est demeurée pour la Suisse un État, mais n'a plus la capacité en tant que personne internationale".

völkerrechtlichen Status Deutschlands keine rein akademische, sondern eine durch und durch praktische, auf den gegebenen Tatsachen beruhende Frage mit allen sich aus einer Stellungnahme ergebenden politischen und rechtlichen Folgen. Mit wem sollten die Schweizer Behörden in Fragen, die das Verhältnis der Schweiz zu Deutschland betrafen, verhandeln, wenn nicht mit den vier Mächten beziehungsweise mit dem Kontrollrat als dem gemeinsamen Organ der vier Mächte? Nur die Besatzungsmächte konnten auf Grund der von ihnen ausgeübten „obersten Regierungsgewalt" rechtlich verbindlich für Deutschland handeln.

Diesen Tatsachen mußte auch die Politische Abteilung des Schweizer Bundesrates Rechnung tragen, wenn sie sich nicht in Gegensatz zu den Kriegszielen der Siegermächte in Deutschland, in Gegensatz zu den Tatsachen und Normen des Jahres 1945 stellen wollte. Durch die Verneinung der Völkerrechtssubjektivität Deutschlands stellte der Schweizer Bundesrat klar, daß allein die Besatzungsmächte die Träger und Inhaber der „obersten Regierungsgewalt" in Deutschland waren, daß das Deutsche Reich infolge Fehlens einer effektiven deutschen Staatsgewalt seine Völkerrechtssubjektivität verloren hatte.

Auf der anderen Seite bezeichnete der Schweizer Bundesrat Deutschland rechtlich noch als einen Staat. Gibt es aber einen Staat ohne Völkerrechtssubjektivität? Diese Frage ist zu verneinen! Ist ein Gemeinwesen rechtlich ein Staat, dann besitzt es auch – mit den Worten der Politischen Abteilung des Schweizer Bundesrates – „die Rechtsfähigkeit einer internationalen Person", sprich: Völkerrechtssubjektivität; wird andererseits die Völkerrechtssubjektivität verneint, so kann das Gemeinwesen rechtlich auch kein Staat sein. Hier liegt der Trugschluß in der Stellungnahme des Schweizer Bundesrates.

Was aber war nun „Deutschland"? Gewiß nicht das Deutsche Reich, denn dies war auf Grund der Tatsachen und Normen des Jahres 1945 untergegangen. Und doch blieb Deutschland; es blieb die Einteilung der deutschen Bevölkerung nach dem Gebiet, und es blieb die in den Politischen und Wirtschaftlichen Grundsätzen des Potsdamer Abkommens völkerrechtlich verankerte rechtliche Einheit Deutschlands, oder anders gesagt: die rechtliche Einheit Deutschland. Obwohl das Deutsche Reich durch den Verlust seiner

Staatsmacht seine Völkerrechtssubjektivität verloren hatte, blieb Deutschland als rechtliche Einheit bestehen. Seine rechtliche, auch völkerrechtliche Klammer war das Potsdamer Abkommen, die Magna Charta der Einheit Deutschlands.

Die Feststellung des Potsdamer Abkommens, daß dem deutschen Volk die Möglichkeit gegeben werden soll, „sich darauf vorzubereiten, sein Leben auf einer demokratischen und friedlichen Grundlage von neuem wiederaufzubauen", statuiert das unabdingbare Recht des deutschen Volkes auf Selbstbestimmung; sie besagt im Zusammenhang mit der Gesamtheit der Tatsachen und Normen des Jahres 1945 nichts anderes, als daß mit diesem „Leben" („life", „vie", „жизнь") des deutschen Volkes die Gesamtheit seiner politischen, wirtschaftlichen und kulturellen Struktur gemeint war, das Sein Deutschlands sowohl im staatsrechtlichen als auch im völkerrechtlichen Sinne. Auch als Völkerrechtssubjekt sollte Deutschland neu beginnen, um „zu gegebener Zeit seinen Platz unter den freien und friedlichen Völkern der Welt einzunehmen". So sollte mit dem Werden einer neuen deutschen Staatsmacht die völkerrechtliche Rechtsfähigkeit, die Völkerrechtssubjektivität Deutschlands auf der Grundlage des Selbstbestimmungsrechts nach und nach wachsen und sich entwickeln, und zwar in gleichem Maße, wie die „oberste Regierungsgewalt" der vier Mächte über Deutschland abgebaut wurde. Das langsame Verschwinden der „obersten Regierungsgewalt" der vier Mächte sollte mit dem langsamen Entstehen der neuen staatlichen Souveränität Deutschlands, dem Wachsen eines neuen deutschen Staates mit einer friedliebenden und demokratischen deutschen Staatsmacht und damit auch seiner Völkerrechtssubjektivität in einer Wechselwirkung stehen. Doch der Ausgangspunkt dieser Entwicklung war der Punkt Null, war das völkerrechtliche Nichtvorhandensein eines deutschen Staates.

Die in den Dokumenten des Jahres 1945 enthaltenen völkerrechtlichen Normen wiesen dem deutschen Volk den Weg in die Zukunft:

a) Das Deutsche Reich verlor 1945 seine Völkerrechtssubjektivität. Aber Deutschland blieb Deutschland, und zwar innerhalb der Grenzen, die von den vier Mächten im Potsdamer Abkommen festgelegt worden waren. Dieses Territorium in den Grenzen des Potsdamer Abkommens war, blieb und ist Deutschland. Seine Bewohner waren, blieben und sind Deutsche.

b) Das Potsdamer Abkommen geht von einem einheitlichen Deutschland aus. Die Politischen und Wirtschaftlichen Grundsätze des Potsdamer Abkommens lassen keinen Zweifel daran, daß Deutschland völkerrechtlich als einheitliches Ganzes, als rechtliche Einheit bestehenblieb.

c) Weder durch die militärische Kapitulation noch durch die Berliner Deklarationen oder durch das Potsdamer Abkommen war „eine Vernichtung des Pouvoir constituant des deutschen Volkes als Gesamtheit eingetreten“[196]. Ein friedliebender und demokratischer deutscher Staat sollte als Völkerrechtssubjekt wiedererstehen, und, wie es im Potsdamer Abkommen ausdrücklich heißt, eine „friedliche Mitarbeit Deutschlands am internationalen Leben sind vorzubereiten“. Die völkerrechtlichen Dokumente des Jahres 1945 enthalten für das deutsche Volk das Recht auf nationale Selbstbestimmung als eines der allgemein anerkannten Grundprinzipien des Völkerrechts. Mit Recht stellt KRÖGER fest: „Die faktische Vernichtung und der daraus folgende rechtliche Untergang des faschistischen deutschen Staates konnten selbstverständlich in keiner Weise das Recht des deutschen Volkes beeinträchtigen, sich auf der Grundlage des Völkerrechts und der friedlichen Beziehungen zwischen den Staaten in einem unabhängigen Nationalstaat zu konstituieren.“[197] Sowohl die Bestimmungen der UN-Charta im allgemeinen als auch die Erklärung von Jalta und das Potsdamer Abkommen im besonderen legten das Recht des deutschen Volkes auf Selbstbestimmung, auf ein Leben in einem unabhängigen Nationalstaat als neuem Subjekt des Völkerrechts positiv-rechtlich fest.

Durch das Entstehen zweier deutscher Staaten, der Deutschen Demokratischen Republik und der Deutschen Bundesrepublik, dismembrierte nicht ein im Jahre 1945 völkerrechtlich existent gebliebener deutscher Staat, sondern es dismembrierte die den Dokumenten des Jahres 1945 – vor allem dem Potsdamer Abkommen – zugrunde liegende territoriale, bevölkerungsmäßige, wirtschaftliche, politische und rechtliche Einheit Deutschland, bevor durch die Schaffung eines neuen, demokratischen und friedlichen, effektiven, Deutschland als Ganzes umfassenden Staatsapparates ein neuer

[196] LÖWENTHAL, S. 399.
[197] KRÖGER, Potsdamer Abkommen, S. 12.

demokratischer und friedlicher, einheitlicher und unabhängiger deutscher Staat als neues Subjekt des Völkerrechts entstehen konnte.

Das Kriegsziel der Anti-Hitler-Koalition des zweiten Weltkrieges wurde in den Jahren nach 1945 durch die Politik der Westmächte zunichte gemacht, durch eine Politik, die in eklatantem Widerspruch zu den völkerrechtlichen Dokumenten des Jahres 1945 steht und die für Westdeutschland die grundlegenden Prinzipien insbesondere des Potsdamer Abkommens – Entnazifizierung, Entmilitarisierung und Demokratisierung Deutschlands – in ihr Gegenteil verkehrt hat.

II. DIE VÖLKERRECHTSSUBJEKTIVITÄT DER DEUTSCHEN DEMOKRATISCHEN REPUBLIK

Die Deutsche Demokratische Republik besteht! Sie besteht de facto und de jure. Und jeder Versuch, ihre Existenz zu leugnen, ist völkerrechtswidrig.

A. DIE VÖLKERRECHTLICHE EFFEKTIVITÄT DER DEUTSCHEN DEMOKRATISCHEN REPUBLIK

Wir haben oben bereits festgestellt, daß es keine gesetzten Normen des Völkerrechts darüber gibt, wann und unter welchen Voraussetzungen ein Staat als Subjekt des Völkerrechts anzusehen ist. Wohl aber hat sich in der Staatenpraxis die Gewohnheit herausgebildet, für das Sein eines Gebildes als Subjekt des Völkerrechts das Vorhandensein objektiver wissenschaftlicher Kriterien zu fordern.[198] Danach setzt die Existenz eines Staates als Völkerrechtssubjekt voraus, „daß dieses Gebilde ein Staat ist, das heißt, diejenigen Züge aufweist, die den Staat als politische Institutionen der herrschenden Klasse kennzeichnen"[199]; seine Existenz ist weiterhin „. . . untrennbar an ein bestimmtes Gebiet und an eine bestimmte Bevölkerung gebunden . . ."[200]. Mit Recht formuliert darum Cûth: „Das Völkerrecht regelt die Stellung des Staates als Subjekt des Völkerrechts nur unter der Voraussetzung, daß der Staat tatsächlich als bestimmtes Territorium existiert, zu dem eine Bevölkerung gehört und auf dem die herrschende Klasse unabhängig von einem anderen Staat ihre Macht ausübt."[201] Das Gemeinwesen muß demnach die Eigenschaften aufweisen, „an welche das Völkerrecht die völkerrechtliche Rechtssubjektivität knüpft; das Gemeinwesen muß die wesentlichen Eigenschaften eines selbständigen Staates besitzen"[202]. Die Anerkennung eines Staatsgebildes als Staat im Sinne des Völkerrechts „kann nur stattfinden, wenn wirklich ein Staat existiert"[203],

[198] Modshorjan, Völkerrechtssubjekte, Sp. 689.
[199] „Meshdunarodnoje Pravo", S. 86.
[200] Ebenda, S. 87.
[201] Cûth, Sp. 404.
[202] Ullmann, S. 65.
[203] Fauchille, Bd. I, Teil 1, S. 308 – „. . . ne peut avoir lieu que lorsqu'il éxiste véritablement un État".

wobei das Gemeinwesen „die wesentlichsten Kennzeichen oder die spezifischen Merkmale eines Staates aufweisen muß"[204]. Gegenstand unserer Untersuchung ist der Staat als Land im System anderer Länder. Wir haben es hier mit dem sich aus der völkerrechtlichen Gewohnheit ergebenden Völkerrechtssubjekt „Staat" zu tun, der als Völkerrechtssubjekt völkerrechtlicher Rechtstatbestand[205] ist. Es sind also objektive völkerrechtliche Kriterien erforderlich, um die Völkerrechtssubjektivität eines Staatsgebildes zu bestimmen, aus denen sich dann seine Rechte und Pflichten innerhalb der internationalen Beziehungen ergeben.

Wir haben weiterhin bereits oben festgestellt, daß „notwendiges Attribut des Völkerrechtssubjektes eine oberste Gewalt" ist, „welche dieses auf internationaler Ebene vertritt ..."[206]. Und selbst KELSEN kann nicht umhin, als Voraussetzung für die Völkerrechtssubjektivität eines Staates objektive wissenschaftliche Kriterien zu fordern, nämlich

1. „daß die Gemeinschaft politisch organisiert sein muß,
2. daß eine Gewalt oder Autorität bestehen muß, die in der Lage ist, den dauernden Gehorsam der auf einem bestimmten Territorium lebenden Individuen zu erzwingen,
3. daß die so errichtete Gemeinschaft unabhängig sein muß, das heißt, sie darf nicht unter der rechtlichen Kontrolle einer anderen Gemeinschaft, die gleichfalls ein Staat ist, stehen"[207].

[204] HERSHEY, S. 115 – „... must bear the essential marks or distinguishing characteristics of a State".

[205] KUNZ, Anerkennung, S. 2.

[206] MODSHORJAN, Völkerrechtssubjekte, Sp. 689. Auch „Meshdunarodnoje Pravo", S. 87 – stellt fest, daß die Frage einer eventuellen Völkerrechtssubjektivität einer *Nation* dann praktisch auftrete, nachdem eine Nation die Züge eines Staates erwirbt, *indem sie irgendein Organ* (Nationalausschuß u. a.) *bildet*, das vorläufig im Namen der Nation handelt.

[207] KELSEN, Recognition, S. 608 –

1. „that the community must be politically organized,
2. that there must exist a power or authority capable of enforcing the enduring obedience of the individuals living within a certain territory,
3. the community thus constituted must be independent, i. e. it must not be under the legal control of another community, equally qualified as a state".

In ähnlicher Weise formuliert KUNZ: „... eine organisierte und effektive Rechtsordnung, die für ein bestimmtes Territorium und seine Bevölkerung gültig ist."[208] CHEN sagt: „Die Quelle der Rechte und Pflichten eines Gebildes im Völkerrecht ist die Tatsache seiner gegenwärtigen höchsten Gewalt in einem bestimmten territorialen Gebiet über eine bestimmte Menge Menschen ..."[209]

Ob ein neuer Staat tatsächlich zu bestehen angefangen hat, ist eine reine Tatfrage[210]; ein Staat als Subjekt des Völkerrechts ist „ein historisches politisches Faktum"[211]. Dabei laufen alle sowohl in der östlichen als auch in der westlichen Völkerrechtsliteratur genannten objektiven wissenschaftlichen Kriterien im Grunde genommen auf die gleichen Merkmale des Völkerrechtssubjektes Staat hinaus: Es muß eine vollständige und dauerhafte höchste Gewalt vorhanden sein, die auf einem bestimmten Territorium für eine bestimmte Bevölkerung wirksam wird. Diese höchste Gewalt ist Instrument der herrschenden Kräfte der das Territorium bewohnenden Bevölkerung; sie darf keiner anderen höchsten Gewalt unterliegen, das heißt, sie muß in der Lage sein, auf dem ihr unterstehenden Territorium das Tätigsein jeder anderen höchsten Gewalt auszuschließen. Ob und inwieweit die objektiven Kriterien des völkerrechtlichen Rechtstatbestandes „Staat" gegeben sind, ist demnach eine reine Tatfrage, die sich allein aus dem realen Sein des betreffenden Gemeinwesens beantworten läßt, die das effektive Bestehen eines politisch organisierten Staatengebildes, die ein „historisch-politisches Faktum" zur Grundlage haben muß.

In diesem Zusammenhang muß darauf hingewiesen werden, daß, obwohl die Frage der Entstehung und der Anerkennung eines neuen Staates rechtlich von derjenigen der Entstehung und Anerkennung einer neuen Regierung in einem schon bestehenden Staate zu unterscheiden ist, in vielen Fällen – so auch im Falle der Deutschen

[208] KUNZ, Identity of States, S. 71 – „... an organized and effective legal order, valid for a certain territory and population ..."

[209] CHEN, S. 3 – „The source of rights and duties of an entity in international law is the fact of its actual supremacy within a specified area of territory over a specified portion of humanity ..."

[210] BRIERLY, S. 82.

[211] HERSHEY, S. 93 – „an historical political fact".

Demokratischen Republik – die Frage der Entstehung und Anerkennung eines neuen Staates mit der Frage der Entstehung und Anerkennung seiner Regierung zusammenfällt. „Wenn eine Regierung überhaupt zum ersten Mal anerkannt wird, weil sie die Regierung eines neuen Staates ist, fällt hier Anerkennung des Staates und Anerkennung der Regierung zusammen.“[212] Mit Recht hält BORCHARD der Anerkennungspraxis der USA in den zwanziger Jahren dieses Jahrhunderts entgegen, daß es keinen Staat ohne Regierung gibt und daß die Ablehnung der Anerkennung einer Regierung der Ablehnung der Anerkennung des betreffenden Staates gleichkomme.[213] Darum stellt HACKWORTH auch fest: „Die Anerkennung neuer Staaten hat gewöhnlich die Anerkennung der Regierung des anerkannten Staates zur Folge, da Staaten allein durch ihre Regierungen sprechen und handeln können.“[214][215]

Die Feststellungen der Völkerrechtsliteratur, daß die Entstehung neuer Staaten und ihrer Regierungen vom Effektivitätsprinzip beherrscht wird, sind nichts anderes als eine Widerspiegelung der Staaten*praxis*, wobei es vor allem amerikanische Staatsmänner des 19. Jahrhunderts waren, die in der Frage der Entstehung und Anerkennung neuer Staaten und ihrer Regierungen vom Effektivitätsprinzip ausgingen[216], ja, diesem Prinzip in den internationalen Beziehungen zum Durchbruch verhalfen. In bezug auf die Anerkennung der sich von der spanischen Kolonialherrschaft befreienden südamerikanischen Staaten heißt es in einer Note des Secretary of State, ADAMS, an den spanischen Botschafter Anduaga vom 6. April 1822: Die Anerkennung des Bestehens neuer Staaten ist „die reine Kenntnisnahme bestehender Tatsachen im Hinblick auf die reguläre Herstellung der politischen und wirtschaftlichen Beziehungen zu den neu entstandenen Nationen, die zivilisierte und christliche Nationen mit-

[212] KUNZ, Anerkennung, S. 64.

[213] BORCHARD, The unrecognized Government, S. 267.

[214] HACKWORTH, Bd. I, S. 167 – „Recognition of new states usually carries with it recognition of the government of the state so recognized, since states can speak and act only through their governments“.

[215] Siehe hierzu auch die von KUNZ – Anerkennung, S. 65 – und CHEN – S. 101 – aus der Staatenpraxis genannten Beispiele.

[216] CHEN, S. 82.

einander zu unterhalten moralisch verpflichtet sind"[217]. In der Botschaft des amerikanischen Präsidenten JACKSON an den Kongreß vom 21. Dezember 1836 zur Frage der Anerkennung des von Mexiko losgelösten zeitweiligen Staates Texas durch die USA werden als Voraussetzungen für die Anerkennung eines Staates durch die amerikanische Regierung gefordert, daß dieser Staat „tatsächlich ein politisches Gebilde darstellt, daß er sowohl tatsächlich als auch dem Namen nach eine Regierung hat, daß er alle Merkmale der Stabilität besitzt und daß er tatsächlich aus sich selbst heraus einen Staat unter Staaten bildet, der fähig ist, die Pflichten eines Staates zu erfüllen"[218]. Fast mit den gleichen Worten stellte Präsident GRANT am 7. Dezember 1875 das Effektivitätsprinzip in den Mittelpunkt der Anerkennungspolitik der USA: „... tatsächlich ein politisches Gebilde darstellt, daß er sowohl tatsächlich als auch dem Namen nach eine Regierung hat, daß er alle Merkmale der Stabilität besitzt und mit einem Verwaltungsapparat für innere Angelegenheiten und die Durchführung seiner Gesetze ausgestattet und fähig ist, sowohl über seine inneren als auch über seine äußeren Angelegenheiten zu entscheiden ..."[219]. Und GRANT fügte hinzu: „Mit einem Wort, die Entstehung eines neuen Staates ist eine Tatsache."[220] HYDE weist ausdrücklich darauf hin, daß seit Jefferson die Politik der Vereinigten Staaten in der Frage der Entstehung und der Anerkennung neuer Staaten allein darauf beruhe, „ob ein neuer Staat tatsächlich ent-

[217] MOORE, Bd. I, S. 88 – „... is the mere acknowledgement of existing facts with the view to the regular establishment with the nations newly formed of those relations, political and commercial, which it is the moral obligation of civilized and Christian nations to entertain reciprocally with one another".

[218] Ebenda, S. 109 – „... shall constitute in fact a body politic, having a government in substance as well as in name, possessed of all the elements of stability, and forming de facto, if left to itself, a state among the nations, reasonably capable of discharging the duties of a state".

[219] Ebenda, S. 107 – „... to constitute in fact a body politic, having a government in substance as well as in name, possessed of the elements of stability, and equipped with the machinery for the administration of internal policy and the execution of its laws, prepared and able to administer justice at home, as well as in its dealing with other powers ..."

[220] Ebenda – „In a word, the creation of a new State is a fact".

standen ist"[221], und „daß die Richtigkeit der Anerkennung, entsprechend der amerikanischen Theorie, sich auf Tatsachen stützt"[222].

In gleicher Weise prüfte die englische Regierung in der Frage der Entstehung und der Anerkennung Mexikos durch England – wie es in einem Schreiben des Foreign Office vom 10. Oktober 1822 an den Leiter der zu diesem Zweck eingesetzten Kommission heißt – allein, ob sich in Mexiko „eine De-facto-Regierung mit angemessener Aussicht auf Stabilität . . . gebildet hat"[223]. Auch in der Frage der Entstehung und der Anerkennung des brasilianischen Staates war für die englische Regierung einzig „eine de facto bestehende Unabhängigkeit" Brasiliens maßgeblich.[224]

Dieser vom Effektivitätsprinzip beherrschten anglo-amerikanischen Staatenpraxis in der Frage der Entstehung und der Anerkennung neuer Staaten schlossen sich im Verlauf des 19. Jahrhunderts auch die andern Staaten an. Als ein Beispiel für viele sei hier nur die Stellungnahme des belgischen Außenministers zur Frage der Anerkennung Italiens im Jahre 1861 angeführt: „. . . eine andere Regierung anerkennen bedeutet nichts anderes, als eine Tatsache anzuerkennen."[225]

Aber nicht nur die Anerkennungspraxis der USA im 19. Jahrhundert, auch die des 20. Jahrhunderts wird im Grundsätzlichen vom Effektivitätsprinzip beherrscht. Im Jahre 1900 stellte es zum Beispiel der stellvertretende US-Staatssekretär HILL als Ziel der amerikanischen Anerkennungspolitik hin, „die Anerkennung einer auswärtigen Regierung allein auf deren tatsächlich bestehende Fähigkeit zu gründen, die Regierungsgewalt auszuüben"[226]. HYDE weist darauf hin, daß Polen im Jahre 1919 von den USA anerkannt worden sei, weil es „tatsächlich die Merkmale der Souveränität besaß, indem es auf

[221] HYDE, S. 152 – „. . . whether a new State has in fact come into being".
[222] Ebenda, S. 153 – „. . . that the propriety of recognition according to American theory, depends upon a fact".
[223] SMITH, S. 128 – „. . . have formed . . . a de facto Government with a reasonable prospect of stability".
[224] CHEN, S. 81 – „an independence established de facto".
[225] Ebenda, S. 84 – „. . . reconnaître un autre gouvernement n'est que reconnaître un fait".
[226] MOORE, S. 139 – „. . . to base the recognition of a foreign government solely on its de facto ability to hold the reins of administration power".

einem bestimmten Territorium die oberste Gewalt ausübte"[227]. Und in einer Adresse an das Council of Foreign Relations im Jahre 1931 bezog sich Staatssekretär STIMSON mit Nachdruck auf die von den USA im 19. Jahrhundert in der Frage der Entstehung und der Anerkennung neuer Staaten und ihrer Regierungen getätigte Praxis. Er sagte: „Die Praxis dieses Landes in der Frage der Anerkennung neuer Regierungen seit der Zeit des Staatssekretärs Jefferson bis zur Zeit des Staatssekretärs Bryan im Jahre 1913 ist im wesentlichen gleich geblieben ... Die allgemeine Praxis bestand darin, den Akt der Anerkennung nicht auf die verfassungsmäßige Legitimität der neuen Regierung zu gründen, sondern auf deren tatsächliche Fähigkeit, ihre Verpflichtungen als Glied der Staatengemeinschaft zu erfüllen ..."[228]

Die allgemeine Staatenpraxis der USA ist also ein klares und eindeutiges Bekenntnis zum Effektivitätsprinzip. Das gleiche kommt in der Erklärung der britischen Regierung in der Frage der Anerkennung der Volksrepublik China vom 6. Januar 1950 zum Ausdruck, wenn es in dieser Erklärung heißt, daß die britische Regierung, „nachdem sie die durch die Bildung der Zentralen Volksregierung der Volksrepublik China entstandene Lage eingehend studiert und festgestellt hat, daß diese Regierung die effektive Kontrolle über den weitaus größten Teil des Territoriums von China ausübt, mit dem heutigen Tage diese Regierung als die De-jure-Regierung von China anerkannt hat"[229].

Zusammenfassend können wir die auch von der westlichen Staatenpraxis geforderten objektiven Kriterien für das Vorhandensein eines

[227] HYDE, S. 154 – „... possessed in fact the attributes of sovereignty exercising supremacy within certain territorial areas".

[228] CHEN, S. 127 – „The practice of this country as to the recognition of new governments has been substantially uniform from the days of Secretary of State Jefferson to the days of Secretary of State Bryan in 1913 ... The general practice, as thus observed, was to base the act of recognition, not upon the constitutional legitimacy of the new government but upon its de facto capacity to fulfil its obligations as a member of the family of nations ..."

[229] „The Times", London, 7. Januar 1950 – „... having completed their study of the situation arising from the formation of the Central Peoples' Government of the Peoples' Republic of China, and observing that it is now in effectiv control of by far the greater part of the territory of China, having this day recognised that Government as the de jure Government of China".

Völkerrechtssubjektes am besten in der Formulierung des Artikels 1 der Interamerikanischen Konvention über die Rechte und Pflichten der Staaten (Montevideo, vom 26. Dezember 1933) wiedergeben: „Der Staat als Person des internationalen Rechts soll folgende Eigenschaften besitzen:

a) eine ständige Bevölkerung,

b) ein begrenztes Gebiet,

c) eine Regierung und

d) die Fähigkeit, mit anderen Staaten Beziehungen aufzunehmen."[230]

Wir sehen: Das Entstehen und Bestehen eines Völkerrechtssubjektes Staat und seiner Regierung gründet sich auf Tatbestandsmerkmale, die allein der Wirklichkeit des betreffenden Gemeinwesens zu entnehmen sind. „Vom völkerrechtlichen Standpunkt erscheint die Entstehung eines Staates lediglich als Tat-, nicht als Rechtsfrage"[231]; eine Tatfrage allerdings, an die das Völkerrecht – wie wir sehen werden – gewisse Rechtsfolgen knüpft. Ob ein Gemeinwesen als Subjekt des Völkerrechts begonnen hat zu existieren oder nicht, ist daher keine Frage der Theorie, sondern allein eine Frage der Tatsachen[232], wobei es selbstverständlich ist, daß diese Tatsachen wiederum sich in Übereinstimmung mit den Normen des Völkerrechts befinden müssen, also keine Verletzung dieser Normen enthalten dürfen.[233]

[230] Weltgeschichte der Gegenwart in Dokumenten, Bd. IV, Essen 1938, S. 88.

[231] ULLMANN, S. 66.

[232] Vergleiche hierzu auch das Urteil des New Yorker Appellationsgerichtes in Sachen Wulfsohn gegen RSFSR aus dem Jahre 1922, in: CHEN, S. 89.

[233] Das Urteil im Nürnberger Hauptkriegsverbrecherprozeß (siehe: Prozeß gegen die Hauptkriegsverbrecher, insbesondere S. 175ff.) läßt klar erkennen, daß „Tatsachen", wie das im Verlauf der Hitler-Aggression errichtete sogenannte Protektorat Böhmen-Mähren, das sogenannte Generalgouvernement, der „Staat" Slowakei oder der „Unabhängige Staat Kroatien", im Zuge eines völkerrechtlichen Verbrechens – nämlich des Planens und der Durchführung eines Angriffskrieges oder eines Krieges unter Verletzung internationaler Verträge – geschaffen wurden und daher weder den völkerrechtlichen Untergang des polnischen oder tschechoslowakischen Staates noch die Schaffung neuer Staaten als Subjekte des Völkerrechts zur Folge haben konnten.

Ein Staat entsteht nicht aus dem Nichts heraus, so von heute auf morgen. Seine Entstehung ist vielmehr – ein Blick in die Geschichte aller Staaten lehrt es uns – ein mehr oder weniger langwieriger historischer Prozeß, so daß HERSHEY zu Recht von einem „*historical* political fact“ spricht. Und in einem solchen Prozeß ist auch die Deutsche Demokratische Republik entstanden.

Es ist hier nicht unsere Aufgabe, alle politischen Ereignisse aufzuzählen, die zur Spaltung Deutschlands und zum Entstehen zweier deutscher Staaten geführt haben. Die geschichtlichen Tatsachen der Jahre 1945 bis 1949 sind unbestechliche Zeugen dafür, daß es die drei Westmächte – und in ihrem Gefolge die herrschenden Kreise in Westdeutschland – waren, die den Weg der Spaltung Deutschlands beschritten und aus den drei westlichen Besatzungszonen Deutschlands unter Verletzung des Potsdamer Abkommens ein besonderes Staatengebilde schufen, um dieses in ein gegen die UdSSR gerichtetes militärisches Paktsystem einbeziehen zu können.[234] Die erst nach der Schaffung dieses westdeutschen Staatengebildes in der sowjetischen Besatzungszone Deutschlands vollzogene Gründung der Deutschen Demokratischen Republik war ein Akt nationaler Selbsthilfe der demokratischen Kräfte Deutschlands, um die grundlegenden Prinzipien des Potsdamer Abkommens, die in der sowjetischen Besatzungszone verwirklicht worden waren, für diesen Teil Deutschlands zu sichern und um die dem deutschen Volk in ganz Deutschland durch das Potsdamer Abkommen gegebene Möglichkeit der nationalen Selbstbestimmung der deutschen Geschicke durch uns Deutsche selbst in die Tat umzusetzen.

Der Prozeß der Entstehung der Deutschen Demokratischen Republik vollzog sich auf einem bestimmten Territorium: der sowjetischen Besatzungszone Deutschlands. Er umfaßte eine bestimmte Bevölkerung: die in der sowjetischen Besatzungszone Deutschlands wohnenden deutschen Staatsangehörigen. Damit ist die Einteilung

[234] Siehe hierzu meine Schriften: „Was wird aus Europa?“ Teil I: „Amerikanische Europa-Pläne“, Berlin 1955, Teil II: „Der Weg zum europäischen Frieden“, Berlin 1956. Ebenso: „Die Wahrheit über die Politik der Westmächte in der deutschen Frage, ein historischer Abriß“, herausgegeben vom Ministerium für Auswärtige Angelegenheiten der DDR und vom Ministerium für Auswärtige Angelegenheiten der UdSSR, Berlin und Moskau 1959.

der Bevölkerung nach dem Gebiet für die Völkerrechtssubjektivität der Deutschen Demokratischen Republik gegeben. Hinzukommen mußte das dritte und entscheidende völkerrechtliche Tatbestandmerkmal: eine Staatsgewalt, das heißt eine politische Institution der herrschenden Klasse, die unabhängig von jedem anderen Staat ihre Macht ausübt. Die Völkerrechtssubjektivität eines Staatengebildes liegt erst dann vor, wenn es souverän ist, wenn seine Staatsgewalt unabhängig von der Gewalt jedes anderen Staates ist, wenn es frei, nach eigenem Ermessen über seine inneren und äußeren Angelegenheiten entscheiden kann, „ohne die Rechte anderer Staaten und die allgemein anerkannten Normen des Völkerrechts zu verletzen"[235]. „Eine unabdingbare Eigenschaft des Staates als Subjekt des Völkerrechts, ohne die eine normale Existenz des Staates unmöglich ist, ist die Souveränität."[236] Gerade in unserer Zeit, da das gegenwärtige Völkerrecht die rechtliche Form des *friedlichen* Nebeneinanderbestehens der beiden Weltsysteme ist, kommt der staatlichen Souveränität ganz besondere Bedeutung zu. Sie ist die Grundlage der internationalen Rechtsbeziehungen zwischen Staaten mit verschiedenen Staats- und Gesellschaftsordnungen, ohne die es kein Völkerrecht geben kann. Das beweist Kapitel I Artikel 2 Punkt 1 der Charta der Organisation der Vereinten Nationen, wo es heißt: „Die Organisation ist auf dem Grundsatz der souveränen Gleichheit aller ihrer Mitglieder aufgebaut."[237] Auf dieser Grundlage, und zwar nur auf dieser Grundlage, ist es uns möglich, das Kriterium Staatsmacht des Völkerrechtssubjektes Staat in bezug auf die Deutsche Demokratische Republik zu untersuchen.

Wir haben festgestellt, daß nach den völkerrechtlichen Normen des Jahres 1945 die vier Mächte – und zwar jede in ihrer Besatzungszone sowie gemeinsam vermittels des Kontrollrates in den Deutschland als Ganzes betreffenden Fragen – in Deutschland die „oberste Regierungsgewalt" ausübten und daß mit dem langsamen Wachsen einer neuen, demokratischen und friedliebenden deutschen Staatsmacht auf der Grundlage des Selbstbestimmungsrechts des deut-

[235] Sowjetstaat und Sowjetrecht, Sp. 589.

[236] Jewgenjew, Sp. 569.

[237] UN-Charta, S. 5; auch Artikel 78, S. 34 bezieht sich auf die „Achtung des Grundsatzes der souveränen Gleichheit".

schen Volkes diese „oberste Regierungsgewalt" der vier Mächte verschwinden sollte. Wohl entstanden neue deutsche Staatsorgane; aber durch die Spaltungspolitik der Westmächte wurde die Bildung neuer, Deutschland als *Ganzes* umfassender Organe verhindert, wurde in Westdeutschland unter Bruch der im Potsdamer Abkommen verankerten rechtlichen, auch völkerrechtlichen Einheit Deutschlands eine gesonderte Staatsmacht geschaffen; diese Politik führte dann schließlich zur Bildung des Teilstaates Deutsche Bundesrepublik durch die Westmächte. Die Schaffung der Deutschen Bundesrepublik vollzog sich nicht unter Wahrung des Selbstbestimmungsrechts des deutschen Volkes, sondern hatte – unter Mißachtung, ja unter bewußter Verletzung dieses völkerrechtlichen Prinzips – ihre Grundlage *allein* in besatzungsrechtlichen Hoheitsakten. Durch die „Londoner Empfehlungen" und die sogenannten Frankfurter Dokumente erteilten die Westmächte in ihren Zonen den *Befehl* zur separaten Staatsbildung; sie wiesen den sogenannten Parlamentarischen Rat zur Ausarbeitung eines westdeutschen „Grundgesetzes" an; sie mischten sich laufend in die „verfassungsgeberische" Arbeit dieses „Parlamentarischen Rates" ein und korrigierten sie; sie machten das Inkrafttreten des „Grundgesetzes" in seiner Gesamtheit von ihrer Zustimmung abhängig; sie zwangen dem so geschaffenen Staatengebilde ein sogenanntes Besatzungsstatut auf, das inhaltlich jede Intervention in die inneren und äußeren Angelegenheiten des westdeutschen Teilstaates rechtfertigte; sie behielten sich schließlich unter Zustimmung der deutschen Imperialisten und Militaristen im Vertrag über die Beziehungen zwischen der Deutschen Bundesrepublik und den Drei Mächten in seiner Fassung vom 23. Oktober 1954 – dem sogenannten Deutschlandvertrag – in den wichtigsten Lebensfragen des deutschen Volkes, einer friedensvertraglichen Regelung mit Deutschland und der Wiedervereinigung Deutschlands, die „Entscheidung" selbst vor.

Wie vollzog sich demgegenüber die Entwicklung der sowjetischen Besatzungszone Deutschlands, die unter der „obersten Regierungsgewalt" der UdSSR stand, zur souveränen Deutschen Demokratischen Republik? – Wir wollen uns hierbei auf die Hauptfaktoren beschränken.

Bereits am 10. Juni 1945 gestattete die Sowjetische Militär-Administration in Deutschland (SMA), die sich am 9. Juni 1945

konstituiert hatte, die Bildung und Betätigung aller antifaschistisch-demokratischen Parteien und Gewerkschaftsorganisationen, die sich die endgültige Ausrottung der Überreste des Faschismus und die Festigung der Grundlagen der Demokratie und der bürgerlichen Freiheiten in Deutschland sowie die Entwicklung der Initiative und der *Selbstbetätigung* der breiten Massen der Bevölkerung in dieser Richtung zum Ziel setzten. Damit war der Weg für die Arbeit der antifaschistisch-demokratischen Kräfte des deutschen Volkes selbst freigelegt. Auf Vorschlag der demokratischen Organisationen der sowjetischen Besatzungszone wurden am 4. Juli 1945 in Brandenburg, Mecklenburg-Vorpommern und Sachsen und am 16. Juli 1945 in der Provinz Sachsen und in Thüringen deutsche Landes- und Provinzialverwaltungen durch die SMA eingesetzt. Deutsche Zentralverwaltungen in der sowjetischen Besatzungszone für die Bereiche Industrie, Landwirtschaft, Finanzen, Handel und Versorgung, Verkehr, Transport, Post- und Fernmeldewesen, Gesundheitswesen, Arbeit und Sozialfürsorge, Volksbildung und Justiz wurden am 10. August 1945 gebildet. Damit waren, unter Wahrung des Selbstbestimmungsrechts des deutschen Volkes die Grundlagen für die Errichtung einer neuen, den grundlegenden Prinzipien des Potsdamer Abkommens entsprechenden deutschen Staatsmacht in der sowjetischen Besatzungszone geschaffen.
Nachdem die SMA am 19. Juni 1946 die Durchführung von Gemeindewahlen in der sowjetischen Besatzungszone gestattet hatte, wurden am 1. September in Sachsen, am 8. September in Sachsen-Anhalt und Thüringen und am 15. September in Brandenburg und Mecklenburg-Vorpommern Gemeindewahlen durchgeführt, um so eine lokale Selbstverwaltung nach demokratischen Grundsätzen zu bilden. Es waren dies die ersten freien, demokratischen Wahlen in der Geschichte Deutschlands. Mit den am 20. Oktober 1946 durchgeführten Land- und Kreistagswahlen wurde in den Kreisen die Entwicklung einer örtlichen demokratischen deutschen Staatsmacht gefördert und von den auf Grund dieser Wahlen gebildeten Landtagen – Sachsen-Anhalt: 3. Dezember, Thüringen: 4. Dezember, Brandenburg: 6. Dezember, Mecklenburg-Vorpommern: 9. Dezember und Sachsen: 11. Dezember 1946 – deutsche Landesregierungen gewählt. Die von den Landtagen angenommenen Verfassungen wurden für Thüringen am 12. Dezember 1946, für Sachsen-Anhalt am 10. Januar 1947, für Meck-

lenburg-Vorpommern am 14. Januar 1947, für Brandenburg am 1. Februar 1947 und für Sachsen am 28. Februar 1947 verkündet. Eine Koordinierung der Arbeiten der Länder und Provinzen mit den deutschen Zentralverwaltungen für die sowjetische Besatzungszone auf den Gebieten der Planung sowie der Lenkung und Kontrolle der Industrie, des Handwerks, des Handels und der Versorgung erfolgte am 10. Februar 1947. Auf der Grundlage einer Vereinbarung zwischen den Landes- und Provinzialregierungen und der Deutschen Zentralverwaltung für die sowjetische Besatzungszone wurde am 14. Juni 1947 die Deutsche Wirtschaftskommission (DWK) für die sowjetische Besatzungszone gebildet, der am 15. Juni 1947 durch Befehl Nr. 138 von der SMA die wirtschaftlichen Exekutivvollmachten übertragen wurden. Eine neue Zusammensetzung sowie eine Erweiterung der Vollmachten der DWK durch die SMA erfolgte am 12. Februar 1948 durch Befehl Nr. 32, woraufhin die DWK am 9. März 1948 neukonstituiert und ein Sekretariat gewählt wurde. Die bisherigen zentralen wirtschaftlichen Verwaltungen wurden Hauptverwaltungen der DWK. Eine Erweiterung der DWK durch die Einbeziehung gewählter Vertreter der Bevölkerung der Länder sowie von Vertretern der demokratischen Parteien und sonstigen Organisationen geschah am 27. November 1948.

Vom 25. November bis zum 15. Dezember 1947 tagte in London der Rat der Außenminister, der auf Grund der Bestimmungen von Abschnitt II des Potsdamer Abkommens gebildet worden war und zu dessen Aufgaben es auch gehörte, eine friedensvertragliche Regelung mit Deutschland vorzubereiten. Diese Tagung, die der Lösung der deutschen Frage gelten sollte und auf der die sowjetische Delegation ein 5-Punkte-Programm zur Vorbereitung eines Friedensvertrages mit Deutschland vorlegte, endete infolge der abrupten Abreise des USA-Außenministers Marshall ohne Ergebnis. Die mit dem Abbruch der Außenminister-Verhandlungen durch den amerikanischen Außenminister von der Regierung der USA verfolgten Pläne gehen klar und eindeutig aus einer Rundfunkrede MARSHALLS vom 19. Dezember 1947 hervor, in der er sagte: „Zur Zeit ist an ein einheitliches Deutschland nicht zu denken“, sowie aus folgender Feststellung der „New York Herald Tribune“ vom 20. Dezember 1947: „Das Zeitalter Jalta ist vorbei. Die Aufteilung Deutschlands wird uns freie Hand geben, Westdeutschland in ein System der Weststaaten einzubauen.“

Angesichts der immer mehr fortschreitenden Spaltung Deutschlands fanden sich die demokratischen Kräfte Deutschlands am 6. und 7. Dezember 1947 in Berlin zum I. Deutschen Volkskongreß für Einheit und gerechten Frieden zusammen. Der II. Deutsche Volkskongreß tagte am 17. und 18. März 1948 in Berlin, forderte die Durchführung eines Volksbegehrens in ganz Deutschland über die Einheit Deutschlands, erhob Protest gegen das Bizonen-Statut und wählte den aus 400 Mitgliedern bestehenden Deutschen Volksrat, nachdem auf der vom 23. Februar bis 6. März in London stattgefundenen Konferenz der drei Westmächte mit den Beneluxstaaten grundsätzliche Übereinstimmung über die Schaffung eines aus den drei westlichen Besatzungszonen Deutschlands bestehenden Separatstaates erzielt worden war.

Die Fortsetzung der Londoner Konferenz der drei Westmächte mit den Beneluxstaaten vom 20. April bis 2. Juni 1948 brachte als Ergebnis die „Londoner Empfehlungen" mit dem endgültigen Beschluß der Schaffung eines westdeutschen Staatengebildes und der Festlegung der Grundsätze für eine westdeutsche Verfassung. Daraufhin stellte der Deutsche Volksrat einen von ihm ausgearbeiteten Verfassungsentwurf für eine Deutsche Demokratische Republik zur öffentlichen Diskussion. Diese Verfassung wurde in ihrer endgültigen Form am 13. März 1949 vom Deutschen Volksrat angenommen, ohne daß jedoch ein Inkrafttreten für das Gebiet der sowjetischen Besatzungszone Deutschlands erfolgte.

Die Durchführung der separaten Währungsreform in den drei westlichen Besatzungszonen Deutschlands am 20. Juni 1948, die Schaffung der Trizone am 1. August 1948, das Inkrafttreten eines Grundgesetzes für die westdeutsche Bundesrepublik am 23. Mai 1949, die Wahlen zum westdeutschen Bundestag am 14. August 1949, die Konstituierung von Bundestag und Bundesrat am 7. September 1949, die Wahl eines westdeutschen Bundespräsidenten am 12. September 1949 sowie die Wahl Dr. Adenauers zum westdeutschen Bundeskanzler am 15. September 1949 und die Bildung einer westdeutschen Regierung am 20. September 1949 waren weitere Etappen zur Schaffung eines westdeutschen Staatengebildes, die im Widerspruch zu den grundlegenden Prinzipien des Potsdamer Abkommens standen.

Angesichts dieser Entwicklung in Westdeutschland wurden am 15. und 16. Mai 1949 in der sowjetischen Besatzungszone und im sowjetischen Sektor Berlins Wahlen zum III. Deutschen Volkskongreß durchgeführt. Bei einer Wahlbeteiligung von 95,2 v. H. wurden 66,1 v. H. Ja-Stimmen für die gemeinsame Kandidatenliste der antifaschistisch-demokratischen Parteien und Massenorganisationen abgegeben. Auf einer Tagung am 29. und 30. Mai 1949 wurde vom Volkskongreß die Verfassung einer Deutschen Demokratischen Republik angenommen, die Einheit Deutschlands, der Abschluß eines Friedensvertrages mit Deutschland und der Abzug aller Besatzungstruppen gefordert; außerdem wurden 330 Abgeordnete aus Parteien und Massenorganisationen in den Deutschen Volksrat gewählt. Am 7. Oktober 1949 beschloß der Deutsche Volksrat auf seiner 9. Sitzung, sich in Anbetracht der vollzogenen Schaffung eines separaten westdeutschen Staatsgebildes zur Provisorischen Volkskammer der Deutschen Demokratischen Republik umzubilden; diese Provisorische Volkskammer der Deutschen Demokratischen Republik beschloß Gesetze über die Konstituierung der Provisorischen Volkskammer der Deutschen Demokratischen Republik, über die Bildung einer Provisorischen Länderkammer der Deutschen Demokratischen Republik sowie über die Verfassung der Deutschen Demokratischen Republik; Otto Grotewohl wurde mit der Regierungsbildung beauftragt. Nach der Konstituierung der Provisorischen Länderkammer der Deutschen Demokratischen Republik am 11. Oktober wählten Provisorische Volkskammer und Provisorische Länderkammer in gemeinsamer Sitzung am 11. Oktober Wilhelm Pieck zum Präsidenten der Deutschen Demokratischen Republik. Am 12. Oktober bestätigte die Provisorische Volkskammer die von Ministerpräsident Otto Grotewohl gebildete Provisorische Regierung.

In diesen Daten spiegelt sich in groben Umrissen der historische Prozeß wider, in dem und durch den in der sowjetischen Besatzungszone Deutschlands der Anfang für die Entwicklung einer neuen, den Prinzipien der völkerrechtlichen Dokumente des Jahres 1945 entsprechenden, also demokratischen und friedlichen deutschen Staatsgewalt gemacht wurde und wie sich die Grundlagen dieser neuen deutschen Staatsgewalt, ausgehend vom Punkt Null, auf Grund des Selbstbestimmungsrechts nach und nach entwickelten. Leiteten die deutschen Stellen, die sich nach dem 8. Mai 1945 bemühten, Ordnung in das Chaos zu bringen, in der ersten Zeit ihre Befugnisse noch ausschließlich aus der Zuständigkeit der sowjetischen

Besatzungsmacht her, so wurden mit der Schaffung von Volksvertretungen auf Gemeinde-, Kreis- und Landesebene, mit der Errichtung neuer Gemeinde-, Kreis-, Provinzial- und Landesverwaltungen, mit der Koordinierung der Arbeit auf wichtigen Gebieten für die gesamte sowjetische Besatzungszone eine neue deutsche Ordnung geschaffen, der von seiten der sowjetischen Besatzungsmacht, entsprechend dem sich vollziehenden Aufbau und in Achtung des Selbstbestimmungsrechts des deutschen Volkes, immer mehr hoheitliche Funktionen übertragen wurden. In dem Maße, in dem die Schaffung einer neuen deutschen Staatsgewalt in der sowjetischen Besatzungszone voranging, verminderte sich die der sowjetischen Besatzungsmacht auf Grund der Dokumente des Jahres 1945 zustehende „oberste Gewalt", wurden einzelne Bestandteile und Funktionen dieser „obersten Gewalt" von ihr aufgegeben und den jeweiligen deutschen Organen übertragen. So entstand in der sowjetischen Besatzungszone Deutschlands eine neue – von der in den drei Westzonen Deutschlands entstehenden unabhängige – Staatsgewalt, die schon wesentliche Merkmale aufwies, die für eine Effektivität im Sinne des Völkerrechts gefordert werden. Die erste Etappe der Entwicklung der neuen deutschen Staatsgewalt auf dem Gebiet der sowjetischen Besatzungszone, der jetzigen Deutschen Demokratischen Republik, ging am 5. Oktober 1949, dem Tag der historischen gemeinsamen Sitzung des Präsidiums des Deutschen Volksrates und des Demokratischen Blocks, zu Ende, und ein neuer Abschnitt begann.

Dieser neue Abschnitt begann am 7. Oktober 1949, als sich die in der sowjetischen Besatzungszone Deutschlands entstandene demokratische und friedliebende deutsche Staatsgewalt in Wahrnehmung des Selbstbestimmungsrechts des deutschen Volkes – als Antwort der demokratischen Kräfte Deutschlands auf die völkerrechtswidrige Schaffung eines westdeutschen Separatstaates – zur Deutschen Demokratischen Republik, mit einer Provisorischen Volkskammer, einer Provisorischen Länderkammer und einer Provisorischen Regierung, konstituierte. Am 10. Oktober 1949 übergab der Oberste Chef der sowjetischen Militärverwaltung in Deutschland, Armeegeneral W. I. Tschuikow, im Auftrag der Regierung der Union der Sozialistischen Sowjetrepubliken die Verwaltungsfunktionen, die auf Grund des Potsdamer Abkommens bis dahin der sowjetischen

Militärverwaltung zugestanden hatten, an die Provisorische Regierung der Deutschen Demokratischen Republik. Gleichzeitig wurde die SMA aufgelöst und eine Sowjetische Kontrollkommission (SKK) gebildet. Damit war ein großer Schritt zur Herstellung der vollen staatlichen Souveränität der Deutschen Demokratischen Republik getan.

Am 15. Oktober wurde die Deutsche Demokratische Republik durch die Regierung der UdSSR anerkannt und der Austausch Diplomatischer Missionen beschlossen. Diesem Schritt der Sowjetunion schlossen sich in der Zeit vom 17. bis 25. Oktober 1949 die Regierungen der Volksrepublik Albanien, der Volksrepublik Bulgarien, der Volksrepublik China, der Koreanischen Volksdemokratischen Republik, der Volksrepublik Polen, der Rumänischen Volksrepublik, der Tschechoslowakischen Republik und der Ungarischen Volksrepublik an. Am 13. April 1950 wurden die diplomatischen Beziehungen zwischen der Deutschen Demokratischen Republik und der Mongolischen Volksrepublik aufgenommen.

Die Volkswahlen vom 15. Oktober 1950 waren ein überwältigender Beweis des Vertrauens der Bevölkerung zur Politik der Provisorischen Regierung der Deutschen Demokratischen Republik. 99,7 v. H. der Wahlberechtigten stimmten für die Kandidaten der Nationalen Front des demokratischen Deutschland. Aus der Provisorischen Regierung wurde die Regierung der Deutschen Demokratischen Republik.

Das Gesetz über die weitere Demokratisierung des Aufbaues und der Arbeitsweise der staatlichen Organe in den Ländern der Deutschen Demokratischen Republik, das am 23. Juli 1951 von der Volkskammer beschlossen wurde, teilte die Länder der DDR in 14 Bezirke und 217 Kreise ein und leitete die bisher von den Landesregierungen ausgeübten Funktionen auf die Organe der Bezirke über.

Ende Mai 1953 veröffentlichte die sowjetische Nachrichtenagentur TASS einen Beschluß des Ministerrats der UdSSR,

> „die Sowjetische Kontrollkommission in Deutschland aufzulösen sowie den Oberkommandierenden der sowjetischen Truppen von der Ausübung der Kontrollfunktionen in der Deutschen Demokratischen Republik zu entbinden und seine

Tätigkeit auf das Kommando über die sowjetischen Truppen in Deutschland zu beschränken".

Gleichzeitig beschloß der Ministerrat der UdSSR,

„das Amt des Hohen Kommissars der UdSSR in Deutschland mit dem Sitz in Berlin zu schaffen und den Hohen Kommissar mit der Vertretung der Interessen der Sowjetunion in Deutschland und der Überwachung der Tätigkeit der staatlichen Organe der Deutschen Demokratischen Republik im Hinblick auf die Erfüllung der Verpflichtungen, die sich aus den Potsdamer Beschlüssen der alliierten Mächte über Deutschland ergaben, zu betrauen."

Auf Grund der Moskauer Verhandlungen zwischen Regierungsdelegationen der Deutschen Demokratischen Republik und der Union der Sozialistischen Sowjetrepubliken vom 20. bis 22. August 1953 wurde beschlossen, die Diplomatische Mission der UdSSR in Berlin und die Diplomatische Mission der DDR in Moskau in Botschaften umzuwandeln und Botschafter auszutauschen. Entsprechende Vereinbarungen wurden zwischen der Regierung der DDR einerseits und den Regierungen der volksdemokratischen Staaten andererseits in der Zeit vom 6. bis 23. Oktober 1953 getroffen.

Am 26. März 1954 erklärte die Regierung der UdSSR über die Beziehungen zwischen der Sowjetunion und der Deutschen Demokratischen Republik:

„Die Sowjetunion nimmt mit der Deutschen Demokratischen Republik die gleichen Beziehungen auf wie mit anderen souveränen Staaten. Die Deutsche Demokratische Republik wird die Freiheit besitzen, nach eigenem Ermessen über ihre inneren und äußeren Angelegenheiten einschließlich der Frage der Beziehungen zu Westdeutschland zu entscheiden."

Zur gleichen Zeit wurde die Überwachung der staatlichen Organe der Deutschen Demokratischen Republik durch die Sowjetunion, die bis dahin vom Hohen Kommissar der UdSSR in Deutschland wahrgenommen worden war, aufgehoben.

Dieser Erklärung der Regierung der UdSSR folgte am 27. März 1954 eine Erklärung der Regierung der DDR über die Herstellung der staatlichen Souveränität der Deutschen Demokratischen Republik in ihren Beziehungen zu anderen Staaten, in der es heißt:

„Die Deutsche Demokratische Republik wird mit der UdSSR sowie mit anderen Staaten die gleichen Beziehungen unterhalten, wie sie unter souveränen Staaten üblich sind . . . Die Deutsche Demokratische Republik ist jetzt ein souveräner Staat, der in Übereinstimmung mit den Viermächtevereinbarungen eine Politik der Demokratie, des Friedens und der Sicherheit in Europa durchführt."

In Durchführung ihrer Erklärung vom 26. März 1954 beschloß die Regierung der UdSSR am 7. August 1954 die Aufhebung der Befehle und Anordnungen der Sowjetischen Militäradministration und der Sowjetischen Kontrollkommission in Deutschland.

Die Volkswahlen am 17. Oktober 1954 waren ein weiteres einmütiges Bekenntnis der Bevölkerung der Deutschen Demokratischen Republik zur Innen- und Außenpolitik der Regierung. 99,46 v. H. aller abgegebenen Stimmen wurden für die Liste der Nationalen Front des demokratischen Deutschland abgegeben.

Am 25. Januar 1955 erklärte das Präsidium des Obersten Sowjets der UdSSR den Kriegszustand zwischen der Sowjetunion und Deutschland für beendet:

„1. Der Kriegszustand zwischen der Sowjetunion und Deutschland wird beendet, und zwischen ihnen werden friedliche Beziehungen hergestellt.

2. Alle im Zusammenhang mit dem Kriege entstandenen juristischen Beschränkungen gegenüber deutschen Staatsbürgern, die als Bürger eines feindlichen Staates betrachtet wurden, werden aufgehoben."[238]

[238] Nach Ansicht der französischen Regierung war der Kriegszustand zwischen „Deutschland" und Frankreich bereits mit der bedingungslosen Kapitulation des imperialistischen Deutschlands beendet. In einem Bericht des französischen Außenministers (veröffentlicht am 9. Juli 1951 im „Journal Officiel", 83 (1951), S. 7502 ff.) heißt es dazu: „. . . Il a été . . . reconnu que compte tenu de la déclaration de Berlin du 5 juin 1945 concernant la prise de l'autorité suprême à l'égard de l'Allemagne par les trois puissances alliées, acte par lequel on doit considérer que l'état de guerre entre les puissances alliées et l'Allemagne a pris fin sur le plan des rapports entre États, il est maintenant possible de régler définitivement le problème de l'état de guerre, qui ne substitait dès lors que sur le plan de droit interne, en éliminant de

Am 20. September 1955, dem Tag des Abschlusses des „Vertrages über die Beziehungen zwischen der Deutschen Demokratischen Republik und der Union der Sozialistischen Sowjetrepubliken", beschloß der Ministerrat der UdSSR, die Funktion des Hohen Kommissars der UdSSR in Deutschland aufzuheben und dem Botschafter der Sowjetunion in der Deutschen Demokratischen Republik die Aufrechterhaltung der entsprechenden Verbindungen zu den Vertretern der USA, Großbritanniens und Frankreichs in der Deutschen

la législation interne de chaque puissance alliée les conséquences de l'état de guerre".

Darum bezieht sich die Verordnung Nr. 51–883 der französischen Regierung vom 9. Juli 1951 (ebenda) nur auf die Stellung der deutschen Staatsangehörigen in Frankreich:

„Art. Ier – A dater de la publication du présent décret, les ressortissants allemands ne seront plus réputés ennemis.

Art. 2 – Le présent décret ne porte pas atteinte à la validité des mesures qui ont été ou seront prises sur les biens, droits et intérêts allemands, en application des accords internationaux auquels la France est partie, ou afin de permettre l'exécution des dits accords.

Art. 3 – Le ministre des affaires étrangères est chargé de l'exécution du présent décret, qui sera publié au Journal Officiel de la République Française".

Die englische Regierung beendete am 9. Juli 1951 formell den Kriegszustand mit Deutschland: „It is notified that the formal state of war with Germany is terminated as from four o'clock p. m. today, the 9th July, 1951" („The London Gazette", Nr. 39279 vom 9. Juli 1951).

Auf eine Anfrage im Unterhaus vom gleichen Tage, ob sich die Beendigung des Kriegszustandes auf ganz Deutschland oder nur auf die Deutsche Bundesrepublik beziehe, antwortete der Sprecher der Regierung: „This is in relation to the Federal Government of Germany. . ." (S. Ottensooser, Termination of War by Unilateral Declaration, in: B. J. 29 (1952), S. 441).

Die Proklamation des Präsidenten der USA über die Beendigung des Kriegszustandes am 19. Oktober 1951, 5 Uhr 45 Minuten nachmittags, bezieht sich auf die Beendigung des Kriegszustandes „between the United States and the Government of Germany" (Kunz, Ending the war, S. 114). Da nach Ansicht der Regierung der Vereinigten Staaten nur eine „rechtmäßige" Regierung Deutschlands, nämlich die der Deutschen Bundesrepublik, besteht, folgert Kunz aus dieser Proklamation, daß nach wie vor „between us and Eastern Germany" Kriegszustand bestehe, weil sich die Erklärung des US-Präsidenten nicht an „Deutschland" richte, sondern nur „to the western fragment under our control" (ebenda, S. 118).

Bundesrepublik in den Fragen zu übertragen, die sich aus den Beschlüssen der vier Mächte über Gesamtdeutschland ergeben. Ferner wurde am gleichen Tage in einem Briefwechsel zwischen dem Minister für Auswärtige Angelegenheiten der DDR, Dr. Lothar Bolz, und dem Stellvertreter des Ministers für Auswärtige Angelegenheiten der UdSSR, W. A. Sorin, Übereinstimmung darüber erzielt, daß die Deutsche Demokratische Republik

> „die Bewachung und Kontrolle an den Grenzen der deutschen Demokratischen Republik, an der Demarkationslinie zwischen der Deutschen Demokratischen Republik und der Deutschen Bundesrepublik, am Außenring von Groß-Berlin, in Berlin sowie auf den im Gebiet der Deutschen Demokratischen Republik liegenden Verbindungswegen zwischen der Deutschen Bundesrepublik und Westberlin“

ausübt. Ausgenommen von dieser Regelung wurde allein

> „die Kontrolle des Verkehrs von Truppenpersonal und Gütern der in Westberlin stationierten Garnisonen Frankreichs, Englands und der USA zwischen der Deutschen Bundesrepublik und Westberlin“;

eine Kontrolle, die

> „zeitweilig bis zur Vereinbarung eines entsprechenden Abkommens vom Kommando der Gruppe sowjetischer Truppen in Deutschland ausgeübt“

wird.

In Übereinstimmung mit dem am 6. Oktober 1955 in Kraft getretenen „Vertrag über die Beziehungen zwischen der Deutschen Demokratischen Republik und der Union der Sozialistischen Sowjetrepubliken“ und dem Übereinkommen über die Bewachung und Kontrolle an den Grenzen der Deutschen Demokratischen Republik übernahm mit Wirkung vom 1. Dezember 1955 die Deutsche Grenzpolizei vollverantwortlich die alleinige Bewachung und Kontrolle an den Staatsgrenzen der Deutschen Demokratischen Republik und am Außenring von Groß-Berlin. Das Presseamt beim Ministerpräsidenten stellte hierzu fest, daß die Ausübung des Dienstes durch die Deutsche Grenzpolizei an den Staatsgrenzen der Deutschen

Demokratischen Republik einschließlich der Sektorengrenzen in Berlin „auf der Grundlage der verfassungsmäßigen Bestimmungen und der Gesetze der Deutschen Demokratischen Republik“ erfolge und daß die Organe der Deutschen Grenzpolizei angewiesen seien, „jegliche Verletzung der Souveränität und der Gesetze der Deutschen Demokratischen Republik energisch und entschlossen zu unterbinden“.

Damit war in der Deutschen Demokratischen Republik das objektive Kriterium für ihre Völkerrechtssubjektivität: eine von jeder anderen Staatsordnung unabhängige Staatsgewalt, eine neue Staatsmacht als „Organ der Herrschaft einer bestimmten Klasse“[239] entstanden, eine Staatsmacht, deren Grundlage das Selbstbestimmungsrecht des deutschen Volkes ist – im Gegensatz zu Westdeutschland, dessen klerikal-militaristische Staatsmacht auf besatzungsrechtlichen Hoheitsakten – „Londoner Empfehlungen“ und „Frankfurter Dokumente“ – beruht.

Die zweite Etappe der Entwicklung dieser für das Territorium der Deutschen Demokratischen Republik geltenden und für die Bevölkerung der Deutschen Demokratischen Republik ausschließlich zuständigen deutschen Staatsgewalt begann mit der am 7. Oktober 1949 erfolgten Konstituierung der Deutschen Demokratischen Republik, ging über die Auflösung der SMA, die Auflösung der SKK und endete im grundsätzlichen mit der Erklärung der Regierung der UdSSR vom 26. März 1954, in deren Gefolge dann am 7. August 1954 alle Befehle und Anordnungen der SMA und der SKK aufgehoben wurden. Es entwickelte sich so bei gleichzeitigem, mit dem Entstehen der neuen Staatsmacht der DDR in Wechselwirkung stehendem Abbau der „obersten Regierungsgewalt“ der sowjetischen Besatzungsmacht in der Deutschen Demokratischen Republik eine Staatsgewalt, die von der anderen Ordnung, der „obersten Gewalt“ der UdSSR, immer unabhängiger wurde, bis sie dann am 26. März 1954 endgültig die Freiheit bekam, „nach eigenem Ermessen über ihre inneren und äußeren Angelegenheiten ... zu entscheiden“. Die Staatsmacht der Deutschen Demokratischen Republik ist, wie VERDROSS es fordert, in der Lage, für ein bestimmtes Territorium und für eine bestimmte Bevölkerung allgemeingültige Rechts-

[239] LENIN, Ausgewählte Werke, Bd. II, S. 162.

normen (Verfassung und Gesetze) zu erlassen; und niemand kann bestreiten, daß diese Rechtsnormen „in individuellen Organakten (Rechtsgeschäften, Verwaltungsmaßnahmen, Richtersprüchen, Zwangsakten) regelmäßig erfüllt werden“. Die Staatsmacht der Deutschen Demokratischen Republik ist effektiv, sie vermag sich nach innnen und außen zu behaupten.

Wir sehen: Das Entstehen der staatlichen Souveränität der Deutschen Demokratischen Republik stellt einen historischen Prozeß dar, der mit den auch für das Gebiet der damaligen sowjetischen Besatzungszone geltenden Politischen und Wirtschaftlichen Grundsätzen des Potsdamer Abkommens begann – deren sich die vier Besatzungsmächte „bei der Behandlung Deutschlands in der Anfangsperiode der Kontrolle“ bedienen wollten – und der seinen grundsätzlichen Abschluß fand mit der Erklärung der Regierung der UdSSR vom 26. März 1954. Der Briefwechsel Dr. Bolz – Sorin vom 20. September 1955 und die Erklärung des Ministerrats der UdSSR vom gleichen Tage beseitigten bezüglich des Gebietes der Deutschen Demokratischen Republik nur einige Reste aus der Zeit der alliierten Kontrolle über das besiegte Deutschland. Die besondere Bedeutung des Artikels 1 des „Vertrages über die Beziehungen zwischen der Deutschen Demokratischen Republik und der Union der Sozialistischen Sowjetrepubliken“ vom 20. September 1955 liegt daher nicht darin, daß die Sowjetunion erst durch ihn die volle staatliche Souveränität der DDR völkerrechtlich anerkannt hätte – dies geschah schon durch ihre Erklärung vom 26. März 1954 –, die besondere Bedeutung des Artikels 1 liegt vielmehr darin, daß durch diesen so bedeutsamen bilateralen Vertrag die staatliche Souveränität der DDR auch in den internationalen Beziehungen unanfechtbar geworden war und das Gewicht dieser Souveränität international sichtbar gemacht wurde. Die Deutsche Demokratische Republik hat sich durch den Vertrag vom 20. September 1955 nicht nur völkerrechtlich verbindlich verpflichtet, keine von ihr freiwillig übernommenen völkerrechtlichen Abmachungen oder die allgemein anerkannten Normen des Völkerrechts willkürlich oder einseitig unter Berufung auf die Souveränität zu verletzen, sie ist vielmehr ebenso völkerrechtlich verbindlich berechtigt, sich in ihren internationalen Beziehungen – einschließlich der Beziehungen zu den drei Westmächten – sowie auch in ihren Beziehungen zur Deutschen

Bundesrepublik auf die Anerkennung und Achtung der Unabhängigkeit ihrer Staatsgewalt von der Gewalt jedes anderen Staates als einer der wichtigsten Grundlagen des gegenwärtigen Völkerrechts zu berufen.

Die Deutsche Demokratische Republik weist also die von Wissenschaft und Staatenpraxis geforderten objektiven Kriterien des völkerrechtlichen Tatbestandes Völkerrechtssubjekt auf. Sie ist effektiv, das heißt, sie ist ein historisch-politisches Faktum; sie weist alle Merkmale auf, die den Staat als die politische Institution der herrschenden Klasse kennzeichnen; es besteht eine vollständige und dauerhafte Staatsmacht, die – unabhängig von jedem anderen Staat – auf einem bestimmten Territorium für eine bestimmte Bevölkerung wirksam wird.

Wenn wir auf die Deutsche Demokratische Republik die Worte anwenden wollen, mit denen USA-Präsident Grant die Voraussetzungen für das Entstehen und Bestehen eines neuen Staates umriß, so können wir feststellen, daß die DDR „sowohl tatsächlich als auch dem Namen nach eine Regierung hat", daß sie „alle Merkmale der Stabilität besitzt", daß sie „mit einem Verwaltungsapparat für innere Angelegenheiten und die Durchführung ihrer Gesetze ausgestattet ist" und daß sie fähig ist, sowohl über ihre „inneren als auch . . . äußeren Angelegenheiten zu entscheiden". Wir können die abstrakte Schlußfolgerung Grants konkret auf die Deutsche Demokratische Republik übertragen, indem wir sagen: „Mit einem Wort, die Entstehung der Deutschen Demokratischen Republik ist eine Tatsache." Und um die englische Regierung nicht zu kurz kommen zu lassen, wollen wir hinzufügen, daß die Regierung der Deutschen Demokratischen Republik „die effektive Kontrolle . . . über das Territorium der Deutschen Demokratischen Republik ausübt" und daß die Regierung des Vereinigten Königreichs daher nach eingehendem Studium der durch die Bildung der Deutschen Demokratischen Republik entstandenen Lage, unter Zugrundelegung der von ihr im Falle der Anerkennung der Volksrepublik China vertretenen Rechtsauffassung, das Bestehen der Deutschen Demokratischen Republik aus den gleichen Gründen bejahen müßte, aus denen sie die Existenz der Volksrepublik China anerkannt hat. Auch die Regierung des Vereinigten Königreichs wird dann nicht um die Feststellung herumkommen, daß die Deutsche Demokratische Republik „ein starkes nationales Staatswesen geworden ist, dessen Leitung in der Hand des werktätigen Volkes selbst liegt“[240].

B. DIE DEKLARATORISCHE WIRKUNG DER ANERKENNUNG

Nun gibt es eine Anzahl von westlichen Völkerrechtswissenschaftlern, die die Meinung vertreten, ein Staat werde erst mit der Anerkennung durch andere Staaten ein souveränes Mitglied der Staatengemeinschaft, bekomme erst durch die Anerkennung Völkerrechtssubjektivität; sie vertreten die sogenannte konstitutive Theorie. Diese Theorie besagt in ihrem Kern, daß ein neuer Staat erst mit der Anerkennung durch die Altstaaten als Völkerrechtssubjekt konstituiert werde. Sie ist abzulehnen, da sie in Widerspruch zu den allgemein anerkannten Prinzipien des Völkerrechts steht.
Die konstitutive Theorie ist zutiefst reaktionär. Sie verfolgt den politischen Zweck, das Entstehen neuer Staaten von der Zustimmung der Altstaaten abhängig zu machen. Sie ist neben der sogenannten Legitimitätstheorie, auf die wir weiter unten noch ausführlich eingehen werden, eines der raffiniertesten Mittel imperialistischer Politik in der Frage des Entstehens und der Anerkennung neuer Staaten und ihrer Regierungen. Um den imperialistischen Kern dieser Theorie vollends aufzudecken, ist es notwendig, auf ihren Inhalt näher einzugehen:
Die wichtigsten Vertreter der konstitutiven Theorie in der modernen westlichen Völkerrechtsliteratur sind KELSEN, LAUTERPACHT und GUGGENHEIM; von ihnen haben KELSEN[241] und GUGGENHEIM[242]

[240] POLAK, S. 7.
[241] KELSEN, Staatenlehre, S. 127: „Ein Staat im Sinne des Völkerrechts ist gegeben, wenn faktisch eine keiner anderen als der Völkerrechtsordnung unterstellte Zwangsordnung menschlichen Verhaltens für einen bestimmten Bereich wirksam wird. In welcher Weise diese Herrschergewalt konstituiert, das heißt die Rechtsordnung erzeugt wird, ob demokratisch oder autokratisch, welchen Inhalt diese Ordnung annimmt, das bleibt ihr vom Völkerrecht überlassen; nach diesen Richtungen wird sie delegiert . . . Das Völkerrecht knüpft an einen von ihm beschriebenen Tatbestand, der als Entstehung des Staates bezeichnet wird, gewisse Rechtsfolgen“.

in früheren Veröffentlichungen den Standpunkt der Effektivität vertreten.

Die konstitutive Theorie in ihrer modernen Form besagt folgendes: „Ein Staat entsteht und besteht als Völkerrechtssubjekt allein und ausschließlich durch die Anerkennung", erklärt OPPENHEIM-LAUTERPACHT.[243] „Allein und ausschließlich durch die Anerkennung wird ein Staat eine internationale Persönlichkeit und ein Subjekt des Völkerrechts", sagt er an anderer Stelle; und er fügt hinzu, daß die Anerkennung „konstitutiv für die Rechte und Pflichten ist, die zur Staatlichkeit, zur Fähigkeit zu regieren oder zum Status eines Kriegführenden gehören"[244].

[242] GUGGENHEIM, Staatenwechsel, S. 13: „Ohne daß darüber in ihr meist vollständige Klarheit herrscht, geht die völkerrechtliche Doktrin davon aus, es genüge das Vorhandensein bestimmter positiver Merkmale zum Bestehen des Staates im Sinne des Völkerrechts. . . . Diese Anerkennungen haben indessen für die Begründung des Rechtsverhältnisses vom Neustaat zur Staatengemeinschaft lediglich deklaratorische Bedeutung . . ."; in seinem Lehrbuch schreibt GUGGENHEIM dann: „Wie jede rechtlich erhebliche Tatsache, kann aber die Feststellung der Existenz eines Staates nicht lediglich auf Grund der Anerkennung des Effektivitätsprinzips, gleichsam entsprechend der Notorität erfolgen" (Völkerrecht, S. 181), und: „Die Lehre, welche die Auffassung vertritt, die Anerkennung als Neustaat sei deklarativer Natur, läßt sich bei näherer Erkenntnis des Wesens der Rechtsorganisation nicht aufrechterhalten" (ebenda, S. 182 Anm. 49).

[243] OPPENHEIM-LAUTERPACHT, Bd. I, S. 125 – "A State is, and becomes, an International Person through recognition only and exclusively".

[244] Ebenda, S. 126/7 – "Through recognition only and exclusively a State becomes an International Person and a Subject of International Law"; ". . . is constitutive of the rights and duties pertaining to statehood, governmental capacity, or belligerency". Noch in der dritten, von ROXBURGH bearbeiteten Auflage des OPPENHEIM (London 1920, Bd. I, S. 135) wurde festgestellt, „daß die Staatlichkeit selbst ohne Zweifel von der Anerkennung unabhängig ist" – „there is no doubt that statehood itself is independent of recognition". – OPPENHEIM-ROXBURGH machte also einen klaren Unterschied zwischen der effektiven Existenz der Staatlichkeit eines Gemeinwesens und der Anerkennung durch andere Staaten; ebenso auch noch in der 5. Auflage (Bd. I, London 1937, S. 120). Offensichtlich hat erst die Bearbeitung des OPPENHEIMschen Kommentars durch LAUTERPACHT zum Wegfall dieser Unterscheidung und zu der Behauptung geführt, daß die Anerkennung „is constitutive of the rights and duties pertaining to statehood".

Diese konstitutive Wirkung der Anerkennung, das heißt die Behauptung, daß ein Gemeinwesen erst mit der Anerkennung durch andere Staaten Völkerrechtssubjektivität bekomme, wird von LAUTERPACHT folgendermaßen begründet: „Infolge des Fehlens eines internationalen Organs, das dafür zuständig ist, die Erfüllung der Voraussetzungen für die volle Völkerrechtsubjektivität maßgeblich festzustellen, übernehmen die bereits bestehenden Staaten diese Funktion in ihrer Eigenschaft als Organe des Völkerrechts.“[245] Auch nach der konstitutiven Theorie tun die Altstaaten mit der Anerkennung eines Neustaates die Existenz einer bereits „bestehenden Tatsache“ kund, begründen aber erst durch die Anerkennung die Völkerrechtssubjektivität des Neustaates. Darum ist die Anerkennung für LAUTERPACHT „deklaratorisch bezüglich einer schon bestehenden Tatsache, . . . konstitutiv im Hinblick . . . auf die internationalen Rechte und Pflichten, die mit voller Staatlichkeit verbunden sind“[246]. Auch KELSEN geht in der Frage der Anerkennung von bereits bestehenden Tatsachen aus; auch er fordert das effektive Vorliegen der für die Völkerrechtssubjektivität eines Staates notwendigen objektiven Kriterien[247], um dann aber hinzuzufügen: „Vor der Anerkennung existiert die nichtanerkannte Gemeinschaft gegenüber dem anerkennenden Staat rechtlich nicht. Allein durch den Akt der Anerkennung wird sie in ihrer Beziehung zu dem anerkennenden Staat rechtlich existent. Einzig ihre rechtliche Existenz, ihre Existenz beurteilt nach den Normen des Völkerrechts, nicht ihre ‚natürliche‘ Existenz ist in der Sphäre dieses Rechts von Bedeutung.“[248]

[245] LAUTERPACHT, S. 6 — "In the absence of an international organ competent to ascertain and authoritatively to declare the presence of requirements of full international personality, States already established fulfil that function in their capacity as organs of international law". So auch KELSEN, Recognition, S. 607 — "The answer to this question, the establishment of the fact that in a given case a "state in the sense of international law" exists, falls, according to general international law, within the jurisdiction of the states concerned"; ebenso in den Principles, S. 269.

[246] LAUTERPACHT, S. 6 — „declaratory of an existing fact, . . . constitutive... of international rights and duties associated with full statehood“; ebenso S. 75.

[247] siehe Anm. 207; ebenso Principles, S. 265.

[248] KELSEN, Recognition, S. 608 — „Before recognition, the unrecognized community does not legally exist vis-à-vis the recognizing state. Only

KELSEN unterscheidet zwei Akte der Anerkennung. Einmal, „daß der anerkennende Staat feststellt, daß die anerkannte Gemeinschaft ein Staat im Sinne des Völkerrechts ist. Das ist die Anerkennung in des Wortes rechtlicher Bedeutung"; zum anderen, „daß der anerkennende Staat bereit ist, mit dem anerkannten Staat in politische und andere Beziehungen zu treten, und zwar Beziehungen der Art, wie sie normalerweise zwischen den Mitgliedern der Staatengemeinschaft bestehen"[249]. Gewöhnlich falle der rechtliche Akt mit dem politischen Akt zusammen, brauche es aber nicht.[250] Der rechtliche Akt der Anerkennung sei vor allem deswegen notwendig, weil er das Verfahren darstelle, in dem darüber entschieden werde, ob in einem gegebenen Falle eine Gemeinschaft die Voraussetzungen der Völkerrechtssubjektivität erfülle oder nicht. Daraus folgert KELSEN: „Zur Entscheidung über diese Frage ermächtigt das Völkerrecht die Regierungen der Staaten, die – in Übereinstimmung mit den allgemeinen Normen des Völkerrechts – Rechte und Pflichten in bezug auf die betreffende Gemeinschaft haben, vorausgesetzt, daß diese Gemeinschaft ein Staat ist."[251]

Was sind das nun für Rechte und Pflichten der Altstaaten gegenüber einer von ihnen noch nicht anerkannten und daher nach der konstitutiven Theorie KELSENs doch rechtlich nicht existenten Gemeinschaft? KELSEN bezeichnet als Anerkennung „in des Wortes rechtlicher Bedeutung" das Verfahren, in dem von den Altstaaten als vom Völkerrecht ermächtigten Organen darüber entschieden

by the act of recognition does ist come legally into existence in relation to the recognizing state. Only its legal existence, its existence as judged by international law, not its ‚natural' existence, is of importance in the province of that law. . .".

249 KELSEN, Principles, S. 268 – „. . . that the recognizing state ascertains that the recognized community is a state in the sense of international law. This is recognition in an legal sence of the term"; „. . . that the recognizing state is willing to enter into political and other relations with the recognized state, relations of the kind which normally exist between members of the family of nations". Ebenso in Recognition, S. 605.

250 Ebenda, S. 269.

251 Ebenda – „To decide this question international law authorizes the government of the states which – according to general international law – have duties and rights in relation to the community under discussion, provided that this community is a state".

werde, ob ein Neustaat die vom Völkerrecht geforderten Bedingungen für das Vorliegen der Völkerrechtssubjektivität erfülle; er legt dieses Verfahren dahin aus, daß in ihm die Altstaaten dem Neustaat gegenüber Rechte und Pflichten haben, „vorausgesetzt, daß diese Gemeinschaft ein Staat ist". Das aber besagt doch nichts anderes, als daß bereits beim Vorliegen der „natürlichen Existenz" des Gemeinwesens, beim Gegebensein der auch von KELSEN geforderten objektiven Kriterien für die Völkerrechtssubjektivität, diese Rechte und Pflichten der Altstaaten in bezug auf die neue Gemeinschaft und ihre staatliche Ordnung zur Wirkung kommen. Und das wiederum kann nichts anderes als ein Hinweis darauf sein, daß das dem Neustaat gegenüber bestehende Recht als Recht auf Einhaltung und Anerkennung der allgemein anerkannten Normen des Völkerrechts durch ihn, die dem Neustaat gegenüber bestehende Pflicht als korrespondierende Pflicht der Altstaaten und damit als Pflicht zur gewissenhaften Prüfung der „natürlichen Existenz" und – beim Vorliegen der vom Völkerrecht geforderten Kriterien – als Pflicht zur Vollziehung der Anerkennung zu werten ist. Welche Pflicht könnte einem „nichtexistenten" Gemeinwesen gegenüber nach der konstitutiven Theorie denn sonst bestehen? Während KELSEN noch 1941 eine Rechtspflicht der Altstaaten zur Anerkennung eines die Voraussetzungen der Völkerrechtssubjektivität erfüllenden neuen Gemeinwesens klar und eindeutig als nicht vorliegend, wenn auch „wünschenswert" bezeichnete[252], läßt er in den Principles of international Law eine klare Stellungnahme vermissen, wenn er schreibt: „Es mag zweifelhaft sein, ob die bestehenden Staaten rechtlich verpflichtet sind, eine Gemeinschaft als Staat anzuerkennen, wenn diese Gemeinschaft ... die Voraussetzungen des Völkerrechts erfüllt."[253] Immerhin ist der Schritt von der Ablehnung einer Pflicht zur Anerkennung zum Offenlassen dieser Frage meines Erachtens als eine Wendung KELSENs zur Anerkennungspflicht hin zu werten. Diesen im System der konstitutiven Theorie durchaus logischen Schritt hat LAUTERPACHT dann auch vollzogen, wenn er die An-

[252] KELSEN, Recognition, S. 610 – „Such an obligation, however desirable, is not stipulated by positive international law".

[253] KELSEN, Prinziples, S. 270 – „It may be doubted whether the existing states are legally obliged to recognize a community as a state if this community fulfils ... the requirements of international law".

erkennung eines Gemeinwesens, das die Tatbestandsmerkmale der Völkerrechtssubjektivität erfüllt, durch die Altstaaten als die „unparteiische Erfüllung einer rechtlichen Pflicht“ bezeichnet. „Eine Gemeinschaft als Staat anzuerkennen heißt, zu erklären, daß sie die Bedingungen für einen Staat, wie sie vom Völkerrecht gefordert werden, erfüllt. Liegen diese Bedingungen vor, so haben die bestehenden Staaten die Pflicht, die Anerkennung zu gewähren.“[254] – Und wenn wir die konstitutive Theorie auch aus grundsätzlichen Erwägungen heraus ablehnen, so sei doch am Rande vermerkt, daß die in ihr enthaltene Anerkennungspflicht eine Anerkennung der Deutschen Demokratischen Republik durch die Westmächte zur Folge haben müßte.

Die konstitutive Theorie läuft ihrem ganzen Wesen nach darauf hinaus, daß ein Neustaat und seine Regierung so lange völkerrechtlich als nicht existent angesehen werden sollen, solange sie von den Altstaaten noch nicht anerkannt sind. LAUTERPACHT hat dies ganz eindeutig zum Ausdruck gebracht, wenn er sagt, die richtige und vernünftige Regel sei, daß sowohl eine nichtanerkannte Regierung als auch ihre Handlungen nichtig – „nullity“ – seien.[255] Nach dieser Theorie bildet die internationale Staatengemeinschaft also einen in sich abgeschlossenes Verband – „closed club“[256] –, in den neue Gemeinschaften nur auf dem Wege der Anerkennung durch die Mitgliedstaaten aufgenommen werden können. Das heißt, daß die konstitutive Theorie die Zulassung eines Neustaates zum internationalen Verkehr von einer besonderen Erlaubnis – sprich: Anerkennung – der schon bestehenden Staaten abhängig machen will. Nur wenn es diesen genehm ist, soll jener in den „closed club“ aufgenommen werden. Mit anderen Worten: Nach der konstitutiven Theorie soll ein Staatengebilde erst dann Völkerrechtssubjektivität besitzen, wenn die anderen Staaten ihm durch ihre Anerkennung hierzu die *Erlaubnis* erteilen. Die Altstaaten sollen so die Möglich-

[254] LAUTERPACHT, S. 6 – „. . . the impartial fulfilment of a legal duty . . .“; „To recognize a community as a State is to declare that it fulfils the condition of statehood as required by international law. If these conditions are present, the existing States are under the duty to grant recognition . .“.

[255] Ebenda, S. 147.

[256] CHEN, S. 4.

keit haben, sich zum Richter über den Neustaat, sein Sein oder Nichtsein aufzuwerfen. Sehr zu Recht sagt indessen BATY: „Entweder ein Staat besteht, oder er besteht nicht; die Meinung eines anderen Volkes zu diesem Punkt ändert nichts an den Tatsachen."[257] Das mögen sich die Westmächte und die Bonner Regierung auch in bezug auf die Deutsche Demokratische Republik ins Stammbuch schreiben.

KELSEN spricht im Zusammenhang mit der Anerkennung wiederholt davon, daß die Regierungen von Staaten an der Existenz oder Nichtexistenz eines Neustaates „interessiert" („interested") seien.[258] Was heißt „interessiert"? Und was geschieht zum anderen, wenn sie nun *nicht* „interressiert" sind? Wir halten KELSEN nicht für so naiv, als daß er nicht genau wüßte, was es mit diesem „interested" auf sich hat. Hitler war „interested", die sogenannte Slowakei oder den „Unabhängigen Staat Kroatien" anzuerkennen und Japan Mandschukuo, während sich die USA über zehn Jahre lang wenig „interested" zeigten, das völkerrechtliche Sein der Sowjetunion anzuerkennen und sich heute gleich einem Vogel Strauß weigern, von der effektiven Existenz der Volksrepublik China und ihrer Regierung de jure Kenntnis zu nehmen.

Was in unseren Tagen die Politik der aggressiven Kräfte gewisser Mächte kennzeichnet, ist das Bestreben, das völkerrechtliche Institut der Anerkennung zum Mittel ihrer imperialistischen Politik zu verfälschen, es zum Mittel politischer Erpressung zu machen. Ihre Politik ist nicht auf freundschaftliche Zusammenarbeit, auf Achtung der grundlegenden Prinzipien des Völkerrechts gerichtet, sondern auf die Durchsetzung aggressiver Pläne gegen andere Völker und Staaten. BROWN kennzeichnet treffend die daraus resultierende Anerkennungspraxis mancher westlicher Staaten, wenn er schreibt: „Kein Zweig des Völkerrechts ist so sehr mißverstanden und unnötigerweise verwirrt worden, wie der der Anerkennung neuer Staaten und neuer Regierungen. Die Anerkennung war der Spielball von Diplomaten und wurde von ihnen so ausgelegt, wie es ihren Zwecken am besten

[257] BATY, S. 205 – „Either a State exists, or it does not; the opinion of other people on the subject does not alter the fact".

[258] So zum Beispiel Principles, S. 267 und 269.

entsprach. Sie ist ohne Zweifel als Mittel diplomatischen Druckes und der Intervention schwer mißbraucht worden."[259]
Einen bezeichnenden Kommentar für KELSENS „interested" gibt uns die Geschichte der Anerkennung Albaniens durch die USA nach dem ersten Weltkrieg: Am 3. April 1922 – die USA hatten Albanien noch nicht anerkannt – berichtete der USA-Botschafter in Italien, CHILD, an das Department of State, daß die albanische Regierung Großbritannien um Wirtschaftshilfe gebeten und dafür der Anglo-Persian Oil Company das Ölmonopol für Albanien angeboten habe. Es heißt in dem Bericht wörtlich: „Es ist leicht möglich, daß bei geschickter Handhabung mit dem Versprechen der Anerkennung zu einem baldmöglichen Zeitpunkt den amerikanischen Interessen ein bestimmter Nutzen erwachsen könnte."[260] Am 26. April 1922 schrieb daraufhin der Secretary of Commerce, HOOVER, an den Secretary of State, Hughes, unter anderem, daß er einer Rücksprache mit einem Vertreter der Sinclair Oil Company entnommen habe, „daß diese Gesellschaft sehr stark an den Möglichkeiten der Entwicklung des albanischen Ölgeschäftes interessiert sei ... Ich überlege, ob ... es Ihnen nicht möglich wäre, die Anerkennung Albaniens ernsthaft zu erwägen."[261] Am 27. April 1922 forderte das Department of State seinen „Commissioner" in Albanien, Generalkonsul BLAKE, postwendend auf, „über die Bedingungen in diesem Lande, über die Stabilität der derzeitigen Regierung und über die dort bestehenden oder in Aussicht stehenden amerikanischen Interessen" zu berichten.[262] Am 28. Juni 1922 berichtete BLAKE, nachdem er die

[259] BROWN, Legal effects, S. 617 – „No branch of international law has been so badly misunderstood and needlessly confused as that of the recognition of new states and governments. Recognition has been the football of diplomats who have made it mean anything that suited their purpose. It has certainly been grossly abused as a weapon of diplomatic pressure and intervention ...".

[260] BRIGGS, Law of nations, S. 111 – „It is quite possible that if skillfully handled some definite benefit could accrue to American interests through the promise of recognition and the timely culmination oft hat event".

[261] Ebenda – „... that that company is very much interested in the possibilities of oil development in Albania. I am wondering whether ... it would not be possible for you to give serious consideration to the recognition of Albania".

[262] Ebenda – „... as to the conditions in that country, stability of present government and existing or prospective American interests there".

relative Stabilität der derzeitigen albanischen Regierung betont hatte, daß die Haltung der albanischen Regierung und des albanischen Volkes den amerikanischen Interessen gegenüber ausgesprochen günstig sei.[263] Als die USA von der albanischen Regierung dann gewisse Zusicherungen hinsichtlich der „amerikanischen Interessen" forderten, sicherte die albanische Regierung den USA am 25. Juni 1922 das Recht der Meistbegünstigung zu.[264] Damit war das anglo-iranische Ölmonopol für Albanien gescheitert, und die USA erkannten Albanien am 28. Juli 1922 de jure an.[265]

KELSEN mag uns die Frage beantworten, ob Großbritannien als Organ des Völkerrechts tätig war, als es den Neustaat Israel im Jahre 1949 de jure anerkannte, oder ob es aus eigenen, innen- wie außenpolitischen Erwägungen heraus handelte. Das offene Eingeständnis KELSENS, daß die Regierungen der Altstaaten in der Frage der Anerkennung „keine objektive und unparteiische Autorität" darstellen würden[266], führt schließlich und endlich dazu, daß nach der konstitutiven Theorie, und wir zitieren wieder KELSEN, „eine neu entstandene Gemeinschaft von einem Staat anerkannt und diesem gegenüber also ein Staat im Sinne des Völkerrechts ist, aber von einem anderen Staat nicht anerkannt und diesem gegenüber also kein Staat im Sinne des Völkerrechts ist"[267]. Mit Recht nennt deshalb BATY die konstitutive Theorie ein „metaphysisches Rätsel"[268], ein Rätsel, das in krassem Widerspruch zu den Tatsachen des internationalen Lebens steht.

KUNZ weist darauf hin, daß vor allem die moderne anglo-amerikanische Staatenpraxis gewisse konstitutive Züge aufweise. Er macht LAUTERPACHT den Vorwurf, daß er diese Staatenpraxis ver-

[263] Ebenda, S. 112.

[264] Ebenda, S. 113.

[265] Ebenda, S. 112.

[266] KELSEN, Principles, S. 269 – „... not an objective and impartial authority ..."

[267] Ebenda, S. 271 – „... that a newly established community is recognized by one state and hence a state in relation to this state, but not recognized by another state and hence no state in relation to that state".

[268] BATY, S. 205 – „metaphysical puzzles"; BRIERLY, S. 83, spricht von einem „rechtlichen Kuriosum".

allgemeinere und sie einer generellen „practice of states" gleichsetze. Dies bedeute eine „anglo-american superiority", durch die die Praxis der anderen Staaten – und wir fügen hinzu: das Völkerrecht – negiert werde. Nicht umsonst wären südamerikanische Wissenschaftler gegenüber der konstitutiven Theorie „immer voll Furcht, daß die Anerkennung zu einem Werkzeug der Intervention gemacht werden könne"[269].

Damit sind wir dem mit der konstitutiven Theorie verfolgten Zweck um einen guten Schritt nähergekommen; ein Zweck, der in der Geschichte des Völkerrechts nicht ohne Vorbild ist und auf den wir bei unserer Auseinandersetzung mit dem sogenannten Legitimitätsprinzip noch einmal zurückkommen werden. RAESTAD weist nämlich nach, daß in der sogenannten abendländischen Welt des Mittelalters der Papst die neuen Staaten „anerkannt" hätte, daß die Staaten erst durch diese Anerkennung Subjekte des Völkerrechts geworden wären. Er schreibt: „Dieser Anerkennung" eines Staates durch den Papst muß man die Wirkung einer politischen Entstehung beimessen . . . Die ‚Anerkennung' durch den Papst stellte in der Tat eine Art Befehl dar, der gute Aussicht hatte, respektiert zu werden. Da die päpstliche Anerkennung so die Rolle der Legitimation eines Rechtssubjektes auf internationalem Gebiet spielte und die einzige war, die so etwas bewirken konnte, mußte das Völkerrecht lange Zeit hindurch den Charakter eines Rechts der christlichen Völker behalten."[270]

RAESTAD irrt, wenn er das Völkerrecht auf die „christlichen Völker" beschränken will; die Geschichte des Völkerrechts kennt völkerrechtliche Dokumente aus der Zeit lange vor unserer Zeitrechnung – oder: Christi Geburt –, kennt völkerrechtliche Dokumente auch

[269] KUNZ, Critical remarks, S. 717/718 – „. . . always fearful that recognition may be made a tool of intervention".

[270] REASTAD, S. 257 bis 261, insbes. S. 259 – „A cette ‚reconnaissance' d'un Etat par le Pape, il faut attribuer un effet de création politique; . . . La ‚reconnaissance' par le Pape constituait, en effet, une sorte d'injonction qui avait de bonnes chances d'être respectée. La reconnaissance papale jouant ainsi le rôle de légitimation d'un sujet de droit sur le plan international, et étant la seule à le faire, le droit international, lui-même devait pendant longtemps garder le caractère d'un droit des peuples chrétiens".

„nichtchristlicher" Völker. Und wir hegen ernste Zweifel daran, ob das Völkerrecht der sogenannten christlichen Völker humaner war als das der „nichtchristlichen".

Was nun das sogenannte christliche Abendland anbetrifft, war es ohne Zweifel so, daß der Papst in früheren Jahrhunderten lange Zeit hindurch eine Art Schiedsrichterstellung im Leben der damaligen europäischen Staaten einnahm, daß der päpstliche Bann einem weltlichen Souverän erhebliche Schwierigkeiten bereiten konnte. Im „christlichen Abendland" galt nur, was vom Papst sanktioniert war. Insofern können wir bereits von den Staaten dieses „christlichen Abendlandes" als einem „closed club" sprechen, dessen Mitglieder auf nichtchristliche Staaten mit Verachtung und einer durchaus unchristlichen Intoleranz herabsahen und sie in ebenfalls unchristlicher Überheblichkeit als Barbaren bezeichneten.

Die moderne konstitutive Theorie besagt in ihrem Kern nichts anderes. Wieder soll ein „closed club" geschaffen werden, von dessen gutem oder bösem Willen neu entstehende Staaten abhängig sein sollen. Es ist heute der „closed club" der Kolonialmächte und imperialistischen Staaten, die mit Hilfe der konstitutiven Theorie versuchen, den Zerfall ihres früheren Machtbereiches aufzuhalten und mittels der konstitutiven Wirkung der Anerkennung die Entstehung neuer Staaten aus ihrem Kolonialreich möglichst weit hinauszuschieben oder nur solche Staaten zum „closed club" zuzulassen, deren Gesellschaftsordnung, deren Regierung und deren Politik ihnen genehm ist. In durchaus logischer Weiterentwicklung der konstitutiven Wirkung der Anerkennung durch den Papst überträgt darum RAESTAD die konstitutive Theorie auf das Verhältnis zwischen einer Kolonialmacht und einer um nationale Selbstbestimmung und staatliche Unabhängigkeit kämpfenden Kolonie. Er unterscheidet dabei die Anerkennung eines die koloniale Abhängigkeit abstreifenden neuen Staates durch das sogenannte Mutterland von der Anerkennung durch andere Staaten. Er schreibt: „Im allgemeinen ist also der alleinige normale ‚rechtschöpfende Akt' der, durch den das Mutterland die Unabhängigkeit einer neuen Gemeinschaft, die sich territorial auf seine Kosten gebildet hat, anerkennt. Die der Anerkennung durch das Mutterland nachfolgende Anerkennung durch dritte Staaten ist einfach ‚deklarativ', ‚feststellend', der Beitritt zu einer vollzogenen Tatsache."[271] Mit anderen Worten: Nur eine Anerkennung durch das sogenannte Mutterland soll einer ehemaligen Kolonie Völkerrechtssubjektivität geben; solange das Mutterland – aus verständlichen Gründen – diese Anerkennung versagt, soll kein „rechtschöpfender Akt" vorliegen, also völkerrechtlich kein neuer Staat entstanden sein. Eine Kolonie, die aus eigener Kraft, und sei es durch Anwendung von Waffengewalt gegen das sogenannte Mutterland – wie zum Beispiel Indonesien –, nationale Unabhängigkeit und staatliche Souveränität erringt, soll demnach so lange ein völkerrechtliches „Nichts" bleiben, bis sich das „Mutterland" dazu bequemt, die Anerkennung auszusprechen und damit den „rechtschöpfenden Akt" zu vollziehen.

Es ist klar, daß in einer Zeit, in der immer mehr Völker das Joch der kolonialen und halbkolonialen Abhängigkeit und Unterdrückung abwerfen, in der immer mehr Völker auf der Grundlage der nationalen Souveränität die staatliche Souveränität erringen, die herrschenden Kreise des Imperialismus alles tun, um dem Erwachen der Völker entgegenzuwirken. Darum wird auch das völkerrechtliche Institut der Anerkennung verfälscht, um das Entstehen neuer Staaten – ein Problem, das, wie uns insbesondere die Entwicklung des asiatischen und afrikanischen Kontinents mit aller Deutlichkeit zeigt, auf der weltpolitischen Tagesordnung steht – in das „Ermessen" der Kolonialmächte zu stellen.

Und es ist ebenso klar, daß sich hinter der modernen konstitutiven Theorie weiterhin das utopische Bestreben der aggressiven Kreise des Imperialismus verbirgt, dem Entstehen neuer, antiimperialistischer und sozialistischer Staaten Hindernisse in den Weg zu legen. Die Politik der Nichtanerkennung der Sowjetunion durch die USA nach dem ersten Weltkrieg ist hier das Vorbild. Die Gründe für diese Nichtanerkennung sind bekannt. HERVEY, selbst ein Vertreter der konstitutiven Theorie, kennzeichnet die Nichtanerkennungspolitik mancher europäischer Staaten und der USA gegenüber der UdSSR

[271] Ebenda S. 271 – „Donc, en général, le seul acte ‚constitutif de droit' normal est l'acte par lequel la métropole reconnaît l'indépendence de la nouvelle communauté qui, territorialement, s'est formée à ses dépens. Et la reconnaissance par les Etats tiers consécutive à celle émanant de la mère-patrie, sera simplement ‚déclarative', ‚constatante', accédante au fait accompli".

durch die Feststellung, daß diese Staaten die „Anerkennung konsequent ablehnten, um damit ihre Politik an das finstere Kreuz des Wirtschaftsimperialismus zu schlagen“[272]. Aber gerade dieses Beispiel zeigt, daß sich eine solche „Anerkennungspolitik“ auf die Dauer nicht durchzusetzen vermag, daß sie im Gegensatz zu der allgemein anerkannten Staatenpraxis, und damit auch zum Völkerrecht, und den tatsächlichen Gegebenheiten und Erfordernissen des internationalen Lebens steht. Ebenso, wie jeder Politiker und Wissenschaftler die Existenz der USA als Völkerrechtssubjekt vom 4. Juli 1776, dem Tage der Unabhängigkeitserklärung, datiert und nicht erst vom Frieden von Versailles im Jahre 1783 – manche Staaten erkannten die USA sogar noch später an –, ebenso kann und wird niemand daran zweifeln, daß die UdSSR bereits vor dem 16. November 1933, dem Tag ihrer De-jure-Anerkennung durch die USA, als Völkerrechtssubjekt bestand.

Alle Staaten datieren ihre Existenz als Völkerrechtssubjekte von ihrer *eigenen* Unabhängigkeitserklärung an: so zum Beispiel die Niederlande vom Jahre 1581, obwohl erst im Westfälischen Frieden ihre Unabhängigkeit anerkannt wurde[273]; Griechenland vom 1. Januar 1822, obwohl die Türkei erst 1829 und die sogenannten Schutzmächte Rußland, England und Frankreich sogar erst 1830 die Unabhängigkeit Griechenlands anerkannten[274]; Belgien vom 18. November 1830, obwohl erst die Londoner Konferenz der fünf Großmächte im Jahre 1831 die Unabhängigkeit Belgiens anerkannte.[275] Und mit Recht weist Brown darauf hin, daß die durch den Pariser Vertrag vom Jahre 1856 erfolgte Aufnahme der Türkei in die „family of nations“ nichts daran änderte, daß die Türkei auch schon vor diesem Datum als Staat und damit als Völkerrechtssubjekt bestand und die im Pariser Vertrag ausgesprochene kollektive Anerkennung der Türkei nicht mehr und nicht weniger als eine politische Geste darstellte.[276]

Im übrigen: Die Zeiten des „christlichen Abendlandes“ sind vorbei, und sie werden auch unter imperialistischen Vorzeichen nicht wiederkommen, so oft und so gern auch gewisse Staatsmänner des

[272] Hervey, S. 2 – „... have consistently refused recognition only to have their policies crucified upon a lurid cross of economic imperialism“.
[273] Geschichts-Ploetz, S. 475/476.
[274] Ebenda, S. 534/535.
[275] Ebenda, S. 541.
[276] Brown, Legal effects, S. 623.

„Westens" die Phrase vom „christlichen Abendland" oder der „abendländischen Welt" und ihrem „Schutz vor dem bösen Osten" im Munde führen. Das moderne Völkerrecht hat die Aufgabe, dem friedlichen Nebeneinanderleben aller Staaten unserer Welt, unabhängig von ihrer Gesellschaftsordnung, zu dienen. „Ein solcher Zweck kann nicht erreicht werden, wenn eines der Staatsgebilde die Freiheit besitzen würde, sich anderen Staaten gegenüber von den Beschränkungen des Rechts zu befreien, indem es sich einfach weigert, diese anzuerkennen."[277] Darum bezeichnet CHEN die konstitutive Theorie „als der internationalen Harmonie höchst abträglich und den Zweck des Völkerrechts vereitelnd".[278] In gleicher Weise äußert sich FISHER WILLIAMS: „In der Tat, die Konzeption von der ‚zivilisierten Menschheit' als einer vom Rest der Welt getrennten Gemeinschaft von Nationen oder Staaten entspricht nicht länger den wichtigsten Gegebenheiten unserer Tage ... In der gegenwärtigen Welt ist es nicht mehr länger möglich, ein Bild der menschlichen Gesellschaft beizubehalten, in der einige Staaten eine Art exklusiven Klub bilden, in den man nur durch ein Komitee der prominenteren Mitglieder nach sehr unbestimmten Regeln gewählt werden kann ...; zivilisierte Menschen, die in einem bestimmten Territorium unter einer souveränen Regierung organisiert sind, haben es nicht nötig, um Zulassung zur internationalen Gemeinschaft zu bitten; ihr Staat hat ispo facto allein auf Grund seiner Existenz Rechte und Pflichten und darum Völkerrechtssubjektivität."[279]

[277] CHEN, S. 3 – „Such a purpose cannot be achieved if one of the entities should be free to liberate itself from the restraints of law with respect to other entities by simply refusing to recognise them. . ."

[278] Ebenda – „Such a theory is highly detrimental to international harmony and would defeat the purpose of international law".

[279] FISHER-WILLIAMS, Recognition, S. 53 und 60 – „Indeed, the conception of ‚civilised society' as a community of nations or States distinct from the rest of the world no longer corresponds with the main facts of contemporary life. . . . In the contemporary world it is no longer possible to maintain a view of human society in which some States would constitute a sort of exclusive club, to which election is made by a committee of the more important members under rather vague rules. . .; civilised men organised in a definitive territory under a sovereign Government do not need to beg admission to international society; their State has ipso facto, by virtue of its mere existence, rights and duties, and, therefore, personality in the domain of International Law".

Wir sehen: Die Wirklichkeit des internationalen Lebens steht im Gegensatz zur konstitutiven Theorie. In dieser Wirklichkeit ist kein Raum für „diplomatische Ausflüchte oder rechtliche Fiktionen“.[280] Die konstitutive Theorie ist nicht mehr als eben eine Theorie, und eine reaktionäre obendrein; eine Theorie, die darauf abzielt, den aggressiven Kreisen des Imperialismus als Erpressungsmittel zu dienen, um andere Staaten in wirtschaftliche, politische und militärische Abhängigkeit zu bringen. Sie ist nicht realistisch und beruht, wie selbst BROWN feststellt, in keiner Weise auf der aktuellen Staatenpraxis.[281] Jeder Staat ist gezwungen, von der effektiven Existenz eines anderen Staates Kenntnis zu nehmen, gleichgültig, ob ihm das Bestehen dieses Staates oder seiner Regierung paßt oder nicht. Staaten werden durch Tatsachen geschaffen, an die das Recht gewisse Folgen knüpft, und nicht durch rechtliche Konstruktionen, geschweige denn Fiktionen. Ebenso wie das innerstaatliche Recht an das reale Sein einer natürlichen Person gewisse Rechtsfolgen knüpft, das Recht diese Person also nicht schafft, sondern sie zur Voraussetzung hat, ebenso knüpft das Völkerrecht an einen gegebenen Tatbestand gewisse Rechtsfolgen, schafft nicht das Recht erst den Tatbestand, sondern hat ihn auch hier zur Voraussetzung. Darum stellt BRIGGS in einer Untersuchung des Unabhängigkeitsvertrages zwischen den USA und den Philippinen vom 4. Juli 1946 fest, daß „die Frage, ob die Philippinische Republik ein unabhängiger Staat war oder nicht, eine Frage der Tatsachen und nicht des Rechts“ sei.[282] Die Philippinen hätten auch schon vor dem Unabhängigkeitsvertrag „Staatscharakter“ (statehood) gehabt und bei aller Anerkennung des Umstandes, daß die Politik der USA – so sagt BRIGGS – den Philippinen die Staatswerdung erst ermöglicht habe, „schufen weder die USA noch das Völkerrecht diesen Staat“[283].

Das Völkerrecht fordert für die Völkerrechtssubjektivität eines Gemeinwesens eine vollständige und dauerhafte höchste Gewalt, die

280 BROWN, Legal effects, S. 617.
281 BROWN, Effects, S. 106.
282 BRIGGS, Recognition S. 116 – „. . . the question whether the Republic of the Philippines war or was not an independant state would be a question of fact, not of Law“.
283 Ebenda, S. 117 – „. . . neither the United States nor international law ‚created‘ that state“.

Ausdruck der herrschenden Kräfte der ein bestimmtes Territorium bewohnenden Bevölkerung ist. Allein daran knüpft es gewisse Rechtsfolgen, ohne daß es zum Eintritt dieser Rechtsfolgen noch handelnder Organe, das heißt anderer Staaten, bedarf; ebenso wie kein Richter zu der Feststellung notwendig ist, daß ein Mensch in einem bestimmten Alter voll geschäftsfähig ist, da sich dieser Umstand bereits aus der durch Gesetz festgelegten Tatsache eines bestimmten Alters ergibt und feststeht. Auch ein Rechtssatz über das Bestehen eines Staates muß als Bestandteil des Völkerrechts angenommen werden, da aus jedem Rechtssystem selbst beantwortet werden muß, welches die Subjekte seiner Pflichten und Rechte sind. Darum kommt selbst Kelsen in seiner „Souveränität" zu dem durchaus richtigen Schluß: „Darin, daß das Völkerrecht von sich aus bestimmt, was ein Staat sei oder wann ein Staat in die Sphäre des Völkerrechts, in die Ebene völkerrechtlicher Erkenntnis eintritt, liegt auch die generelle, ein für allemal erfolgende „Anerkennung" von Neustaaten. Liegt der von der Völkerrechtsnorm umschriebene Tatbestand vor, dann ist für die Völkerrechtsbetrachtung ein Staat in ihrem Sinne, ein Subjekt der Pflichten und Rechte des Völkerrechts existent ... Eine weitere ‚Anerkennung' durch Willenserklärungen der Altstaaten hat demgegenüber nur deklaratorische, das heißt juristisch gar keine Bedeutung."[284]

Weder die Erteilung der Anerkennung noch ihre Verweigerung haben einen Einfluß auf die Völkerrechtssubjektivität eines Neustaates. „Der Staat ist durch seine Entstehung ipso facto bereits ein Subjekt des Völkerrechts, er ist Träger von Rechten und Pflichten nach dem Völkerrecht. Die Nichtanerkennung kann nur einen Einfluß auf den Umfang der Beziehungen des neuen Staates im Verhältnis zu anderen Staaten haben, die ihm die Anerkennung verweigert haben."[285]

Die herrschende Lehre auch der westlichen Völkerrechtswissenschaft lehnt daher in der Frage der Entstehung eines neuen Staates und seiner Anerkennung mit Recht die konstitutive Wirkung der Anerkennung für die Völkerrechtssubjektivität eines Staates entschieden ab. Sie spricht der Anerkennung, gemäß dem Prinzip der Effektivität, lediglich deklaratorische Wirkung zu.

[284] Kelsen, Souveränität, S. 231.
[285] Cúth, Sp. 405.

Das Völkerrecht setzt das Bestehen von Staaten, und zwar ihr Nebeneinanderbestehen, voraus. Es umfaßt nicht nur die zu einem gegebenen Zeitpunkt bereits bestehenden Staaten, sondern auch die, deren Entstehen von den Völkern auf die Tagesordnung der Geschichte gesetzt worden ist und gesetzt wird. „Das Hervortreten eines neuen Subjektes im heutigen Geltungsgebiet des Völkerrechts bedeutet allemal eine Erweiterung der internationalen Gemeinschaft, die sich von selbst vollzieht."[286] Diese Erweiterung der internationalen Gemeinschaft durch ein neues Völkerrechtssubjekt ist nicht von der Zustimmung der schon bestehenden Staaten, von deren Anerkennung, abhängig. Wohl zieht die Anerkennung eines Neustaates bestimmte, auch in unseren Tagen wichtige Folgen nach sich; durch sie werden die internationalen Beziehungen normalisiert. Aber sie ist nicht konstitutiv für die Rechte und Pflichten, die sich aus der Existenz des Neustaates für den Neustaat gegenüber der Staatengemeinschaft und für die Altstaaten gegenüber dem Neustaat aus dem Völkerrecht ergeben. Diese Rechte und Pflichten bestehen auch ohne Anerkennung, ergeben sich ohne das Zutun der Altstaaten allein aus dem Völkerrecht. „Die Aufnahme diplomatischer Beziehungen ist eine Draufgabe zur Völkerrechtssubjektivität und nicht ihr Tatbestandsmerkmal."[287]

Bereits in der älteren Völkerrechtsliteratur wurde von der herrschenden Meinung eine konstitutive Wirkung der Anerkennung abgelehnt. So schreibt Rivier: „Die Existenz eines souveränen Staates ist unabhängig von seiner Anerkennung durch andere Staaten. Diese Anerkennung enthält die formelle Verpflichtung, in dem neuen Völkerrechtssubjekt die Rechte und Befugnisse der Souveränität zu achten. Diese Rechte und Befugnisse gehören ihm unabhängig von jeder Anerkennung ... Normale politische Beziehungen bestehen nur zwischen Staaten, die sich gegenseitig anerkennen."[288] Nach Rivier

286 Ullmann, S. 67.

287 Chen, S. 16 – „The establishment of diplomatic relations is a superaddition to international personnality, and not the essence of it".

288 Rivier, Bd. I, S. 57 – „L'existence de l'Etat souverain est indépendante de sa reconnaissance par les autres états. Cette reconnaissance est la constatation du fait accompli... La reconnaissance implique un engagement formel de respecter dans la personne nouvelle du droit des gens les droits et les attributions de la souveraineté. Ces droits et attributions lui appartiennent indépendamment de toute reconnais-

besteht also ein Staat völkerrechtlich schon vor seiner Anerkennung durch andere Staaten. Die politischen Beziehungen beruhen auf einem völkerrechtlichen Rechtstatbestand, sie sind nichts weiter als die ins Politische übertragene Feststellung eines völkerrechtlichen fait accompli.

Der gleichen Ansicht ist FAUCHILLE, der einem ausführlichen Zitat von RIVIER hinzufügt: „Daher ist die Anerkennung lediglich deklaratorisch und nicht konstitutiv, schöpferisch oder wesensnotwendig für die Völkerrechtssubjektivität: Der Staat, der einen anderen Staat anerkennt, verleiht letzterem nicht einen völkerrechtlichen Wert, den dieser nicht schon aus sich selbst heraus hat, sondern beschränkt sich auf die Feststellung seiner Existenz.“[289]

Auch MOORE bezieht sich auf RIVIER und bringt zum Teil die wörtliche Übersetzung von dessen Formulierungen[290], die er dann mit Beispielen aus der amerikanischen Staatenpraxis des 19. Jahrhunderts belegt.

HOLTZENDORF nennt die Anerkennung einen „rechtshistorischen Bekundungsakt“. Die Anerkennung neuer Staaten kann also niemals „als ihr Entstehungsgrund angesehen werden ... Entscheidend ist vielmehr ... die vollendete Tatsache eines neu in sich selbst vollkommen begründeten Staatswesens.“[291] Darum erscheint auch für ULLMANN „die Entstehung eines Staates lediglich als eine Tatfrage, nicht als eine Rechtsfrage; für die völkerrechtliche Subjektivität eines staatlichen Gemeinwesens kommt es nur darauf an, daß es als selbständiger Staat besteht ... Kein Staat, der sich als selbständiger Staat hinstellt, erkennt eine Autorität über sich an, welche über die Rechtlichkeit seiner Entstehung oder seiner Trennung von einem anderen Staate zu urteilen befugt wäre. Jeder Staat hält sich und erklärt sich immer selbst als existenzberechtigt und gibt sich das Gesetz seines Daseins.“[292]

sance. . . Des relations politiques régulières n'existent qu'entre Etats qui se reconnaissent réciproquement“.

[289] FAUCHILLE, Bd. I, Teil 1, S. 307 – „Ainsi, la reconnaissance est simplement déclarative et non pas constitutive, créatrice ou attributive de personnalité internationale: L'Etat qui opère la reconnaissance d'un Etat ne donne pas à ce dernier une valeur internationale qu'il ne possède pas par lui-même mais se borne à constater son existence“.

[290] MOORE, Bd. I, S. 72.

[291] In: Handbuch des Völkerrechts, Bd. II, S. 24.

[292] ULLMANN, S. 65.

Auch Gareis[293], Strisower[294], Schoenborn[295], Lorimer[296], Calvo[297], Nys[298] und Heilborn[299] vertreten als die herrschende Lehre der älteren Völkerrechtswissenschaft die deklaratorische Theorie, die von Kunz folgendermaßen zusammengefaßt wird: „Sobald auf altem Völkerrechtsgemeinschaftsgebiete die von der ... Völkerrechtsnorm geforderten Bedingungen erfüllt sind, also ein Staat neu entstanden ist, ist dieser sogenannte Defacto-Staat natürlich nicht bloß faktisch, sondern rechtlich, völkerrechtlich vorhanden, somit der auf altem Völkerrechtsgemeinschaftsgebiete neu entstandene Staat ipso jure und unabhängig von seiner Zustimmung Mitglied der Völkerrechtsgemeinschaft und daher auch von diesem Moment an durch die allgemeinen Normen des Völkerrechts berechtigt und verpflichtet; denn Mitglied der Völkerrechtsgemeinschaft sein heißt ja nichts anderes, als durch die Normen des allgemeinen Völkerrechts gebunden sein."[300] Darum sagt Heilborn für die ältere Völkerrechtswissenschaft: „Die Anwendbarkeit des Völkerrechts auf den Verkehr zwischen den Altstaaten und dem noch nicht anerkannten Neustaat dürfte von den Altstaaten anerkanntes, geltendes Völkerrecht sein."[301]

Auch die moderne Völkerrechtswissenschaft vertritt – von den bereits genannten Vertretern der konstitutiven Theorie abgesehen –

[293] Gareis, S. 56 – „Die Anerkennung, Anerkennungserklärung ist nicht konstitutiven, sondern nur deklaratorischen Charakters, sie erzeugt nicht den neuen Staat, sondern spricht nur aus, daß er ein völkerrechtliches Subjekt ist".

[294] In Grünhut's Zeitschrift für das private und öffentliche Recht der Gegenwart XVII (1890), S. 716/717: „Ein Staat ... der sich auf dem Boden jener (d. h. der christlich-abendländischen Kultur, J. P.) Gemeinschaft gebildet hat, ist ipso jure Subjekt des europäischen Völkerrechts, und auch ohne Anerkennung bestehen ihm gegenüber alle wirklich allgemeinen völkerrechtlichen Pflichten".

[295] Schoenborn, S. 65 – Er betont, daß die Anerkennung den Neustaat nicht ins Leben rufe; sie habe „vielmehr dessen Entstehung zur Voraussetzung. Die Anerkennung ist nicht konstitutiv, sondern nur deklaratorisch ...".

[296] Lorimer, S. 337.

[297] Calvo, S. 202.

[298] Nys, S. 293.

[299] Heilborn, S. 3.

[300] Kunz, Anerkennung, S. 88.

[301] Heilborn, S. 15.

überwiegend die auf dem Effektivitätsprinzip beruhende deklaratorische Theorie. So ist für ERICH „die Geburt eines neuen Staates ... immer ein historisches Faktum, das nicht von gewissen juristischen Voraussetzungen abhängt ... Der Staat entsteht unabhängig von jeder Anerkennung."[302] Er sagt zur Anerkennung eines Staates: „Es besteht die Vermutung zugunsten des rein deklaratorischen Charakters der Anerkennung. Man erkennt in der Tat etwas an, das besteht. Wenn eine fremde Regierung einen neuen Staat anerkennt, stellt sie dadurch fest, daß sie sich einer Tatsache, einer organisierten Gemeinschaft, deren Existenz ihr unbestreitbar erscheint, gegenübersieht. Man erkennt ihn an, weil er besteht. Man erkennt ihn nicht an, damit er entsteht"[303]; und zur Anerkennung einer Regierung: „... die Anerkennung einer Regierung hat mit aller Klarheit deklaratorischen und nicht konstitutiven Charakter. Man schafft eine Regierung nicht durch einen internationalen Akt, man akzeptiert sie vielmehr als Organ einer Gemeinschaft."[304] Für DE LOUTER ist die Anerkennung „eine Formalität, die prinzipiell weder für die Schaffung noch für die Unabhängigkeit eines Staates notwendig ist ..."[305]. Auch HALL sagt, daß Staaten Völkerrechtssubjekte sind „von dem Moment, und nur von dem Moment, in dem sie die Merkmale eines Staates erwerben"[306]. Mit besonderer Schärfe wendet sich ROSS gegen jede konstitutive Wirkung der Anerkennung. Er weist nachdrücklich darauf hin, daß die Auffassung,

[302] ERICH, S. 442 – „La naissance d'un nouvel État est toujours un fait historique qui ne dépend pas de certaines conditions juridiques ... L'Etat prend naissance indépendament de toute reconnaissance".

[303] Ebenda, S. 461 – „Il y a présomption en faveur du caractère déclarative de la reconnaissance. On reconnaît en effet quelque chose qui existe. Quand un gouvernement étranger reconnaît un nouvel Etat il constate, par la même, qu'on se trouve devant un fait, un statut organisé dont l'existence lui paraît incontestable. On le reconnaît parce qu'il existe. On ne le reconnaît pas afin qu'il prenne naissance; ...".

[304] Ebenda, S. 460 – „... la reconnaissance donné à un gouvernement est, de toute évidence, d'un caractère déclaratoire et non pas constitutif. On ne crée pas un gouvernement par un acte international, on l'accepte plustôt comme organ d'une collectivité".

[305] DE LOUTER, S. 218 – „C'est une formalité qui, en principe, n'est pas nécessaire pour la formation ni pour l'indépendence d'un Etat ..."

[306] HALL, S. 19ff. – „... from the moment, and from the moment only, at which they acquire the marks of a State".

„daß auch der nichtanerkannte Staat ... Völkerrechtssubjekt sei und daß die Anerkennung nur ‚deklaratorische' Bedeutung habe, ... von der Praxis wohl kaum jemals ernstlich bestritten worden" ist. Auch der Altstaat, der einen Neustaat noch nicht anerkannt habe, müsse den letzteren als Mitglied der Völkerrechtsgemeinschaft respektieren. Er erklärt, daß sich eine völkerrechtlich untragbare Situation ergäbe, wenn gemäß der konstitutiven Theorie „der neue Staat im Verhältnis zu einigen Staaten als Mitglied der Völkerrechtsgemeinschaft zu betrachten wäre, im Verhältnis zu anderen dagegen nicht"[307].

Neben CHEN[308] sind es – es ist interessant, das festzustellen – unter den bürgerlichen Völkerrechtswissenschaftlern vor allem amerikanische Völkerrechtswissenschaftler gewesen, die in den letzten zwei Jahrzehnten Vorkämpfer für die rein deklaratorische Wirkung der Anerkennung waren. So nennt zum Beispiel BORCHARD KELSENS konstitutive Konstruktion „zweideutig"[309] und „kaum übereinstimmend mit der Staatenpraxis oder den Tatsachen des Lebens"[310]. Die wirkliche Existenz eines Staates sei für alle die wichtig, die mit ihm in Kontakt oder Beziehungen treten müßten. „Er mag natürlich oder durch Gewalt ‚geboren' worden sein, aber kaum, selbst für internationale Zwecke, durch die Anerkennung eines dritten Staates ..."[311] An anderer Stelle setzt sich BORCHARD sehr kritisch mit der „Anerkennungspolitik" der USA gegenüber der Sowjetunion in den zwanziger Jahren auseinander. Er führt dabei das kuriose Beispiel an, daß die USA-Regierung noch lange Jahre hindurch, nachdem das Kerenski-Regime schon längst von der Großen Sozialistischen Oktoberrevolution hinweggefegt worden war, den Kerenski-Botschafter Boris Bakhmeteff als Botschafter Rußlands anerkannte, obwohl während dieser ganzen Zeit „eine wirkliche Re-

[307] ROSS, S. 114ff.; ebenso verhilft nach BRIERLY, S. 84, die Anerkennung „einem Staat, der vorher nicht bestand, nicht zu einem rechtlichen Dasein, denn ein Staat kann als solcher auch ohne Anerkennung bestehen".

[308] CHEN, S. 3ff.

[309] BORCHARD, Recognition, S. 109 – „ambiguous".

[310] Ebenda S. 108 – „... hardly consistent with the practice of states or the facts of life".

[311] Ebenda, S. 110 – „It may have been ‚created' by nature, or by force, but hardly, even for international purposes, by recognition of a third State ...".

gierung, die Sowjets, im Besitz aller Regierungsgewalt war"[312]. BORCHARD weist nach, in welche Zwickmühle die amerikanischen Gerichte kamen, wenn sie – der anglo-amerikanischen Praxis entsprechend – ihren rechtlichen Untersuchungen die politische Tatsache der Nichtanerkennung der UdSSR und ihrer Regierung durch das Department of State zugrunde legen mußten. Mit anderen Worten, die Praxis der anglo-amerikanischen Gerichte ging dahin, einen Staat oder seine Regierung völkerrechtlich für nichtexistent zu erklären, wenn das Department of State oder das Foreign Office den Staat oder die Regierung nicht anerkannt hatten. Die Gerichte mußten also ihrer völkerrechtlichen Rechtsfindung die politischen, ökonomischen oder sonstigen Erwägungen, die zu der Nichtanerkennung geführt hatten, zugrunde legen. BORCHARD stellt dazu kritisch fest, daß die Notwendigkeit der Gerichte, Recht zu sprechen, nicht den politischen Erwägungen der Exekutive unterworfen werden dürfe.[313] – Auf die Entscheidungen einer Anzahl amerikanischer Gerichte, die trotz der von der amerikanischen Regierung verfolgten Politik der Nichtanerkennung den Handlungen der von den USA nicht anerkannten Staaten und Regierungen völkerrechtliche Wirksamkeit zusprachen, werden wir noch zurückkommen.

BRIGGS schreibt: „Im Entstehen begriffene Staaten, wie unbestimmt ihr Status rechtlich und politisch auch sein mag, existieren nicht in einem Vakuum. Rechtliche und politische Beziehungen von verschiedener Stärke mit benachbarten oder entfernteren Staaten sind eine sofortige und unvermeidliche Notwendigkeit und Praxis selbst vor der Anerkennung. Obwohl die Erklärungen von Außenministerien und Gerichten manchmal die konstitutive Theorie widerspiegeln, ergibt sich aus der Staatenpraxis – der Aufnahme ‚inoffizieller' Beziehungen zu nichtanerkannten Staaten, dem Abschluß internationaler Abkommen mit ihnen, der Achtung ihrer territorialen Grenzen und der Respektierung ihrer Macht, innerhalb eines bestimmten Territoriums zu regieren und rechtliche Beziehungen herzustellen –, wie LAUTERPACHT zugibt, ‚für die nichtanerkannte Gemeinschaft das Vorhandensein ‚eines Maßes von Staatlichkeit' – das

[312] BORCHARD, The unrecognized Government, S. 263 – „. . . a real government, the Soviets, were in possession of all governmental power".
[313] Ebenda, S. 264.

heißt von Völkerrechtssubjektivität"[314]; und er folgert daraus: „Der Akt der Anerkennung ist daher nicht konstitutiv in dem Sinne, daß er einer Gemeinschaft die Völkerrechtssubjektivität verleiht, die sie vor der Anerkennung noch nicht besaß."[315]

Auch für JAFFE „schafft Anerkennung keine Völkerrechtssubjektivität"[316]. KUNZ bekennt sich in seinen „Kritischen Bemerkungen" zu LAUTERPACHTS Thesen ausdrücklich zum Inhalt seiner Schrift aus dem Jahre 1928 und wiederholt, „daß es eine Norm des allgemeinen Völkerrechts ist, die die Erfordernisse für das Entstehen eines ‚Staates im Sinne des Völkerrechts' festlegt"[317]. Obwohl ALEXANDROWICZ-ALEXANDER eine Beteiligung an dem Streitgespräch „Deklaratorisch oder konstitutiv?" für zwecklos hält, steht er doch eindeutig auf dem Boden der Effektivität, wenn er erklärt, daß bei der Prüfung durch eine Regierung, ob ein Staat gegeben sei, von den objektiven Tatsachen ausgegangen werden müsse. „Beim augenblicklichen Stand der Dinge untersteht ein von Menschen bewohntes Territorium immer irgendeiner nationalen Staatsgewalt, und De-facto-Autoritäten, die eine solche Staatsgewalt ausüben, können vom

314 BRIGGS, Recognition, S. 117 – „Nascent states, however indeterminate their status politically or legally, do not exist in a vacuum. Legal and political relations of varying intensity with neighbouring or more distant states are an immediate or inevitable necessity and practice even prior to recognition. Although the pronouncements of foreign offices and judicial tribunals sometimes echo the constitutive theory, the practice of states of entering into ‚inofficial' relations with unrecognized states, or concluding international agreements with them, of respecting their territorial limits, and of respecting their power to govern and establish legal relationships within their territorial domain would seem to be predicated, as Lauterpacht admits, upon the possession by the unrecognized community of ‚a measure of statehood' – i. e., of international legal personality". Ebenso in Law of Nations, S. 115.

315 Ebenda, S. 120 – „The act of recognition is thus not constitutive in the sense that it confers international judicial personality upon an entity which did not possess it prior to recognition".

316 Zitiert nach BRIGGS, Recognition, S. 117 – „... recognition does not create international personality".

317 KUNZ, Critical remarks, S. 714 – „... that it is a norm of general international law which lays down the requirements for the coming into existence of a ‚state in the sense of international law'".

internationalen Gesichtspunkt aus nicht ignoriert werden."[318] Und der im Verlag der amerikanischen Regierung herausgegebene HACKWORTH stellt einer Wiedergabe der bekanntesten Fälle aus der amerikanischen Anerkennungspraxis die Feststellung voran: „Die tatsächliche Existenz eines neuen Staates oder einer Regierung ist nicht von ihrer Anerkennung durch andere Staaten abhängig"[319], bekennt sich also zu der auf dem Effektivitätsprinzip beruhenden, rein deklaratorischen Wirkung der Anerkennung.
Die herrschende Lehre der Völkerrechtswissenschaft steht im Einklang mit der Staatenpraxis. Gerade diese stützt, wie BRIERLY sagt, „die Ansicht nicht, daß sie, die Staaten, vor der Anerkennung rechtlich nicht bestehen"[320].
Zur Frage der Anerkennung Argentiniens im Jahre 1817 erklärte USA-Staatssekretär ADAMS über den Zeitpunkt, an dem eine Anerkennung zu gewähren sei: „Es ist das Stadium, wenn die Unabhängigkeit als eine Tatsache begründet ist."[321]
In seinem Bericht an den außenpolitischen Senatsausschuß führte Staatssekretär CLAY in der Frage der Anerkennung des unabhängigen, von Mexiko losgelösten Staates Texas durch die USA am 18. Juni 1836 unter anderem aus: „Die Politik, die bisher die Regierung der Vereinigten Staaten bezüglich neuer Staaten geleitet hat, ging von der Tatsache ihres Bestehens aus, ohne Rücksicht auf ihren Ursprung, gleichgültig, ob dies durch einen Sturz der bisherigen Regierung geschah oder durch die gewaltsame oder freiwillige Abtrennung eines Teiles von dem anderen Teil einer gemeinsamen Nation."[322]

[318] ALEXANDROWICZ-ALEXANDER, S. 634 – „In our present state of affairs territory inhabited by people is always covered by some national jurisdiction, and de facto authorities which exercise such jurisdiction cannot be ignored from the international point of view".
[319] HACKWORTH, Bd. I, S. 161 – „The existence in fact of a new state or a government is not dependent upon its recognition by other states".
[320] BRIERLY, S. 83.
[321] MOORE, Bd. I, S. 78 – „It is the stage when independence is established as a matter of fact. . ."
[322] Ebenda, S. 96 – „The policy which has hitherto guided the Government of the United States in respect to new powers has been to act on the fact of their existence, without regard of their origin, whether that has been by the subversion of a preexisting Government or by the violent or voluntary separation of one part from another part of a common nation".

1852 erklärte LORD MALMESBURY namens der britischen Regierung zur Frage der Anerkennung Napoleons III.: „Ein vom Volk gewählter Souverän, ein solcher Souverän – ein Herrscher oder wie er sonst genannt sein mag –, der de facto der Herrscher dieses Landes ist, sollte durch den Souverän unseres Landes anerkannt werden."[323] Obwohl die Lage in China nach den revolutionären Ereignissen der Jahre 1911/12 noch sehr ungeklärt und keineswegs stabilisiert war, führte Präsident TAFT in seiner Botschaft an den Kongreß vom 3. Dezember 1912 aus, daß die USA „volle und freundschaftliche De-facto-Beziehungen zur provisorischen Regierung" Chinas unterhielten. Die De-jure-Anerkennung der neuen chinesischen Regierung erfolgte dann am 2. Mai 1913.[324] In der gleichen Angelegenheit schrieb der amtierende Staatssekretär WILSON am 25. Februar 1913 an Präsident Taft, daß es die Politik der USA durch nahezu eineinhalb Jahrhunderte gewesen sei, „... einen De-facto-Test anzuwenden ..."[325].

In der Vorbereitung der Konferenz zur Kodifizierung des Völkerrechts im Jahre 1930 erklärten die Regierungen

von Dänemark: „Die Dänische Regierung ist der Meinung, daß es vom Standpunkt des Völkerrechts nicht richtig sein würde, die Verantwortlichkeit eines Staates von der Anerkennung dieses Staates durch andere Staaten abhängig zu machen";

und der Schweiz: „Es würde kaum denkbar sein, daß es einem neuen Staat erlaubt sein sollte, gegenüber verschiedenen anderen Staaten unterschiedliche Prinzipien anzuwenden, je nachdem, ob diese seinen internationalen Status anerkannt haben oder nicht."[326]

[323] SMITH, S. 253 – „A Sovereign having been chosen by the People, that Sovereign – a Ruler or whatever he may be called, being de facto a Ruler of that Country should be recognized by the Sovereign of this".

[324] HACKWORTH, Bd. I, S. 314 – „... full and friendly de facto relations with the provisional Government" – und S. 316.

[325] Ebenda, S. 328 – „... to apply the de facto test ..."

[326] BRIGGS, Law of nations, S. 100 – „The Danish Government considers that it would not be right to make the responsibility of the State, from the standpoint of international law, depend on the recognition of that State by other States" – „It would hardly be conceivable that a new State should be allowed to apply to the various other States different principles according to whether they have or have not recognized its international status".

Die interamerikanische Konvention über die Rechte und Pflichten der Staaten vom 26. Dezember 1933 besagt in ihrem Artikel 3: „Die politische Existenz eines Staates ist unabhängig von der Anerkennung durch einen anderen Staat. Auch schon vor der Anerkennung hat der Staat das Recht, seine Integrität und Unabhängigkeit zu verteidigen, für seine Erhaltung und sein Eigentum zu sorgen und sich folglich nach seinem Ermessen zu organisieren, sich nach seinen Interessen Gesetze zu geben, seine Verwaltung zu handhaben und die Jurisdiktion und Zuständigkeit seiner Gerichte zu bestimmen . . .“[327]

Fast gleichlautend bestimmt in der Charta der Organisation der Amerikanischen Staaten, unterzeichnet am 30. April 1948 in Bogota – in Kraft seit dem 13. Dezember 1951 –, Artikel 9:

„Die politische Existenz eines Staates ist unabhängig von der Anerkennung durch andere Staaten. Auch schon vor der Anerkennung hat der Staat das Recht, seine Integrität und Unabhängigkeit zu verteidigen, für seine Erhaltung und sein Eigentum zu sorgen und sich folglich nach seinem Ermessen zu organisieren, sich hinsichtlich seiner Interessen Gesetze zu geben, seine Verwaltung zu handhaben und die Jurisdiktion und Zuständigkeit seiner Gerichte zu bestimmen. Die Ausübung dieser Rechte ist allein begrenzt durch die Ausübung der Rechte anderer Staaten im Einklang mit dem Völkerrecht.“[328]

[327] A. J. 28 (1936), Anhang, S. 76 – „Art. 3. – The political existence of the state is independent of recognition by other states. Even before recognition the state has the right to defend its integrity and independence, to provide for its conservation and property, and consequently to organize itself as it sees fit, to legislate upon its interests, administer its services, and to define the jurisdiction and competence of its courts . . .“.

[328] A. J. 46 (1952) Anhang, S. 46 – „Art. 9 – The political existence of the State is independent of recognition by other States. Even before being recognized, the State has the right to defend its integrity and independence, to provide for its preservation and prosperity, and consequently to organize itself as it sees fit, to legislate concerning its interests, to administer its services, and to determine the jurisdiction and competence of its courts. The exercise of these rights is limited only by the exercise of the rights of other States in accordance with international law“.

In diesem Zusammenhang ist auch ein Memorandum von Interesse, das die britische Regierung hinsichtlich der Panama-Draft Declaration on the Rights and Duties of States am 24. August 1948 an die Organisation der Vereinten Nationen richtete. Obwohl dieses Memorandum in einer ganzen Reihe von Fragen durch LAUTERPACHT beeinflußt zu sein scheint, erklärt es sich gerade in der Frage der Anerkennung neuer Staaten gegen die konstitutive Theorie, wenn es dort heißt: „... die Existenz eines Staates sollte nicht als abhängig von seiner Anerkennung betrachtet werden ...“[329].

Zusammenfassend können wir die Staatenpraxis in der Frage der Anerkennung wohl am besten durch den auf dieser Staatenpraxis beruhenden Artikel 1 der Brüsseler Resolution des Instituts für internationales Recht über die Anerkennung neuer Staaten und neuer Regierungen vom April 1936 wiedergeben: „Die Anerkennung hat eine deklaratorische Wirkung; die Existenz eines neuen Staates mit all den juristischen Folgen, die mit dieser Existenz verknüpft sind, ist nicht durch die Ablehnung der Anerkennung durch einen oder mehrere Staaten betroffen.“[330]

Auch die Rechtsprechung und die internationale Schiedsgerichtsbarkeit haben sich mit der Frage der Anerkennung von Staaten und Regierungen und den sich daraus ergebenden Folgen befaßt. So stellte in dem Verfahren Deutsche Continental Gas Gesellschaft v. Polen ein gemischtes deutsch-polnisches Schiedsgericht am 1. August 1929 fest: „Der Staat besteht durch sich selbst, und die Anerkennung ist nichts anderes als eine Erklärung über das anerkannte Bestehen durch die Staaten, von denen sie herrührt.“[331] Auch das Schweizerische Bundesgericht sagte in einer Entscheidung vom 10. Dezember 1924, daß die Nichtanerkennung der sowjetischen Regierung durch die Schweiz nur zur Folge habe, daß die sowjetische

[329] BRIGGS, Law of nations, S. 102 – „... the existence of a State should not be regarded as depending upon its recognition...“

[330] A. J. 30 (1936) S. 185 – „Recognition has a declaratory effect; the existence of a new State with all the juridical effects which are attached to that existence, is not affected by the refusal of recognition by one or more States“.

[331] Zitiert nach Marek, S. 150 – „The State exists by itself and the recognition is nothing else than a declaration of this existence recognized by the State from which it emanates“.

Regierung Rußland nicht in der Schweiz vertreten könne. „Aber dieser Umstand hindert das russische Recht nicht, zu bestehen und wirksam zu sein.“[332]

Vor allem sind es zwei Schiedssprüche, die auch von der westlichen Völkerrechtswissenschaft immer wieder als Beweis für die rein deklaratorische Wirkung der Anerkennung angeführt werden:

Einmal der Tinoco-Schiedsspruch des amerikanischen Oberrichters TAFT. Ein gewisser Tinoco hatte 1918 die Regierung von Costa Rica gestürzt und eine neue Verfassung in Kraft gesetzt, die bis 1919 bestand. Im Jahre 1922 erklärte die damalige Regierung von Costa Rica alle von der Tinoco-Regierung eingegangenen internationalen Verpflichtungen für null und nichtig. Darunter fielen auch Verträge, die die Interessen britischer Gesellschaften betrafen. Obwohl die britische Regierung Tinoco *nicht* anerkannt hatte, verlangte sie die Einhaltung der zwischen der Tinoco-Regierung und den britischen Gesellschaften geschlossenen Abmachungen durch Costa Rica. Costa Rica wandte demgegenüber ein, Großbritannien habe – wie auch andere Staaten – die Regierung Tinoco nicht anerkannt. Hierzu stellte TAFT fest: „Eine solche, auf was für einem Grunde auch immer beruhende Nichtanerkennung kann nicht die mir aus dem vorliegenden Bericht enthüllte Tatsache des De-facto-Charakters der Tinoco-Regierung nach den Normen des Völkerrechts entkräften.“[333]
Zum anderen die Entscheidung der General Claims Commission – United States and Mexico vom 31. März 1926 über den Charakter der von der USA-Regierung nicht anerkannten mexikanischen Re-

[332] Bundesgerichtliche Entscheidungen, Bd. 50, II, S. 512 – „Mais cette circonstance n'empêche pas le droit russe d'exister et de sortir ses effets“. Darum heißt es in einer anderen Entscheidung des Bundesgerichts vom 26. Oktober 1929 (Bundesgerichtliche Entscheidungen, Bd. 55, I, S. 289): „Die durch die Sowjetgesetzgebung nationalisierten früheren russischen Aktiengesellschaften haben mit der Nationalisierung rechtlich zu bestehen aufgehört; sie werden in der Schweiz nicht mehr als Rechtsubjekt anerkannt“.

[333] Arbitration between Great Britain and Costa Rica. Opinion and Award of William H. Taft, Washington, 18. Oktober 1923, in A. J. 18 (1924), S. 147ff., insbes. S. 154 – „Such non-recognition for any reason, however, cannot, outweigh the evidence disclosed by this record before me as to the de facto character of Tinoco's government, according to the standard set by international law“.

gierung Huerta, in der erklärt wird: „Aber die Nichtanerkennung der Huerta-Verwaltung durch die amerikanische Regierung unter Wilson war nicht abhängig von der tatsächlichen Herrschaft Huertas in Mexiko.“[334]

Zu welchen unhaltbaren Schlußfolgerungen die konstitutive Theorie führen muß, beweisen die Entscheidungen einiger französischer, englischer und amerikanischer Gerichte in der Frage des völkerrechtlichen Status der Sowjetunion und der sowjetischen Regierung nach dem ersten Weltkrieg. Maßten sich diese Gerichte doch das Recht an, Hoheitsakte der Regierung der Sowjetunion für „rechtsunwirksam“ zu erklären mit der Begründung, die Sowjetunion und ihre Regierung seien von der Regierung des eigenen Landes – also der USA, Englands oder Frankreichs – noch nicht anerkannt. Besonders kennzeichnend für diese Gerichtspraxis ist der in England verhandelte Fall Luther v. Sagor. Der Kläger machte in diesem Verfahren einen Anspruch auf Bauholz geltend, das im zaristischen Rußland Eigentum des Klägers gewesen war. Nach der sowjetischen Gesetzgebung war das Holz inzwischen beschlagnahmt, dann von den zuständigen sowjetischen Behörden an den englischen Beklagten verkauft und von diesem nach England gebracht worden. In erster Instanz – das war *vor* der Anerkennung der UdSSR durch Großbritannien – war die auf Grund der sowjetischen Gesetzgebung erfolgte Beschlagnahme durch das englische Gericht (!) für rechtsunwirksam erklärt und das Eigentum an dem Holz dem Kläger zugesprochen worden. Das von dem Beklagten eingelegte Rechtsmittel hatte Erfolg, da vor der Verhandlung vor dem Appellationsgericht die Anerkennung der sowjetischen Regierung durch Großbritannien erfolgt war und das Appellationsgericht daher die Ansicht vertrat, die Beschlagnahme des Holzes sei auf Grund der sowjetischen Gesetzgebung rechtswirksam gewesen.[335] Mit anderen Worten: Die bloße Tatsache der Anerkennung der UdSSR durch Großbritannien hatte nach Meinung des englischen Appellationsgerichtes aus einem angeblich rechtsunwirksamen Akt der Sowjetunion einen rechts-

[334] A. J. 21 (1927), S. 166 – „But non-recognition of the Huerta administration by the American Government under the Wilson administration was not dependent upon Huerta's paramountcy in Mexico“. Siehe hierzu weiter unten zur Frage der Legitimität.

[335] Brierly, S. 90/91; Stierlin, S. 52 ff.

wirksamen gemacht – und das durch das Gericht eines fremden Staates.

Es ist klar, daß sich eine solche Entscheidung – wie auch andere englische und französische Entscheidungen aus dieser Zeit – nicht in Einklang mit dem Völkerrecht befindet. Die Verfassungs- und Gesetzgebungsautonomie eines jeden Staates und die Achtung der Hoheitsakte eines Staates durch andere Staaten gehören zu den grundlegenden, in Wissenschaft und Staatenpraxis und auch in der internationalen Gerichtspraxis allgemein anerkannten Prinzipien des Völkerrechts. Es widerspricht allem Völkerrecht, den gesetzgeberischen Maßnahmen einer nichtanerkannten Regierung auf ihrem eigenen Territorium jede rechtliche Wirksamkeit abzusprechen. Mit Recht nennt STIERLIN eine solche Auffassung „schlechterdings unhaltbar“[336].

Eine ähnliche Haltung nahmen Jahre hindurch auch amerikanische Gerichte gegenüber der Sowjetunion ein. Auch sie waren gezwungen, den Weisungen des Department of State bezüglich der Nichtanerkennungspolitik gegenüber der Sowjetunion Folge zu leisten und das Territorium dieses Landes zu einem „rechtlichen Vakuum“ („legal vacuum“) zu erklären. Darum sei mit besonderem Nachdruck festgestellt, daß in einer Reihe von Fällen amerikanische Richter gegen ihr eigenes Außenministerium entschieden und daß wohl von keiner Seite die allgemeine Rechtsprechung der amerikanischen Gerichte in dieser Frage so scharf kritisiert wurde, wie es – wenn auch aus ihrer Einstellung heraus – amerikanische Völkerrechtswissenschaftler getan haben. „Die Handhabung des Rechts ist zu oft politischen Erwägungen unterworfen worden“, sagt BROWN; „die richterliche Unabhängigkeit wurde herabgemindert, und ein ernstes Mißverständnis über die grundlegende Natur der Beziehungen zwischen Völkern verschiedener Staaten griff Platz. Die Gerichte waren verschiedentlich einfach nicht in der Lage, die Funktion und Wirkungen der Anerkennung zu erkennen ...“[337] BORCHARD ironi-

[336] STIERLIN, S. 54.

[337] BROWN, Legal effects, S. 626 – „The administration of justice has too often been subordinated to political considerations; judicial independence has been impaired; and a serious misunderstanding of the essential nature of the relations between the peoples of different nations has been fostered. The courts have plainly failed in some instances to understand the function and effects of recognition. . .“

sierte das „legal vacuum" der amerikanischen Rechtsprechung durch die Feststellung: „Diese Rechtsprechung brauchte mehr als zehn Jahre, um die eigene Illusion zu zerstören, daß die Macht der Sowjets, auf die Rechtsverhältnisse in Rußland einzuwirken, von der politischen Anerkennung der Sowjets durch die Vereinigten Staaten abhängig sei"[338], um dann nachdrücklich zu betonen: „Die Merkmale der Staatlichkeit sind durch objektive Tatsachen und nicht durch subjektive Anerkennung bestimmt und festgesetzt."[339] Und DICKINSON, der bereits 1925 die anglo-amerikanische Rechtsprechung gegenüber der Sowjetunion einer scharfen Kritik unterzogen hatte[340], forderte 1931 die amerikanischen Gerichte auf, „ruhig noch einen Schritt weiterzugehen ... und offen zuzugeben, daß die Verweigerung der politischen Anerkennung kein Hindernis für den normalen Ablauf der Rechtsfindung darstellt"[341].

Es gibt aber, wie gesagt, auch Entscheidungen amerikanischer Gerichte, die voll und ganz auf dem Effektivitätsprinzip beruhen. Waren solche Entscheidungen bis zur Mitte der zwanziger Jahre dieses Jahrhunderts auch nur vereinzelt, so wurden sie gegen Ende der zwanziger Jahre und Anfang der dreißiger Jahre immer häufiger; eine Tatsache, die neben der Kritik der amerikanischen Völkerrechtswissenschaftler an der Rechtsprechung in erster Linie dem wachsenden internationalen Ansehen der Sowjetunion, der effektiven Unmöglichkeit, diesem Lande gegenüber auch weiterhin eine Vogel-Strauß-Politik zu treiben, zuzuschreiben ist.

So heißt es im Urteil des New-Yorker Appellationsgerichts in Sachen Wulfsohn v. RSFSR aus dem Jahre 1922: „Ob eine Regierung, die die Macht hat, ihre Autorität auf ihrem Territorium durchzusetzen, der die Bevölkerung, über die sie regiert, gehorcht,

[338] BORCHARD, Recognition, S. 109 – „It took that court over ten years to dissipate its own illusion that the power of the Soviets to affect legal relations in Russia was dependent on political recognition of the Soviets by the United States".

[339] Ebenda, S. 110 – „The indicia of statehood are determined and established by objective facts, and not by subjective recognition".

[340] DICKINSON, Recent recognition cases, S. 268.

[341] DICKINSON, Recognition cases, S. 237 – „... safely take another step ... and recognize frankly that the withholding of political recognition presents no obstacles to the normal functioning of the conflict of laws process".

die in der Lage ist, ihren Pflichten nachzukommen und die Verpflichtungen einer unabhängigen Macht zu erfüllen, und die imstande ist, ihre Ansprüche mit militärischer Gewalt durchzusetzen – ob eine solche Regierung existiert oder nicht, ist eine Frage der Tatsachen und nicht der Theorie. Denn der Staat wird nicht durch seine Anerkennung geschaffen ..."[342] Im Januar 1925 erklärte das gleiche Gericht: „Wir sagen nicht, daß eine Regierung, die von der unsrigen nicht anerkannt ist, von unseren Gerichten immer als nichtexistent betrachtet werden wird."[343]

In Sachen Salimoff v. Standard Oil und Salimoff v. Vacuum Oil Company (1933) bezog sich das New-Yorker Appellationsgericht auf eine Verlautbarung des Department of State, in der es unter anderem heißt: „Dem Department of State ist die Tatsache bekannt, daß das Sowjetregime auf dem Territorium des früheren russischen Reiches die Macht und Kontrolle ausübt, und das Department of State ist nicht in der Lage, diese Tatsache zu ignorieren."[344] In den Fällen Banque de France v. Equitable Trust Co. of New York und Banque de France v. Chase National Bank of City of New York erklärte Richter Goddard vom District Court of the United States for the Southern District of New York: „Daß in Rußland eine Regierung besteht, die auf ihrem eigenen Territorium souverän ist, kann selbst durch unser eigenes Land nicht vollständig übersehen werden und wird es auch nicht, obwohl es eine solche Regierung nicht anerkannt hat."[345]

[342] Zitiert nach CHEN, S. 89 – „Whether or not a government exists, clothed with the power to enforce its authority within its own territory, obeyed by the people over whom it rules, capable of performing the duties and fulfilling the obligations of an independent power, able to enforce its claims by military forces, is a fact, not a theory. For its recognition does not create the State ...".

[343] Zitiert nach STIERLIN, S. 63 – „We do not say that a government unrecognized by ours will always be viewed as nonexistent by our courts".

[344] HACKWORTH, Bd. I, S. 364 – „The Department of State is cognizant of the fact that the Soviet régime is exercising control and power in territory of the former Russian Empire and the Department of State has no disposition to ignore that fact".

[345] Ebenda, S. 365 – „That there is an existing government in Russia Sovereign within its own territory cannot be and is not entirely ignored even by our own country, although it has not recognized such go-

Hervey faßt die grundsätzliche Spruchpraxis der amerikanischen Gerichte in Anerkennungsfragen dahin zusammen, daß Staaten und Regierungen „ohne Anerkennung existieren. Die Anerkennung ist die Bestätigung einer bestehenden Tatsache; sie schafft diese Tatsache nicht, erklären die Gerichte."[346]

Wir sehen: Der Staat wird bereits durch seine effektive Entstehung zum Subjekt des Völkerrechts. Liegt der völkerrechtliche Rechtstatbestand Subjekt des Völkerrechts vor, wurde ein neuer Staat geboren, so ist dieser Neustaat mit allen sich aus dem Völkerrecht ergebenden Rechten und Pflichten in die Völkerrechtsgemeinschaft eingetreten. Er ist verpflichtet, die sich aus den allgemeinen Normen des Völkerrechts ergebenden Verpflichtungen den anderen Mitgliedern der Völkerrechtsgemeinschaft gegenüber zu erfüllen und deren Rechte zu achten, ebenso wie er berechtigt ist, die gleichen Rechte für sich in Anspruch zu nehmen und auf eine Einhaltung der Verpflichtungen der anderen Mitglieder der Völkerrechtsgemeinschaft ihm gegenüber zu dringen.

„Es ist absurd, in Europa zum Beispiel, einen neuen Staat als außerhalb der Völkerrechtsgemeinschaft stehend anzunehmen."[347] Es gibt in den modernen internationalen Beziehungen – wenn man vielleicht von einigen Gebieten in der Arktis und der Antarktis absieht – kein Niemandsland (terram nullium) mehr und daher auch kein „legal vacuum". Wollte man vom umgekehrten Standpunkt ausgehen, dann wäre jeder Altstaat in der Lage, das Gebiet eines von ihm nicht anerkannten Neustaates einfach durch die Nichtanerkennung zum Niemandsland zu erklären, in dieses Gebiet einzufallen, es zu besetzen und zu annektieren. Da nach der konstitutiven Theorie zwischen dem nichtanerkannten Neustaat und dem nicht anerkennenden Altstaat keine völkerrechtlichen Rechtsbeziehungen bestehen, könnten für das Verhältnis zwischen ihnen auch nicht die

vernment". Ebenso der New Yorker Appellationsgerichtshof im Urteil vom 11. Juli 1933 (zitiert bei Stierlin, S. 74).

346 Hervey, S. 9 – „. . . exists without recognition. Recognition is the acknowledgement of an existing fact; it does not create the fact, say the courts".

347 Erich, S. 465 – „Supposer, en Europe par exemple, un nouvel Etat en dehors du domain du droit international c'est absurde".

allgemeinen Normen des Völkerrechts gültig sein. KUNZ verweist in diesem Zusammenhang auf das Beispiel der Republik Österreich nach dem ersten Weltkrieg, die zwar schon am 30. Oktober 1918 entstanden war, aber erst am 29. Mai 1919 von den Ententemächten anerkannt wurde, und fragt zu Recht: „Also im Verkehr zwischen, sagen wir England und der Republik Österreich, zwischen dem 30. Oktober 1918 und 29. Mai 1919 galten keine Rechtsnormen, die Beziehungen waren so wie zwischen Staaten der Völkerrechtsgemeinschaft und sogenannten ‚Wilden‘? Das soll positives Völkerrecht sein?“[348]

Richtig ist vielmehr: Weist ein Gemeinwesen im Einklang mit den allgemein anerkannten Normen des Völkerrechts Völkerrechtssubjektivität auf, erfüllt es somit den völkerrechtlichen Rechtstatbestand Subjekt des Völkerrechts, so ist ein neuer Staat entstanden, der, unabhängig von seiner und anderer Staaten Zustimmung, den Normen des Völkerrechts unterworfen ist. Aus der Völkerrechtssubjektivität eines Staates fließen die Rechte und Pflichten, die für alle Mitglieder der Völkerrechtsgemeinschaft gegeben und bindend sind. Einer Anerkennung des Neustaates durch den Altstaat bedarf es hierzu nicht. Das allein entspricht der herrschenden Lehre der Völkerrechtswissenschaft und der Staatenpraxis, ist völkerrechtsgemäß.

Der Umstand, daß die Anerkennung für das Entstehen eines Staates völkerrechtlich keine konstitutive Wirkung hat, soll nun allerdings nicht besagen, daß sie rechtlich und politisch überhaupt ohne jede Bedeutung ist. Die De-facto- oder De-jure-Anerkennung schafft neue, über die gemäß dem Effektivitätsprinzip auch ohne Anerkennung bestehenden hinausgehende, den anerkennenden und den anerkannten Staat speziell bindende völkerrechtliche Beziehungen. Sie normalisiert die internationalen Beziehungen und trägt wesentlich zur Durchsetzung des völkerrechtlichen Prinzips der friedlichen Koexistenz in den internationalen Beziehungen bei.

Wir haben bereits darauf hingewiesen, daß die von einem souveränen Staat erteilte Anerkennung durch die politisch-ökonomischen Interessen dieses Staates bedingt ist. Das gleiche trifft aber

[348] KUNZ, Anerkennung, S. 89.

auch auf eine Nichtanerkennung zu: Die Staatengeschichte der seit dem ersten Weltkrieg vergangenen Jahrzehnte zeigt, daß auch die Ablehnung der Anerkennung eines Neustaates durch einen Altstaat in den politisch-ökonomischen Interessen des den Neustaat nicht anerkennenden Altstaates seinen Grund haben kann. So ist die langjährige Nichtanerkennung der Regierung der Sowjetunion durch die Westmächte nach dem ersten Weltkrieg, die allen völkerrechtlichen Grundsätzen Hohn sprechende Rechtsprechung des „legal vacuums" durch die Gerichte der USA, Großbritanniens und Frankreichs letztlich und endlich nur auf den untauglichen Versuch zurückzuführen, das Werden und die Stabilisierung des ersten sozialistischen Staates der Welt aufzuhalten, das Rad der Geschichte zurückzudrehen. Mit Völkerrecht hatte all das nicht das geringste zu tun. Neben der Furcht vor dem gesellschaftlichen Fortschritt war es in erster Linie die Tatsache, daß die imperialistischen Kräfte der westlichen Länder große Kapitalien im zaristischen Rußland investiert hatten, die nun infolge der sowjetischen Enteignungsgesetzgebung für sie verloren waren. Unter dem Druck dieser Kreise mußten darum die Regierungen dieser Länder – und damit auch deren Klassenjustiz – die völkerrechtliche Fiktion aufrechterhalten, daß das zaristische Rußland weiter-, die Sowjetmacht nicht bestehe, um durch eine solche Fiktion den imperialistischen „Ansprüchen" gegen die Völker der Sowjetunion einen Schein des Rechts zu geben. Die Anerkennung wurde von den Westmächten mehr oder weniger lange für Zwecke der eigenen, imperialistischen Politik mißbraucht; ebenso wie sie heute von gewissen Staaten aus dem gleichen Grunde gegenüber der Volksrepublik China, der Koreanischen Volksdemokratischen Republik, der Demokratischen Republik Vietnam und auch gegenüber der Deutschen Demokratischen Republik mißbraucht wird. „Aber die Anerkennung von Tatsachen abzulehnen, weil sie (für die herrschenden Kreise gewisser Staaten, J. P.) unerfreulich sind, kann leicht unpassend sein, und eine solche Politik läßt sich schwer konsequent auf die Dauer . . . durchführen, wie jene Staaten, die, die Vereinigten Staaten selber nicht ausgenommen, die Anerkennung der Sowjetunion ablehnten, schließlich gemerkt haben."[349]

[349] Brierly, S. 89.

C. DIE STELLUNG DER DEUTSCHEN DEMOKRATISCHEN REPUBLIK IN DEN INTERNATIONALEN BEZIEHUNGEN

Welche Tatsachen bestehen nun bezüglich der Deutschen Demokratischen Republik?

Die Deutsche Demokratische Republik ist de jure bereits anerkannt von der Union der Sozialistischen Sowjetrepubliken, der Volksrepublik China, der Volksprepublik Polen, der Tschechoslowakischen Republik, der Volksrepublik Bulgarien, der Rumänischen Volksrepublik, der Ungarischen Volksrepublik, der Volksrepublik Albanien, der Mongolischen Volksrepublik, der Koreanischen Volksdemokratischen Republik, der Demokratischen Republik Vietnam und der Föderativen Volksrepublik Jugoslawien.

Schon diese Tatsache sollte diejenigen, die glauben, die Deutsche Demokratische Republik und ihre Regierung aus „konstitutiven" oder „legitimistischen" Erwägungen heraus für nichtexistent halten zu können, zu einigem Nachdenken anregen. Werden doch auch sie nicht leugnen können, daß zu den zwölf Staaten, von denen die DDR bereits de jure anerkannt worden ist, zwei der mächtigsten und volkreichsten Großmächte der Erde, die UdSSR und die Volksrepublik China, gehören. Und sie werden ferner nicht bestreiten können, daß die Anerkennung der DDR durch zwei Großmächte entscheidend dazu beiträgt, ihre Stellung als Mitglied der Staatengemeinschaft zu festigen und ihre Bedeutung für die internationalen Beziehungen zu erhöhen.[350]

Grundlage der Beziehungen der Deutschen Demokratischen Republik zu den anderen sozialistischen Staaten ist der proletarische Internationalismus. Die DDR gehört zur festen und unlösbaren Gemeinschaft der sozialistischen Staaten, deren Beziehungen zueinander in der Moskauer „Erklärung der kommunistischen und Arbeiterparteien der sozialistischen Länder" durch folgende Feststellung gekennzeichnet sind:

[350] Hierzu: CHEN, S. 6; KUNZ, Anerkennung, S. 44.

„Die sozialistischen Länder gestalten ihre Beziehungen zueinander nach den Prinzipien der vollen Gleichberechtigung, der Respektierung der territorialen Integrität, der staatlichen Unabhängigkeit und Souveränität, der Nichteinmischung in die inneren Angelegenheiten des anderen. Das sind wichtige Prinzipien. Doch damit ist das Wesen der Beziehungen zwischen den sozialistischen Ländern noch nicht erschöpft. Unabdingbarer Bestandteil ihrer Beziehungen ist die brüderliche gegenseitige Hilfe. In dieser gegenseitigen Hilfe kommt das Prinzip des sozialistischen Internationalismus wirksam zur Geltung.“[351]

Die Deutsche Demokratische Republik ist seit dem 29. September 1950 Mitglied des am 25. Juni 1949 gegründeten Rates für gegenseitige Wirtschaftshilfe, dem die Sowjetunion und die europäischen Länder der Volksdemokratie angehören und an dessen Sitzungen oftmals auch Beobachter der Volksrepublik China und anderer sozialistischer Staaten teilnehmen. Das besondere Kennzeichen der Tätigkeit dieses Rates besteht in einer echten Arbeitsteilung auf der Grundlage der Prinzipien der vollen Gleichberechtigung und der sozialistischen gegenseitigen Zusammenarbeit. Diese Arbeitsteilung wird erreicht durch die Koordinierung der Volkswirtschaftspläne der Teilnehmerstaaten in bezug auf Investitionen, Produktion und gegenseitige Lieferungen von Erzeugnissen, die eine erstrangige Bedeutung für die wirtschaftliche Entwicklung der Teilnehmerländer des Rates haben. Sie führt zu einem ständigen Wachstum des Warenaustausches zwischen den sozialistischen Ländern und schafft alle Voraussetzungen für die Erweiterung des Außenhandels auch mit den kapitalistischen Staaten.

Die Deutsche Demokratische Republik ist Signatarstaat des Warschauer „Vertrages über Freundschaft, Zusammenarbeit und gegenseitigen Beistand europäischer Länder“ vom 14. Mai 1955.[352] Auf der Prager Tagung des Politischen Beratenden Ausschusses der Teilnehmerstaaten des Warschauer Vertrages am 27. und 28. Januar 1956 „wurde der Vorschlag der Delegation der Deutschen Demokratischen

[351] „Neues Deutschland“, Berlin, 22. November 1957.

[352] Von der Moskauer Konferenz Europäischer Länder bis zum Warschauer Vertrag. Berlin 1955, S. 103–107.

Republik angenommen, daß nach der Schaffung der Nationalen Volksarmee der Deutschen Demokratischen Republik ihre bewaffneten Kontingente in die Vereinigten Streitkräfte einbezogen werden. Es wurde ebenfalls beschlossen, daß der Minister für Nationale Verteidigung der Deutschen Demokratischen Republik entsprechend der festgelegten Ordnung ein Stellvertreter des Oberkommandierenden der Vereinigten Streitkräfte der Teilnehmerstaaten des Warschauer Vertrages sein wird."[353]

Der „Vertrag über die Beziehungen zwischen der Deutschen Demokratischen Republik und der Union der Sozialistischen Sowjetrepubliken" vom 20. September 1955 festigt die völkerrechtliche Stellung der Deutschen Demokratischen Republik auf der Grundlage der Gleichberechtigung, der gegenseitigen Achtung der Souveränität und der Nichteinmischung in die inneren Angelegenheiten. Vor allem dieser Vertrag ist es – wie wir bereits festgestellt haben –, der in den internationalen Beziehungen ein für allemal klarstellt, daß die Deutsche Demokratische Republik als souveräner und unabhängiger Staat ein vollberechtigtes und vollverpflichtetes Völkerrechtssubjekt ist.

In Übereinstimmung mit dem Vertrag vom 20. September 1955 und der am 7. Januar 1957 in Moskau unterzeichneten Gemeinsamen Erklärung der Regierungen der DDR und der UdSSR wurde am 12. März 1957 in Berlin von Bevollmächtigten der Regierung der DDR und der Regierung der UdSSR ein „Abkommen über Fragen, die mit der zeitweiligen Stationierung sowjetischer Streitkräfte auf dem Territorium der DDR zusammenhängen", unterzeichnet. Dieses Abkommen beweist einmal mehr, wie sehr die Sowjetunion die nationale Würde des deutschen Volkes und die gleichberechtigte und damit völkerrechtsgemäße Partnerschaft der Deutschen Demokratischen Republik in den internationalen Beziehungen anerkennt und achtet. Wenn Artikel 1 dieses Stationierungsabkommens in Übereinstimmung mit Artikel 4 des Vertrages vom 20. September 1955 feststellt, daß die zeitweilige Stationierung sowjetischer Streitkräfte auf dem Territorium der DDR „die Souveränität der Deutschen Demokratischen Republik ... nicht beeinträchtigt" und daß

[353] Siehe Schlußkommuniqué der Prager Tagung vom 28. Januar 1956. „Neues Deutschland", Berlin, 29. Januar 1956.

diese Streitkräfte „sich nicht in die inneren Angelegenheiten der Deutschen Demokratischen Republik und in das gesellschaftspolitische Leben des Landes einmischen“ werden[354], so spiegeln sich darin die auf Gleichheit und gegenseitiger Achtung beruhenden Beziehungen zwischen beiden Ländern wider, ist diese Bestimmung Ausdruck der auf den Prinzipien der gegenseitigen Anerkennung der Souveränität und der Nichteinmischung in die inneren Angelegenheiten beruhenden unverbrüchlichen Freundschaft zwischen der DDR und der UdSSR.

Die besondere internationale Bedeutung der Deutschen Demokratischen Republik und das besondere Gewicht ihrer staatlichen Souveränität haben ihren Grund vor allem darin, daß – erstmalig in der deutschen Geschichte – die nationale Souveränität des deutschen Volkes mit der staatlichen Souveränität der DDR übereinstimmt. Das bedeutet, daß sich die Wahrung der nationalen Souveränität des deutschen Volkes und der staatlichen Souveränität der Deutschen Demokratischen Republik decken mit der Achtung der nationalen Souveränität anderer Völker und der staatlichen Souveränität anderer Staaten.

Diese Feststellung ist von großer praktischer Bedeutung, für die hier nur ein Beispiel genannt sei:

Am 7. November 1897, das heißt nur 7 Tage vor der völkerrechtswidrigen, imperialistischen, gegen die nationalen Interessen des deutschen wie des chinesischen Volkes gleichermaßen verstoßenden Besetzung des Hafens Kiautschou durch deutsche Marinetruppen, schrieb Wilhelm II. an Reichskanzler Bülow: „Hunderttausende von Chinesen werden erzittern, wenn sie die eiserne Faust des Deutschen Reiches in ihrem Nacken fühlen werden.“[355]

Am 25. Dezember 1955 unterzeichneten der Ministerpräsident der Deutschen Demokratischen Republik, Otto Grotewohl, und der Ministerpräsident der Volksrepublik China, Tschou En-lai, den „Vertrag über Freundschaft und Zusammenarbeit zwischen der Deutschen Demokratischen Republik und der Volksrepublik China“, in dessen

[354] „Neues Deutschland“, Berlin, 14. März 1957.

[355] Die große Politik der Europäischen Kabinette 1871–1914. Sammlung der Diplomatischen Akten des Auswärtigen Amtes, Band 14, Nr. 3690.

Artikel 1 die vertragsschließenden Seiten feierlich erklären, „daß beide Staaten im Geiste aufrichtiger Zusammenarbeit an allen internationalen Handlungen teilnehmen, deren Ziel die Gewährleistung des Weltfriedens und der Sicherheit der Völker in Übereinstimmung mit den Grundsätzen der Satzung der Vereinten Nationen ist", und in dessen Artikel 3 sich beide Seiten in Übereinstimmung mit den Interessen ihrer Staaten verpflichten, „die freundschaftlichen Beziehungen auf allen Gebieten auf der Grundlage der gegenseitigen Achtung der Souveränität, der Nichteinmischung in die inneren Angelegenheiten, der Gleichberechtigung und des gegenseitigen Nutzens zu verstärken und zu erweitern".[356] Der Vertrag vom 25. Dezember 1955 geht, wie Ministerpräsident GROTEWOHL in der Regierungserklärung vom 18. Januar 1956 vor der Volkskammer feststellte, „wesentlich über den nationalen Rahmen der beiden vertragschließenden Seiten hinaus. Wir glauben, daß wir mit diesem Vertrag ein Beispiel geschaffen haben, welche Politik Deutschland heute gegenüber den asiatisch-afrikanischen Staaten betreiben muß."[357] Es ist dies eine Politik, die die Interessen des deutschen Volkes und der Deutschen Demokratischen Republik ebenso entschieden vertritt, wie sie die Rechte anderer Völker und Staaten achtet; eine Politik, die in Übereinstimmung mit den allgemein anerkannten Normen des Völkerrechts steht und die daher dem Frieden und der Sicherheit des deutschen Volkes und der Bürger der Deutschen Demokratischen Republik ebenso dient wie dem Frieden und der Sicherheit aller anderen Völker und Staaten. Der Vertrag vom 25. Dezember 1955 beweist den Staaten aller Kontinente – insbesondere den Bandung-Staaten –, daß das demokratische Deutschland, das sich in der Deutschen Demokratischen Republik staatlich organisiert hat, kein Staat mit kolonialistischer oder imperialistischer Zielsetzung ist, sondern ein antikolonialistischer und antiimperialistischer Staat, ein Staat, der – ausgehend von den fünf Prinzipien der Koexistenz von Staaten mit verschiedenen Staats- und Gesellschaftsordnungen – bestrebt ist, mit allen Staaten auf der Grundlage der gegenseitigen Achtung der Souveränität, der Nichteinmischung in die inneren Angelegenheiten, der Gleichberechtigung

[356] „Vorwärts", Berlin, 27. Dezember 1955.

[357] „Neues Deutschland," Berlin, 19. Januar 1956.

und des gegenseitigen Nutzens freundschaftlich zusammenzuarbeiten. Die Deutsche Demokratische Republik ist so zu einem bedeutsamen Faktor des Friedens und der Sicherheit in der europäischen und in der Weltpolitik geworden. Auf dem Gebiet der früheren sowjetischen Besatzungszone und jetzigen Deutschen Demokratischen Republik entwickelte sich das gesellschaftliche Leben in völliger Übereinstimmung mit den grundlegenden Prinzipien des Potsdamer Abkommens; jenen Prinzipien also, die von der Anti-Hitler-Koalition des zweiten Weltkrieges – also auch von den drei Westmächten – völkerrechtlich verbindlich als richtungsweisend für die Entwicklung eines friedlichen und demokratischen Deutschland bezeichnet wurden. Nur in der Deutschen Demokratischen Republik sind die Deutschland betreffenden Kriegsziele der Anti-Hitler-Koalition verwirklicht worden. Nur in der Deutschen Demokratischen Republik wurde das Leben des deutschen Volkes entmilitarisiert, entnazifiziert und demokratisiert, während in Westdeutschland die verderblichen Kräfte des aggressiven deutschen Imperialismus und Militarismus zuerst ermuntert und dann wieder in ihre alten Machtpositionen eingesetzt wurden.

Die Erfahrung der Geschichte hat die Völker gelehrt, daß, solange in Deutschland den imperialistischen und militaristischen revanchelüsternen Kräften Handlungsfreiheit gewährt wird und nicht wirkungsvolle und durchgreifende Maßnahmen ergriffen werden, die eine Entwicklung Deutschlands auf friedlicher und demokratischer Grundlage gewährleisten, die alten Verderber Deutschlands wieder zur Macht gelangen und keine formellen Garantien und Verpflichtungen den Völkern Europas das Vertrauen in die eigene Sicherheit geben können. Das Entscheidende ist, daß sich in der Deutschen Demokratischen Republik – im Gegensatz zu Westdeutschland – die Entwicklung auf friedlicher und demokratischer Grundlage vollzog, daß im Osten Deutschlands die wirkungsvollen und durchgreifenden Maßnahmen ergriffen wurden, die notwendig waren, um den Herren der Schwerindustrie und der Bankwelt, den Großgrundbesitzern, Junkern und Militaristen entsprechend den grundlegenden Prinzipien des Potsdamer Abkommens ein für allemal ihre Machtpositionen zu nehmen und die Geschicke der Nation in die Hände der schaffenden Menschen zu legen. Die Existenz der Deutschen Demokratischen Republik ist darum ein so bedeutsamer Faktor in den internationalen Beziehungen, weil sie für Deutschland, Europa und die Welt feststellt, daß es den alten Verderbern Deutschlands nie wieder gelingen wird, sich ganz Deutschland botmäßig zu machen, daß es im Gegenteil den friedliebenden und demokratischen Kräften des deutschen Volkes gelungen ist, ein souveränes und unabhängiges Vaterland der Demokratie und des geschichtlichen Fortschritts auf deutschem Boden zu schaffen.

So ist mit der Deutschen Demokratischen Republik ein bedeutender Faktor des Friedens und der Sicherheit in Europa entstanden. So forderte es das Potsdamer Abkommen für ganz Deutschland. In Anbetracht der gegenteiligen Entwicklung in der Deutschen Bundesrepublik ist daher nur die Deutsche Demokratische Republik der im Sinne der grundlegenden Prinzipien des Potsdamer Abkommens rechtmäßige deutsche Staat.

Diese Erkenntnis bricht sich auch in der sogenannten westlichen Welt immer mehr Bahn. Die allgemein anerkannten Normen des Völkerrechts sowie die Realitäten und Notwendigkeiten der internationalen Beziehungen führen in zunehmendem Maße auch Staaten der nichtsozialistischen Welt zu der Schlußfolgerung, daß mit der Deutschen Demokratischen Republik als einem wichtigen Faktor der europäischen Politik zu rechnen ist. Auch in den außenpolitischen und völkerrechtlichen Beziehungen der Staaten untereinander setzen sich auf die Dauer immer nur Tatsachen durch, Tatsachen, wie sie in Wirtschafts- und Handelsfragen, in Problemen des Verkehrs zu Lande, zu Wasser und in der Luft sowie in konsularischen und anderen Notwendigkeiten zu sehen sind. Und solche Tatsachen gibt es, was die Deutsche Demokratische Republik betrifft, in reicher Fülle.

Es ist eine Tatsache, daß sich der Export der Deutschen Demokratischen Republik in die westliche Welt von Jahr zu Jahr erhöht. Es ist eine Tatsache, daß die Deutsche Demokratische Republik mit fast allen Ländern der Welt Handelsbeziehungen unterhält, darunter mit 30 Ländern in Europa, 33 in Asien, 30 in Afrika und 33 in Amerika. Die Zahl der Handelsabkommen mit kapitalistischen Staaten hat sich von 6 im Jahre 1952 auf 31 im Jahre 1959 erhöht.

Es ist eine Tatsache, daß die weltweite Bedeutung der Leipziger Messe von Jahr zu Jahr zunimmt und sie mit Recht als eines der wichtigsten Bindeglieder des friedlichen Handels zwischen Ost und West bezeichnet wird.

Es ist eine Tatsache, daß sich die Handelsorgane der Deutschen Demokratischen Republik an immer mehr Messen und Ausstellungen sowohl im sozialistischen als auch im kapitalistischen Ausland beteiligen und so die industriellen Erzeugnisse der DDR eine gewichtige Sprache sprechen.

Die Regierung der Deutschen Demokratischen Republik hat auch mit den Regierungen einer Anzahl nichtsozialistischer Staaten offizielle Handels- und Zahlungsabkommen auf Regierungsebene abgeschlossen, so mit der Vereinigten Arabischen Republik, Indien, Indonesien, Burma, Irak, Sudan, Libanon, Yemen, Guinea und Finnland. Wir wollen es dahingestellt sein lassen, ob die Regierungen dieser Länder damit bereits eine De-jure-Anerkennung der Deutschen Demokratischen Republik bezwecken. Indessen: „Es ist allgemein anerkannt, daß der Abschluß zweiseitiger Verträge Anerkennung bedeutet."[358] Auch der Handelsvertrag zwischen der jungen Sowjetmacht und Großbritannien, der am 16. März 1921 zwischen Sir Robert Horn und Krassin namens ihrer Regierungen abgeschlossen wurde, ist von Staatenpraxis und Schrifttum als Anerkennung der Sowjetmacht durch Großbritannien gewertet worden.[359]

Neben diesen Regierungsabkommen besteht mit kapitalistischen Staaten noch eine Reihe von Handels- und Zahlungsabkommen mit unterschiedlichem Charakter, so zum Beispiel Bankabkommen zwischen der Deutschen Notenbank der Deutschen Demokratischen Republik einerseits und der Bank von Griechenland, der Banco de la Republica Oriental del Uruguay, Montevideo, und der Banque de France andererseits. Die am 4. Januar 1952 zwischen der Deutschen Notenbank der DDR und der Banque de France getroffene Vereinbarung, die zur Zeit noch in Kraft ist, wurde französischerseits vom Präsidenten der Banque de France, Monsieur Baumgartner, unterzeichnet. Der in der Vereinbarung vorgesehene jährliche Austausch von Warenlisten geschieht für Frankreich durch die Services Commerciaux Français en Allemagne, die dem Ministère des Affaires économiques unterstehen, für die Deutsche Demokratische Republik durch den Deutschen Innen- und Außenhandel.

[358] Chen, S. 192 – „It is generally agreed that the conclusion of bilateral treaties constitutes recognition".

[359] Ebenda, S. 193; Kunz, Anerkennung, S. 133.

Gewiß sollen diese Abkommen noch keine offizielle Anerkennung der DDR durch die jeweiligen Vertragspartner der Deutschen Notenbank bedeuten. Eines können wir jedoch feststellen: Die Bank von Griechenland, die Banco de la Republica Oriental del Uruguay und die Banque de France sind als Emissionsbanken oder sonstige staatliche Stellen ebenso Organe ihrer Staaten, wie es die Deutsche Notenbank der Deutschen Demokratischen Republik ist. Die Völkerrechtssubjekte „Staaten“ aber handeln durch ihre Organe, und „alle Organe eines Staates können völkerrechtlich bedeutsame Handlungen setzen, nicht nur jene, die zum Verkehr mit anderen Staaten berufen sind“[360]. Nicht nur das in allen Staaten bestehende Zentralorgan für die auswärtigen Beziehungen kann völkerrechtlich wirksam handeln, sondern auch andere Organe im Rahmen des ihnen verfassungsmäßig obliegenden Ressorts. Auch wenn wir daher unterstellen, daß aus den abgeschlossenen Bankabkommen auf einen *ausdrücklichen* Willen der genannten Staaten, die Deutsche Demokratische Republik de jure oder de facto anzuerkennen, nicht geschlossen werden kann, so liegt doch in jedem Falle die Möglichkeit sehr nahe, daß durch das offizielle Tätigwerden offizieller Staatsorgane Handlungen gegeben sind, die als „act falling short of recognition“[361], als „Handlung, die einer Anerkennung sehr nahe kommt“, bezeichnet werden können.

Gerade die Frage des internationalen Handels ist für die Stellung der Deutschen Demokratischen Republik in den internationalen Beziehungen von nicht zu unterschätzender Bedeutung. Auch in den Handelsbeziehungen läßt sich die Regierung der DDR allein von den allgemein anerkannten Normen des Völkerrechts leiten und festigt dadurch die internationale Autorität der Deutschen Demokratischen Republik. Der Stellvertreter des Vorsitzenden des Ministerrats und Minister für Außenhandel und Innerdeutschen Handel der DDR, Heinrich Rau, stellte in seiner Rede zur Eröffnung der Leipziger Frühjahrsmesse 1956 hierzu fest: „Wir verbinden unsere Wirtschafts- und Handelsbeziehungen wie auch die Zahlungsbedingungen nicht mit irgendwelchen politischen Forderungen, wie Beitritt zu diesem oder jenem Paktsystem oder Gewährung von Kontrollfunktionen

[360] Verdross, VR, S. 250.
[361] Kunz, Anerkennung, S. 48.

usw. Wir entwickeln unseren Handel und Zahlungsverkehr auf der Basis der völligen Gleichberechtigung, der Wahrung der gegenseitigen politischen und ökonomischen Interessen sowie der Achtung der Souveränität der Staaten."[362]

Die Entwicklung und Förderung der Handelsbeziehungen der DDR steht im Einklang mit der Bedeutung und der Rolle des modernen Völkerrechts, das dazu berufen ist, „der Sicherung des Friedens zu dienen"[363]. Erstmalig in der deutschen Geschichte entwickelte die Deutsche Demokratische Republik Handelsbeziehungen zu anderen Ländern, die der wirtschaftlichen Entwicklung der Deutschen Demokratischen Republik ebenso dienen wie der wirtschaftlichen Entwicklung der anderen Länder. Die Handelsbeziehungen der Deutschen Demokratischen Republik werden von dem Prinzip des echten gegenseitigen Vorteils bestimmt, das die Achtung der staatlichen Souveränität und der wirtschaftlichen Integrität beider Vertragspartner zur Grundlage hat. Für die Deutsche Demokratische Republik sind die Handelsbeziehungen nicht wirtschaftliche Mittel zur Ausübung eines politischen Druckes, sondern wirtschaftliche Mittel zur Hebung des Lebensstandards der Völker beider an einem Handelsvertrag beteiligten Staaten. Darum erklärte Ministerpräsident GROTEWOHL in seiner Regierungserklärung vom 18. Januar 1956: „Wenn die Deutsche Demokratische Republik weniger entwickelten Ländern wirtschaftliche Hilfe anbietet und leistet, so tut sie dies ohne politische Bedingungen und ohne Vorbehalte. Jeder Spezialist der Deutschen Demokratischen Republik, der ins Ausland fährt, erhält von uns die strikte Direktive, alles in seinen Kräften stehende zu tun, um zur wirtschaftlichen Entwicklung und zur Hebung des Wohlstandes des betreffenden Landes beizutragen. Auch die vielen Handels- und Zahlungsabkommen, die die Deutsche Demokratische Republik mit vielen Ländern im beiderseitigen Nutzen abschloß, helfen diesen Staaten beim Aufbau einer unabhängigen Wirtschaft."[364] Diese auf den allgemein anerkannten Normen des Völkerrechts beruhende Außenhandelspolitik und ihre tatsächlichen ökonomischen Erfolge haben die Deutsche Demokratische Republik

[362] „Neues Deutschland", Berlin, 28. Februar 1956.
[363] BOGDANOW, Sp. 130.
[364] „Neues Deutschland", Berlin, 19. Januar 1956.

in den letzten Jahren zu einem begehrten Handelspartner auch vieler kapitalistischer Länder gemacht.

Gerade die Entwicklung des Außenhandels der Deutschen Demokratischen Republik beweist klar und eindeutig, in welchem völkerrechtlichen Dilemma sich gewisse westliche Staatsmänner und Diplomaten befinden, wenn sie die DDR nicht sehen wollen. Auf der einen Seite werden gewisse Staaten durch ihre wirtschaftlichen Interessen und Notwendigkeiten gezwungen, mit der Deutschen Demokratischen Republik in Handelsbeziehungen zu treten; und sie tun es gern, weil sie die Gewißheit haben, daß die Deutsche Demokratische Republik ein fairer Handelspartner ist, bei dem auch die Interessen des eigenen Landes volle, auf der Grundlage der Gegenseitigkeit beruhende Berücksichtigung finden; ein Handelspartner, und auch das wissen die verantwortlichen Staatsmänner dieser Staaten ganz genau – denn bei Geld hört ja bekanntlich die Freundschaft auf –, der als souveräner und unabhängiger Staat mit seiner vollen staatlichen Autorität die korrekte Einhaltung der abgeschlossenen Handelsverträge garantiert. Auf der anderen Seite glauben jedoch die Regierungen mancher Staaten, dem politischen und ökonomischen Druck bestimmter westlicher Staaten, vor allem der Deutschen Bundesrepublik, nicht ausweichen zu können, und lehnen aus diesem Grunde den Abschluß offizieller Handelsvereinbarungen auf Regierungsebene mit der Deutschen Demokratischen Republik vorerst noch ab.

Dieser Zwiespalt in der Politik einer Reihe von Staaten ist das Ergebnis des Widerspruchs zwischen den wohlerwogenen eigenen Interessen dieser Länder und der Doktrin der „Politik der Stärke“. Und gerade deshalb mehren sich auch in diesen Ländern die Stimmen, die von ihrer Regierung den Abschluß offizieller Regierungsabkommen mit der Deutschen Demokratischen Republik, und damit deren Anerkennung, fordern. Es ist nun einmal nicht mehr zu übersehen, daß sich die DDR trotz aller Schwierigkeiten zu einem der stärksten Industriestaaten der Welt entwickelt hat, der seiner industriellen Produktion nach in Europa den fünften Platz einnimmt. Die effektive Existenz der DDR nicht anzuerkennen, sei, so schrieb die Londoner „Times“ bereits am 27. Februar 1956, „eine diplomatische Fiktion. Das bloße Gewicht der Schwermaschinen macht es unmöglich, ihre Bedeutung in einer vernünftigen Einschätzung des deutschen Problems herabzumindern."

Wie sehr das „Nichtsehenwollen" der Deutschen Demokratischen Republik durch die Westmächte bereits zur „diplomatischen Fiktion" geworden ist, bewies die Genfer Außenministerkonferenz im Sommer 1959. Selbst die amerikanische Nachrichtenagentur Associated Press nannte das Bestehen der DDR eine völkerrechtliche Tatsache, von der auch die Außenminister der Westmächte haben Kenntnis nehmen müssen.

Gewiß, zwischen der Deutschen Demokratischen Republik und den Westmächten bestehen noch keine diplomatischen Beziehungen; doch ist dies – wie wir nachgewiesen haben – für die völkerrechtliche Existenz der DDR rechtlich ohne jede Bedeutung. Wohl würde eine offizielle Anerkennung der Deutschen Demokratischen Republik durch die Westmächte wesentlich zur Normalisierung der internationalen Beziehungen in Europa beitragen, aber – und das ist das Wesentliche – notwendig ist ein solcher Schritt der Westmächte für die Völkerrechtssubjektivität der DDR nicht.

Die Westmächte haben der Teilnahme der Deutschen Demokratischen Republik an der Genfer Konferenz zustimmen müssen, ob sie wollten oder nicht. Mit der Genfer Konferenz und durch sie ist auch im Verhältnis der Deutschen Demokratischen Republik zu den Westmächten rechtlich eine neue Qualität erreicht worden. Es ist ihnen nicht mehr möglich, ihre bisherige These von der „Nichtexistenz" der DDR noch länger aufrechtzuerhalten. Die Westmächte haben durch die Genfer Konferenz die Deutsche Demokratische Republik de facto anerkannt. Die Normen des Völkerrechts bestehen nicht losgelöst von der realen Wirklichkeit, sie entstehen vielmehr auf dem Boden dieser Wirklichkeit, einer Wirklichkeit, der gegenüber man sich, das lehrt die Staatenpraxis, nicht auf immer und ewig verschließen kann, die stärker ist als pseudovölkerrechtliche Fiktionen und Wunschträume.

Die völkerrechtliche Existenz der Deutschen Demokratischen Republik, ihr Sein als Subjekt des Völkerrechts, steht im Einklang mit den allgemein anerkannten, durch jahrhundertelange Staatenpraxis untermauerten Normen des Völkerrechts. Das völkerrechtliche Sein der Deutschen Demokratischen Republik mag den herrschenden Kreisen gewisser Staaten angenehm sein oder nicht, an der

Tatsache dieser Existenz können auch sie nichts ändern. Sie mögen die Worte beherzigen, die N. S. CHRUSCHTSCHOW am 17. September 1955 an die Regierungsdelegation der Deutschen Demokratischen Republik richtete: „Die DDR ist im Augenblick von den bürgerlichen Ländern noch nicht anerkannt, aber die Zeit ist nicht fern . . ., wo die Vertreter dieser Länder bei Ihnen Schlange stehen und sich um Ihre Anerkennung bemühen werden."[365]

*

Wir haben bewiesen, daß die Deutsche Demokratische Republik ein Subjekt des Völkerrechts ist und daß sie gegenüber den anderen Mitgliedern der Staatengemeinschaft nach den allgemeinen Normen des Völkerrechts berechtigt und verpflichtet ist. Und wir halten es für notwendig, festzustellen, daß die Bonner These von der angeblichen Existenz nur eines deutschen Staates, sprich der Deutschen Bundesrepublik, auch von den prominentesten Vertretern der bürgerlichen Völkerrechtswissenschaft ad absurdum geführt wird, die wie wir die völkerrechtliche Existenz zweier deutscher Völkerrechtssubjekte Staat, der Deutschen Demokratischen Republik und der Deutschen Bundesrepublik bejahen; und zwar – dies ist besonders bemerkenswert – sowohl von Vertretern der konstitutiven als auch von Vertretern der deklaratorischen Theorie, sowohl von Wissenschaftlern, die einen Weiterbestand des Deutschen Reiches im Jahre 1945 annehmen, als auch von Wissenschaftlern, für die das Deutsche Reich infolge der Ereignisse des Jahres 1945 untergegangen ist:

KELSEN: „Auf dem Territorium des untergegangenen Staates können ein oder mehrere neue Staaten gegründet werden. Dies war der Fall bei der besiegten Österreich-Ungarischen Monarchie . . . Das ist auch der Fall auf dem Territorium des Deutschen Reiches, auf dem zwei neue Staaten entstanden sind: der westdeutsche Staat, genannt Bundesrepublik Deutschland, und der ostdeutsche Staat, genannt Deutsche Demokratische Republik."[366]

[365] „Neues Deutschland", Berlin, 18. September 1955.

[366] KELSEN, Principles, S. 77 – „On the territory of the abolished state a new state or some new states may be established. This was the case with the territory of the defeated Austro-Hungarian Monarchy . . . This is also the case with the territory of the German Reich on which

OPPENHEIM-LAUTERPACHT: „Infolge der Unfähigkeit der vier alliierten Regierungen, bezüglich Deutschlands eine gemeinsame Politik zu verfolgen, führte die Entwicklung zwischen 1945 und 1949 zu einer faktischen Teilung Deutschlands in die Deutsche Bundesrepublik, die die britisch, französisch und amerikanisch besetzten Zonen umfaßt, und die aus der russischen Zone entstandene Ostdeutsche Republik."[367] Auch an anderer Stelle vertritt OPPENHEIM-LAUTERPACHT die Ansicht, daß die nach dem zweiten Weltkrieg entstandene Lage „. . . die Teilung Deutschlands in die Bundesrepublik Deutschland (im Westen) und die Demokratische Republik Deutschland (im Osten) zur Folge hatte . . ."[368].

KUNZ: Die Ausführungen dieses amerikanischen Völkerrechtswissenschaftlers sind von besonderem Interesse, da sie meines Erachtens deutlich eine ganz bestimmte Entwicklung in den von KUNZ vertretenen Thesen erkennen lassen.

In einem *1953* erschienenen Artikel umriß er das Bestehen zweier deutscher Staaten folgendermaßen:

hinsichtlich der Deutschen Demokratischen Republik: „Das Territorium der Bundesrepublik besteht ausschließlich aus den drei westlichen Besatzungszonen ohne Westberlin. Es umfaßt nicht die sowjetische Besatzungszone; letztere bildet die Deutsche Demokratische Republik, sicherlich kein souveräner Staat noch völkerrechtlich mit Vorkriegsdeutschland identisch; sie ist ein staatenähnliches Gebilde, . . . das aber einen Präsidenten, einen Ministerpräsidenten usw. hat; sie ist eine internationale Rechtspersönlichkeit. . . Weder die Bundes-

two new states came into existence: the western German State called the Federal Republic of Germany; and the eastern German State, called the German Democratic Republic".

367 OPPENHEIM-LAUTERPACHT, Bd. II, S. 605, Anm. 1 — „As the result of the failure of the four Allied Governments to evolve an effective common policy in relation to Germany developments took place between 1945 and 1949 which resulted in a factual division of Germany into the German Federal Republic comprising the zones under British, French and American occupation and the East German Republic composed of the Russian zone".

368 Ebenda, Bd. I, S. 256, Anm. 1 — „. . . resulted in the division of Germany into the Federal Republic of Germany (in the West) and the Democratic Republic of Germany (in the East) . . ."

republik noch die Westmächte haben die geringste Kontrolle über die Deutsche Demokratische Republik. . .“[369];

hinsichtlich der Deutschen Bundesrepublik: „Die Bundesrepublik ist . . . eindeutig kein souveräner Staat im Sinne des Völkerrechts . . . Die Bundesrepublik ist ein neues, staatenähnliches Gebilde, das weitgehende Autonomie und Autorität in seinen äußeren und inneren Angelegenheiten besitzt . . . Sie ist ein ‚protektorierter Staat‘. Aber sie ist sicher eine internationale Rechtspersönlichkeit.“[370]

KUNZ trifft also die unseres Erachtens für das Jahr 1953 durchaus richtige völkerrechtliche Feststellung, daß beide deutschen Staaten zu dieser Zeit schon weitgehend selbständige Staaten waren, daß sie bereits „internationale Rechtspersönlichkeiten“ darstellten. Da dieser Artikel jedoch den rechtlichen Status *vor* der Souveränitätserklärung der Sowjetunion hinsichtlich der Deutschen Demokratischen Republik und dem Inkrafttreten der Pariser Verträge hinsichtlich der Deutschen Bundesrepublik zum Inhalt hat, bezeichnet KUNZ völlig zutreffend beide deutschen Staaten als noch nicht im Besitz der vollen staatlichen Souveränität befindlich.

In einem weiteren Artikel von KUNZ aus dem Jahre 1955 heißt es dann: „Selbst im Jahre 1954 gab es noch kein souveränes Deutschland. Nun wird die Bonner Republik endlich ein fast souveräner Staat werden, aber ein Staat, der nicht die Deutsche Demokratische Republik oder die zwei Berlin beherrscht . . . Unter diesen Bedingungen erscheint es unmöglich, nicht anzuerkennen, daß sie ‚eindeutig nicht mit dem früheren Deutschen Reich identisch ist. Sie ist

[369] KUNZ, Contractual Agreements, S. 108 – „The territory of the Federal Republic consists exclusively of the three Western Occupation Zones, minus West Berlin. It does not include the Soviet Occupation Zone; the latter forms the German Democratic Republic, certainly not a sovereign state, nor identical in international law with pre-war Germany: It is a state-like entity, . . . but having a President, a Prime Minister and so on; it is a person in international law . . . Neither the Federal Republic nor the Western Powers have the slightest control over the German Democratic Republic . . .“.

[370] Ebenda, S. 112 – „The Federal Republic is . . . clearly not a sovereign state in international law . . . The Federal Republic is a new, state-like entity, possessing farreaching autonomy and authority in its external and internal affairs . . . It is a ‚protected State‘. But it is certainly a person in international law“.

ein neuer Staat . . ., ein Nachfolgestaat des Deutschen Reiches'."[371] Mit anderen Worten: KUNZ widerlegt – in Übereinstimmung mit uns – die Identitätstheorie KAUFMANNs und anderer westdeutscher Völkerrechtler; er ist meines Erachtens offensichtlich der Meinung, daß nach der Souveränitätserklärung der Sowjetunion vom 26. März 1954 bezüglich der Deutschen Demokratischen Republik und den Pariser Verträgen vom 23. Oktober 1954 bezüglich der Deutschen Bundesrepublik der Prozeß des Entstehens der staatlichen Souveränität in beiden deutschen Staaten seinen grundsätzlichen Abschluß gefunden hat und damit zwei neue deutsche Staaten als Nachfolgestaaten des früheren Deutschen Reiches, die „Bonn Republic" beziehungsweise „West Germany" und die German Democratic Republic", entstanden sind. KUNZ grenzt durch die Betonung der Nichtbeherrschung der Deutschen Demokratischen Republik und Berlins durch Bonn die Jurisdiktionsbereiche beider deutscher Staaten scharf und eindeutig voneinander ab und beschränkt damit die Wirksamkeit der betreffenden Organe der Staatsmacht nach innen und außen auf ihren jeweiligen Jurisdiktionsbereich. Und wir stimmen schließlich und endlich auch darin mit KUNZ überein, daß die Bonner Republik „ein fast (almost) souveräner Staat" ist, da sich die drei Westmächte durch die Artikel 2, 4, 5 und 7 des Deutschland-Vertrages in seiner Fassung vom 23. Oktober 1954 die Entscheidungsbefugnis in der Frage der Wiedervereinigung und des Friedensvertrages selbst vorbehalten haben und sie insoweit, wie das westdeutsche Bundesverfassungsgericht in seinem Urteil im Verbotsprozeß gegen die Kommunistische Partei Deutschlands ausdrücklich

[371] KUNZ, Identity of States, S. 74/75 – „Even in 1954 there was still no sovereign Germany. Now the Bonn Republic will finally become an almost sovereign state, but a state which does not control the German Democratic Republic or the two Berlins, . . . Under these conditions it seems impossible not to recognize that it „is clearly not identical with the former German Reich. It is a new state . . . a successor state to the German Reich". Das von KUNZ gebrachte Zitat stammt von PLISCHKE (in: „Political Science Quarterly", 69 (1954), S. 262). Ebenso formuliert KUNZ selbst an anderer Stelle: „. . . ein souveränes Westdeutschland ist nicht identisch mit Vorkriegsdeutschland, sondern ist ein neuer Staat, ein Nachfolgestaat; . . ." (London and Paris Agreements, S. 213 – „. . . a sovereign West Germany is not identical with pre-war Germany, but a new state, a successor state; . . .").

feststellt, nach wie vor als „übergeordnete Besatzungsmacht handeln“[372].

BINDSCHEDLER erklärt, daß am 7. Oktober 1949 die „Deutsche Demokratische Republik konstituiert“ wurde und daß sie ein Staatsoberhaupt, eine Regierung und eine Verfassung besitze. „Aus diesen Umständen geht hervor, daß die Deutsche Demokratische Republik ebenfalls Staatscharakter hat.“[373]

DELBEZ schrieb 1950: „Fünf Jahre nach seiner denkwürdigen Niederlage wird Deutschland, in den dramatischen Tagen des Mai 1945 von der Liste der souveränen Staaten gestrichen, langsam wieder zum verfassungsmäßigen und internationalen Leben erweckt. Eine Bundesrepublik hat im Westen das Licht der Welt erblickt. Eine Volksrepublik ist im Osten gebildet worden.“[374]

SCHWARZENBERGER spricht in Verbindung mit der Frage des Abschlusses eines Friedensvertrages mit Deutschland von der „Federal Republic of Western Germany“ und der „Democratic Republic of Eastern Germany“[375].

WRIGHT zählte in einem 1955 erschienenen Artikel über die Frage der Anerkennung der Volksrepublik China die Deutsche Demokratische Republik, oder wie er sagt: Eastern Germany[376], zu den 11

[372] „Das Parlament“, Bonn, Nr. 35 vom 29. August 1956, S. 3.

[373] BINDSCHEDLER, S. 41.

[374] DELBEZ, S. 3 – Cinq ans après sa défaite mémorable, l'Allemagne rayée dans les journées dramatiques de mai 1945 de la liste des Etats souverains, renaît lentement à la vie constitutionelle et internationale. Une République fédérale a vu le jour à l'Ouest. Une République populaire a été organisée à l'Est.“

[375] SCHWARZENBERGER, Power Politics, S. 397. – Auch in der überarbeiteten deutschen Übersetzung (siehe Anm. 145) spricht SCHWARZENBERGER von der Errichtung eines östlichen deutschen Staates „nach dem Muster der Volksdemokratie“ (S. 202) und von „zwei Staatsgebilden“ im heutigen Deutschland (S. 224).

[376] Es sei in diesem Zusammenhang darauf hingewiesen, daß in der Terminologie internationaler Konferenzen zur Kennzeichnung der beiden deutschen Staaten längere Zeit hindurch die Formulierungen „Eastern Germany“ und „Western Germany“ gebräuchlich waren. Die Benutzung der gleichen Formulierung durch WRIGHT in einem wissenschaftlichen Artikel läßt m. E. erkennen, daß er die sonst bei gewissen westlichen Autoren übliche politische Vokabel von der „sowjetischen Besatzungszone Deutschlands“ rechtlich für nicht vertretbar hält.

Nichtmitglied*staaten* der Organisation der Vereinten Nationen, die die Volksrepublik China anerkannt haben.[377]

Und auch GUGGENHEIM[378], PLISCHKE[379] und BISHOP[380] erkennen bereits in wissenschaftlichen Abhandlungen aus den Jahren 1952, 1954 und 1955 das völkerrechtliche Nebeneinanderbestehen zweier deutscher Staatengebilde und ihrer Regierungen an.

Wenn wir nun die angeführten Zitate alles unwissenschaftlichen, in der westlichen Welt nun aber einmal üblichen polemischen Beiwerks entkleiden, so bleibt als rechtliche Substanz die eindeutige Feststellung der genannten westlichen Völkerrechtswissenschaftler, daß die Deutsche Demokratische Republik und die Deutsche Bundesrepublik in ihrer Entwicklung zur Völkerrechtssubjektivität vollkommen gleichgesetzt werden. Daß das Bestehen von zwei deutschen Staaten und ihrer Regierungen in den ersten Jahren nach 1949 noch als provisorisch angesehen wurde, gibt zu keinen rechtlichen Bedenken Anlaß, da dies mit der tatsächlichen Lage übereinstimmte und auf beide Staaten und Regierungen gleichermaßen zutreffen sollte. Auch die Charakterisierung der Regierungen beider deutscher Staaten als De-facto-Regierungen beweist, daß sowohl die Regierung der Deutschen Demokratischen Republik als auch die der Bundesrepublik als zum völkerrechtlich wirksamen Handeln fähige und befugte Regierungen ihres Jurisdiktionsbereiches angesehen werden. Wir meinen allerdings – und befinden uns darin durchaus in Übereinstimmung mit OPPENHEIM-LAUTERPACHT, SCHWARZENBERGER, KELSEN, WRIGHT und KUNZ –, daß nach der Souveränitätserklärung der Sowjetunion vom 26. März 1954 und dem Inkrafttreten der Pariser Verträge die Regierungen beider deutscher Staaten völkerrechtlich nicht mehr als provisorische oder De-facto-Regierungen, sondern als De-jure-Regierungen zweier effektiver Völkerrechtssubjekte Staat zu bezeichnen sind. Schließlich sei noch darauf hingewiesen, daß – ähnlich wie KUNZ – auch BISHOP der staatlichen Souveränität der Deutschen Bundesrepublik ein schlechtes Zeugnis aus-

377 WRIGHT, Chinese Recognition Problem, S. 321/322 – „The Communist Government was recognized as the government of China . . . by sixteen Members of the United Nations (. . .) and by eleven non-member-states (. . . Eastern Germany. . .)".

378 GUGGENHEIM, Principes, S. 88.

379 PLISCHKE, S. 251.

380 BISHOP, S. 128.

stellt, wenn er aus den Pariser Verträgen ein Recht der Westmächte herleitet, in Westdeutschland die „Macht jederzeit und aus irgendwelchen Gründen durch einseitigen Akt wieder übernehmen“ zu können. Es bedarf auf Grund der obigen Ausführungen keiner weiteren Begründung dafür, daß die Sowjetunion der Deutschen Demokratischen Republik gegenüber derartige Vorbehaltsrechte niemals geltend gemacht hat.

Im übrigen ist es nicht uninteressant, festzustellen, daß sich auch in Westdeutschland die Stimmen mehren, die sich in Untersuchungen über den Weg zur Wiederherstellung der Einheit Deutschlands mit der Tatsache des effektiven Bestehens zweier deutscher Staaten auseinandersetzen.[381] Schon 1951 ließ MAUNZ in seinem „Deutschen Staatsrecht“ keinen Zweifel daran, daß sich durch die Schaffung der Deutschen Bundesrepublik und die darauf erfolgte Gründung der Deutschen Demokratischen Republik der bis dahin bestehende völkerrechtliche Status Deutschlands geändert habe; er weist mit Recht auf das Bestehen zweier deutscher Republiken hin.[382] Auch SAUER erkennt die „Errichtung der beiden Republiken“ auf dem Territorium Deutschland und damit die Existenz zweier deutscher Staaten an.[383] MARSHALL VON BIEBERSTEIN erklärte in einer völkerrechtlichen Studie, die die „Deutsche Zeitung und Wirtschaftszeitung“, Stuttgart, am 27. April 1957 veröffentlichte, daß nach dem Effektivitätsprinzip die Existenz zweier deutscher Staaten zu bejahen sei; er schreibt: „Die Dismembration des Deutschen Reiches ist eine effektive Realität. Die Ansicht, daß sich auf deutschem Boden zwei neue Staaten gebildet hätten, gibt eine wohlbegründete und juristisch voll vertretbare Antwort auf die Frage nach der Rechtslage Deutschlands.“ Professor Baron VON DER HEYDTE (Universität Würzburg) warnte in einem in Paris über „Die Rechtslage der Deutschen Bundesrepublik“ gehaltenen Vortrag nachdrücklich davor, die Existenz der Deutschen Demokratischen Republik nicht wahr haben zu wollen: „Man spricht so leicht vom

[381] Wir beschränken uns dabei auf rein wissenschaftliche Stimmen, ohne auf die Fülle entsprechender Äußerungen von namhaften westdeutschen Politikern, Wirtschaftlern, Publizisten oder Vertretern des kulturellen und Geisteslebens näher einzugehen.

[382] MAUNZ, Deutsches Staatsrecht. München-Berlin 1951, S. 16.

[383] SAUER, S. 103.

Deutschland des Westens, und man denkt nur an die Bundesrepublik. Aber die Bundesrepublik ist nur die Hälfte des ehemaligen Deutschlands. Neben ihr gibt es einen anderen deutschen Staat, die volksdemokratische Republik, die man als Faktor der politischen Realität, ohne einen verhängnisvollen Fehler zu begehen, nicht ignorieren kann."[384] Ebenso bestehen auch für Bauer zwei deutsche Staaten, „denen von ihren Machthabern volle Souveränität zuerkannt worden ist: der Bundesrepublik durch die drei Westmächte, der DDR durch die Sowjetunion"[385]; für ihn sind „in ihrem Gründungsakt . . . beide deutsche Teilstaaten durchaus gleicher Natur"[386].

So unreal und rechtlich unhaltbar diese Untersuchungen in diesem oder jenem Einzelpunkt auch sein mögen, in einem stimmen sie überein: sie gehen tatsächlich und rechtlich von dem effektiven Bestehen zweier deutscher Staaten aus.

D. DAS RECHT DER DEUTSCHEN DEMOKRATISCHEN REPUBLIK AUF GLEICHBERECHTIGTE TEILNAHME AM INTERNATIONALEN VERKEHR

Seit Bestehen der Deutschen Demokratischen Republik ist es das Bestreben der Westmächte und der westdeutschen Regierung, die Deutsche Demokratische Republik vom internationalen Verkehr auszuschließen, und zwar selbst auf denjenigen Gebieten der Zusammenarbeit der Staaten, die Ausfluß der Hoheitsrechte eines jeden Staates sind und die – wie wir festgestellt haben – auch im Falle einer Nichtanerkennung zu achten sind.

Zuvor sei festgestellt, daß die Deutsche Demokratische Republik in etwa 170 internationalen Organisationen durch ihre staatlichen

[384] Quelle: Studienzentrum für Außenpolitik, 54, rue de Varenne, Paris 7.

[385] Bauer, S. 45.

[386] Ebenda, S. 52 – Daß der Gründungsakt der beiden deutschen Staaten rechtlich durchaus nicht gleicher Natur ist, haben wir nachgewiesen. Bauer übersieht, daß ein „Besatzungsbefehl" (S. 53) nur für die Bundesrepublik in den „Londoner Empfehlungen" und „Frankfurter Dokumenten" gegeben ist, während sich die Gründung der Deutschen Demokratischen Republik auf der Grundlage des Selbstbestimmungsrechts aus den demokratischen und friedliebenden Kräften des deutschen Volkes selbst heraus vollzog.

Organe, gesellschaftlichen Einrichtungen oder Einzelpersönlichkeiten Mitglied ist.

Das Bestreben der Deutschen Demokratischen Republik, mit allen Staaten auf der Grundlage der vollen Gleichberechtigung, der gegenseitigen Achtung der Souveränität und der Nichteinmischung in die inneren Angelegenheiten zusammenzuarbeiten und dadurch ihren Beitrag zur friedlichen Koexistenz von Staaten mit verschiedenen Staats- und Gesellschaftsordnungen zu leisten, kommt vor allem in ihrer Mitarbeit in den Sonderorganisationen der Organisation der Vereinten Nationen zum Ausdruck. Diese Sonderorganisationen haben „wichtige Aufgaben auf wirtschaftlichen, sozialen, kulturellen, erzieherischen, medizinischen und ähnlichen Gebieten zu erfüllen“[387]. Die Tätigkeit dieser Organisationen umfaßt insbesondere die Gebiete, die Ausfluß der Hoheitsrechte der den Organisationen angehörenden Staaten sind.

So nehmen Vertreter der Deutschen Demokratischen Republik laufend an den Sitzungen der Europäischen Wirtschaftskommission der UN (Economic Commission for Europe – ECE), ihrer Spezialkomitees und Arbeitsgruppen teil. Die Deutsche Demokratische Republik hält sich im internationalen Verkehr an die Regeln des Weltpostvereins (Universal Postal Union – UPU). Die Deutsche Demokratische Republik unterhält zu fast allen Ländern der Erde Telegraph- und Fernsprechverbindungen gemäß den Bestimmungen der Internationalen Fernmelde-Union (International Telecommunication Union – ITU). Vertreter der Deutschen Demokratischen Republik arbeiten an der Erfüllung der Aufgaben der Weltorganisation für Meteorologie (World Meteorological Organization – WMO) mit und waren bisher auf jedem Kongreß dieser Organisation, vor allem auf ihren europäischen Regionalkonferenzen, vertreten. An den Konferenzen der Internationalen Arbeits-Organisation (International Labor Organization – ILO) haben Vertreter der Regierung der Deutschen Demokratischen Republik, des Freien Deutschen Gewerkschaftsbundes sowie der Industrie- und Handelskammer teilgenommen. Ferner unterhalten die zuständigen Organe der Deutschen Demo-

[387] Das Wichtigste über die Vereinten Nationen, herausgegeben von der Informationsabteilung der Vereinten Nationen, Ausgabe 1955, S. 24.

kratischen Republik – zum Teil bereits seit mehreren Jahren – Verbindungen zur Organisation der Vereinten Nationen für Erziehung, Wissenschaft und Kultur (United Nations Educational, Scientific and Cultural Organization – UNESCO), zur Organisation für Ernährung und Landwirtschaft (Food and Agricultural Organization – FAO) zum Kinderhilfswerk der Vereinten Nationen (UNICEF) und zum erweiterten Programm der UN für technische Hilfe für unterentwickelte Länder, in dessen Rahmen im Herbst 1955 eine Kommission der UN-Wirtschaftskommission für Asien und den Fernen Osten eine mehrwöchige Reise durch die Zentren des Braunkohlenbergbaues und der Braunkohlenverarbeitung der Deutschen Demokratischen Republik unternahm.

Die Ergebnisse vieler internationaler Konferenzen und die der bestehenden Beziehungen der Organe und sonstigen Institutionen der Deutschen Demokratischen Republik zu den Sonderorganisationen der UN und zu einer Reihe bedeutender anderer internationaler Organisationen bestätigen, daß das internationale Leben nicht mehr über die Tatsache des effektiven Bestehens der Deutschen Demokratischen Republik hinweggehen kann. Die Mitarbeit der Deutschen Demokratischen Republik im Verkehr der Staaten untereinander gewinnt insofern immer größere Bedeutung und wachsende internationale Anerkennung, als die Staaten am Beispiel der Mitarbeit der Deutschen Demokratischen Republik in den verschiedensten Organisationen erkennen, daß diese Mitarbeit auch den Interessen anderer Staaten dient.

Die Deutsche Demokratische Republik, ihre staatlichen Organe, gesellschaftlichen Einrichtungen und Einzelpersönlichkeiten haben – wie wir bewiesen haben – unabhängig von jeder Anerkennung durch diesen oder jenen Staat das Recht auf gleichberechtigte Teilnahme am internationalen Verkehr. Wenn nun von den Regierungen gewisser Staaten versucht wird, der Mitwirkung der Deutschen Demokratischen Republik in einigen internationalen Organisationen Hindernisse in den Weg zu legen, so widerspricht dies nicht nur den allgemein anerkannten Prinzipien und Normen des modernen Völkerrechts, sondern steht auch im Widerspruch zu den der Universalität dienenden Statuten und Geschäftsordnungen dieser Organisationen. Dies sei an drei besonders markanten Beispielen dargelegt.

1. Verletzung von Depositärpflichten gegenüber der Deutschen Demokratischen Republik

Mit einer Erklärung vom 11. Februar 1955 teilte die Regierung der Deutschen Demokratischen Republik der Regierung des Königreichs Belgien als für den Beitritt Deutschlands zuständigen Depositärstaates der Weltpostkonvention von 1952 den Anschluß der Deutschen Demokratischen Republik an die Weltpostkonvention von 1952 und die anderen Abkommen des Weltpostvereins mit. Ein entsprechender Schritt der Regierung der Deutschen Bundesrepublik erfolgte am 21. März 1955.

Dieser Schritt der Regierungen der beiden deutschen Staaten erfolgte in Übereinstimmung mit Artikel XIX des Schlußprotokolls zum Weltpostvertrag vom 11. Juli 1952, in dem es heißt:

> „1. Deutschland, das zur Zeit verhindert ist, dem Weltpostvertrag und den Nebenabkommen beizutreten, kann, ohne sich den in Artikel 3 vorgesehenen Förmlichkeiten zu unterwerfen, diesen Verträgen beitreten, wenn die maßgebende Behörde den Zeitpunkt für zweckmäßig hält.
> 2. Der in § 1 vorgesehene Beitritt ist durch die beteiligte Regierung auf diplomatischem Wege der Regierung Belgiens und von dieser den anderen Mitgliedsländern des Vereins anzuzeigen."[388]

Die Belgische Regierung notifizierte indessen den Mitgliedsländern der UPU Ende März 1955 vorerst nur den Beitritt der Deutschen Bundesrepublik zum Weltpostverein, nicht aber den der Deutschen Demokratischen Republik.

Im Oktober 1957 notifizierte die Regierung Belgiens dann auch den Beitritt der Deutschen Demokratischen Republik zum Weltpost-

[388] Union Postale Universelle, Actes du congrès de Bruxelles 1952, S. 51: „1. — L'Allemagne, momentanément empêchée d'adhérer à la Convention et aux Arrangements, pourra, sans se soumettre aux formalités prévues à l'article 3, adhérer à ces Actes au moment jugé opportun par l'autorité responsable.
2. — L'adhésion prévue au § 1 devra être notifiée, en la forme diplomatique, par le Gouvernement interessé au Gouvernement de la Belgique et par celuici aux Gouvernements des autres Pays-membres de l'Union."

vertrag, indem sie die Beitrittserklärung der Regierung der Deutschen Demokratischen Republik vom 11. Februar 1955 den übrigen Signatarstaaten des Weltpostvereins bekanntgab. Sie betonte dabei ausdrücklich, daß sie mit der Übermittlung dieser Dokumente nur in ihrer Eigenschaft als Depositärstaat auftrete; dies bedeute in keiner Weise die Anerkennung der Deutschen Demokratischen Republik durch Belgien und könne auf keinen Fall als solche ausgelegt werden.

Daraufhin übersandte die Regierung der Deutschen Demokratischen Republik am 2. Dezember 1957 gemäß Artikel 18 § 3 des Weltpostvertrages (Brüssel) von 1952 in Verbindung mit Artikel 111 der Vollzugsordnung zum Weltpostvertrag der Regierung der Schweizer Eidgenossenschaft eine Beitragserklärung. Sie teilte mit, „daß sie vom Zeitpunkt des Beitritts der Deutschen Demokratischen Republik an einen Kostenbeitrag der 1. Klasse mit 25 Einheiten entrichten wird".

In einer weiteren Note der belgischen Regierung (im folgenden zweite belgische Note genannt), die sie den Mitgliedsländern des Weltpostvereins zugehen ließ und deren Wortlaut in einem Schreiben des Internationalen Büros an den stellvertretenden Minister für Post- und Fernmeldewesen der DDR vom 21. Dezember 1957 enthalten ist, hält die belgische Regierung eine „Klarstellung" ihrer Noten vom Oktober für erforderlich. Sie betont erneut, daß sie die Deutsche Demokratische Republik nicht anerkenne. Belgien sei jedoch der Meinung, daß es als *Depositärstaat* nicht berechtigt sei, „den Mitunterzeichnerstaaten zu deren Untersuchung die Kenntnis des durch das Schreiben des Herrn Grotewohl gebildeten Tatsachenmaterials vorzuenthalten, ohne für diese Mitteilung die Möglichkeit zu mutmaßen, irgendeine juristische Wirkung daraus zu ziehen". Die belgische Regierung unterstützt dann *als Partner des Vertrages* den Ausschließlichkeitsanspruch Bonns und behauptet, daß durch den Beitritt der Deutschen Bundesrepublik die juristischen Möglichkeiten des Artikels XIX des Schlußprotokolls des Weltpostvertrages (Brüssel) von 1952 verbraucht worden seien und daß diese Bestimmung infolgedessen bezüglich der Deutschen Demokratischen Republik nicht mehr zur Anwendung kommen könne. Das Schreiben der Regierung der DDR stelle „daher einen Akt ohne juristische Tragweite dar".

Das internationale Büro legte daraufhin in seinem Schreiben vom 21. Dezember 1957 den Status der Deutschen Demokratischen Republik dahin aus,
daß die übergroße Mehrheit der Teilnehmer des Weltpostkongresses von Ottawa (1957) die Teilnahme der Deutschen Demokratischen Republik an den Arbeiten des Kongresses abgelehnt habe,
daß die in der zweiten belgischen Note zum Ausdruck gebrachte Ansicht, „daß das Schreiben des Herrn Grotewohl von 1955 ‚einen Akt ohne juristische Tragweite darstelle', als Meinung der großen Mehrheit der Mitglieder des Weltpostvereins betrachtet werden" müsse und daß das Internationale Büro „demzufolge die Postverwaltung der Deutschen Demokratischen Republik nicht als Verwaltung eines Mitgliedlandes des Weltpostvereins ansehen" könne.
Sollte diese vom Internationalen Büro gegebene Auslegung von der Verwaltung irgendeines Landes des Weltpostvereins angezweifelt werden, so habe diese Verwaltung das Recht, „einen formellen Antrag mit dem Ziel zu stellen, den Artikel XIX des Schlußprotokolls zum Weltpostvertrag von Brüssel 1952 gemäß dem in den Artikeln 25 bis 28 des Vertrages von Brüssel vorgesehenen Verfahren auszulegen".
Hierzu ist von seiten des Völkerrechts festzustellen:
a) Der Weltpostvertrag von 1952 stellt in Artikel 3 allen Staaten den Beitritt frei, der dann – wie bei allen Spezialorganisationen der Vereinten Nationen – von mindestens zwei Drittel der Mitgliedstaaten bestätigt werden muß. Von diesen Förmlichkeiten sollte Deutschland nach Artikel XIX des Schlußprotokolls befreit sein, so daß für diesen Beitritt keine Zustimmung der anderen Mitgliedstaaten notwendig war.
Das besondere Kennzeichen des Weltpostvereins – wie das aller Spezialorganisationen der Vereinten Nationen – ist seine Universalität. Er gehört zu den ältesten internationalen Organisationen, da der erste Vertrag bereits im Jahre 1874 auf Anregung des deutschen Generalpostmeisters Stephan zustande kam. Sein Zweck besteht darin, alle Staaten und Gebiete der Welt zur Regelung der Postbeziehungen zusammenzufassen. Er geht insofern über die Universalität anderer internationaler Organisationen hinaus, als in ihm nicht nur Staaten, sondern auch nichtstaatliche Gebiete die ordentliche Mitgliedschaft erwerben können. Die Weltpostkonvention

ist in besonderem Maße ein friedliches Instrument zur freundschaftlichen Verbindung und zum Näherkommen der Völker. Sie dient den elementarsten Lebensinteressen aller Menschen, gleichgültig, in welcher Staats- und Gesellschaftsordnung sie leben, welche Staats- und Gesellschaftsordnung sie für die richtige halten. Und es widerspricht dem Sinn und Zweck gerade dieser Konvention und den sich daraus ergebenden völkerrechtlichen Gepflogenheiten, den Weltpostverein zum Tummelplatz politisch-ideologischer Auseinandersetzungen zu machen.

b) Artikel XIX des Schlußprotokolls zum Weltpostvertrag von 1952 spricht von „Deutschland". Durch diese Bestimmung sollte es Deutschland, das sich in der Vergangenheit große Verdienste um die Gründung und Entwicklung des Weltpostvereins erworben hat, unter erleichterten Bedingungen ermöglicht werden, wieder an der Arbeit dieser wichtigen internationalen Organisation teilzunehmen. Artikel XIX stellt den Beitritt „Deutschlands" zum Weltpostvertrag und seinen Nebenverträgen in das Ermessen der „maßgebenden Behörde" (§ 1) beziehungsweise der „beteiligten Regierung" (§ 2). Während die belgische Regierung als für „Deutschland" zuständige Depositärregierung klar und eindeutig benannt ist, umgeht der Wortlaut des Artikels XIX eine eindeutige Kennzeichnung des für den Beitritt „Deutschlands" in Deutschland selbst zuständigen Organs.

Das hat seinen Grund einmal darin, daß das Jahr 1952, in dem der 13. Weltpostkongreß tagte, bekanntlich durch große Anstrengungen der Sowjetunion gekennzeichnet war, durch den Abschluß eines Friedensvertrages mit Deutschland und die Wiederherstellung eines einheitlichen deutschen Staates die Deutschlandfrage in Übereinstimmung mit den grundlegenden Prinzipien des Potsdamer Abkommens ihrer Lösung zuzuführen. Zum anderen darf nicht übersehen werden, daß im Jahre 1952 noch rechtliche Bedenken über die Fähigkeit beider deutscher Regierungen, ihre äußeren Angelegenheiten ohne Mitwirkung oder zumindest Vermittlung der entsprechenden Besatzungsmächte vollwirksam selbständig wahrzunehmen, bestehen mochten.

Es ist daher verständlich, daß der 13. Weltpostkongreß auf Grund der damals gegebenen Situation eine klare Bezeichnung der innerhalb Deutschlands für den Beitritt „Deutschlands" zuständigen Organe vermied und die genannten Formulierungen wählte, die die einstimmige Zustimmung der an diesem Weltpostkongreß teilnehmenden Staaten fanden. Es war dies eine Formulierung, die sich durchaus der künftigen Entwicklung in Deutschland – *entweder* Schaffung eines einheitlichen deutschen Staates mit einer gesamtdeutschen Regierung *oder* Festigung der bereits bestehenden beiden deutschen Staatengebilde zu vollberechtigten und vollverpflichteten Völkerrechtssubjekten – anpassen ließ und so der jeweiligen Lage gerecht zu werden vermochte.

Leider bewahrheiteten sich die Erwartungen, die ein Großteil der Teilnehmer des 13. Weltpostkongresses bezüglich einer friedlichen und demokratischen Lösung der deutschen Frage hegten, nicht. Es gibt in der gegenwärtigen Situation kein einheitliches „Deutschland" mit einer gesamtdeutschen Regierung, die als die für den Beitritt „Deutschlands" zum Weltpostverein allein „maßgebende Behörde" oder „beteiligte Regierung" anzusehen wäre. Die eine der beiden Möglichkeiten, mit denen die Teilnehmer des 13. Weltpostkongresses zu rechnen hatten, ist nicht eingetreten.

Es besteht auch heute auf dem durch das Potsdamer Abkommen festgelegten Territorium nur ein „Deutschland"; aber in diesem Deutschland gibt es zwei deutsche Völkerrechtsubjekte Staat, die – wenn wir von den in den Pariser Verträgen vom 23. Oktober 1954 bezüglich Westdeutschlands enthaltenen Souveränitätsbeschränkungen absehen wollen – jeder für seinen Jurisdiktionsbereich souveräne und gleichberechtigte Nachfolgestaaten des früheren Deutschen Reiches sind. Jeder dieser Staaten steht mit anderen Staaten in diplomatischen und sonstigen Beziehungen, jeder von beiden hat einen umfangreichen Postverkehr mit allen Ländern der Welt. Die erwähnten rechtlichen Bedenken, die 1952 vielleicht noch eine Rolle gespielt haben mögen, bestehen heute auf keinen Fall mehr. Für kein Bereich der äußeren und inneren Angelegenheiten beider deutscher Staaten – auch hier von den für die Deutsche Bundesrepublik bestehenden Beschränkungen in Fragen der Wiedervereinigung und einer friedensvertraglichen Regelung abgesehen – sind die ehemaligen Besatzungsmächte mehr zuständig.

Der Begriff „Deutschland" in Artikel XIX des Schlußprotokolls kann demzufolge in Übereinstimmung mit dem Völkerrecht nur so ausgelegt werden, daß mit ihm das postalische Territorium „Deutschland" gemeint ist; ein „Deutschland" aber, in dem auf Grund der gegebenen historischen Situation zwei deutsche Staaten bestehen, in dem für den jeweiligen Jurisdiktionsbereich zwei deutsche Regierungen die „maßgebende Behörde" oder „beteiligte Regierung" im Sinne des Artikels XIX darstellen. Jede andere Begriffsbestimmung geht – mit Verlaub – am gesunden Menschenverstand vorbei. Auf keinen Fall aber ist dieses „Deutschland" der Deutschen Bundesrepublik gleichzusetzen. Zur Zeit der Tagung des 13. Weltpostkongresses bestanden bereits sowohl die Deutsche Demokratische Republik als auch die Deutsche Bundesrepublik. Hätte also der Weltpostkongreß diese Gleichsetzung vornehmen wollen, so hätte er in Artikel XIX nicht „Deutschland" gesagt, sondern vielmehr die offizielle und international gebräuchliche Formulierung „Bundesrepublik Deutschland" verwendet. Dies ist jedoch nicht geschehen, so daß die Formulierung „Deutschland" beide deutschen Staaten umfaßt, die Deutsche Demokratische Republik und ebenso auch die Bundesrepublik.

Die in Deutschland für den Weltpostverein gegebene tatsächliche und rechtliche Lage erfährt auch dadurch keine Änderung, daß der Vertreter der Türkei in der Deutschlanddebatte des Weltpostkongresses von Ottawa erklärte, daß er „ bisher" („jusqu'à présent") noch keine Gelegenheit gehabt habe, im diplomatischen Korps einem Vertreter „Ostdeutschlands" zu begegnen, während er mit dem Vertreter der Bundesrepublik offizielle und sehr freundschaftliche Beziehungen unterhalte.[389] Einem solchen Argument gegenüber kann man nur mit Juvenal antworten: Difficile est satiram non scribere. Wie wenig Vertrauen die Westmächte selbst in ihre eigene Argumentation setzen, zeigt wohl am besten die Ablehnung eines ägyptischen Vorschlages durch die Mehrheit des 14. Weltpostkongresses in Ottawa, durch eine unparteiische Arbeitsgruppe die Möglichkeit der Teilnahme der Deutschen Demokratischen Republik und der Volksrepublik China an der Arbeit des Weltpostvereins prüfen zu lassen.[390] Besagt dies doch nichts anderes, als daß die Westmächte einer völkerrechtlichen Überprüfung ihres Standpunktes

[389] 10. Sitzung des Kongresses vom 25. September 1957, S. 7.

[390] Weltpostkongreß von Ottawa, Procès-Verbal de la 3e Séance du Congrès, Epreuve, 15. August 1957, S. 7 und 10.

ausweichen wollten, daß sie ihre „Politik der Stärke" gegen das Recht setzten.

c) Die belgische Regierung stellte in einem Schreiben an das Internationale Büro im Juni 1955 fest, daß es nicht in ihr Aufgabenbereich als Regierung des für Deutschland zuständigen Depositärstaates des Weltpostvertrages (Brüssel) von 1952 falle, dem Artikel XIX des Schlußprotokolls eine „authentische Interpretation" zu geben. Darin ist ihr zuzustimmen. Sie war bereits 1955 nach der für Depositärstaaten üblichen völkerrechtlichen Praxis nur verpflichtet, die in Übereinstimmung mit dem Weltpostvertrag (Brüssel) von 1952 abgegebenen Beitrittserklärungen der beiden deutschen Staaten entgegenzunehmen und sie den anderen Mitgliedstaaten „anzuzeigen" („notifier"). Wenn die belgische Regierung die Weiterleitung der Beitrittserklärung der Deutschen Demokratischen Republik bis zum Oktober 1957 hinauszögerte, so tat sie damit gerade das, was ihrer völkerrechtlichen Verpflichtung als Depositärregierung widersprach: sie interpretierte Artikel XIX des Schlußprotokolls, und zwar im Gegensatz zum Völkerrecht dahin, daß nur die westdeutsche Regierung als die für „Deutschland" im Sinne des Artikels XIX „maßgebende Behörde" oder „beteiligte Regierung" anzusehen sei.

Die belgische Regierung hat aber auch als Regierung eines *Mitgliedstaates* des Weltpostvereins von sich aus nicht die Möglichkeit, dem Artikel XIX eine „authentische Interpretation" zu geben. Sie hätte als solche nur die Möglichkeit gehabt, mit Unterstützung von mindestens zwei anderen Mitgliedstaaten einen Vorschlag zur Erläuterung des Artikels XIX des Schlußprotokolls des Weltpostvertrages (Brüssel) von 1952 einzubringen und damit das in den Artikeln 25 bis 28 des Weltpostvertrages vorgesehene formelle Verfahren in Gang zu setzen. Dies ist jedoch nicht geschehen.

Das langjährige Hinauszögern der Erfüllung der Depositärpflicht gegenüber der Deutschen Demokratischen Republik durch die belgische Regierung steht damit im Widerspruch sowohl zum allgemeinen Völkerrecht als auch zu den besonderen Bestimmungen des Weltpostvertrages (Brüssel) von 1952.

d) Die Noten der belgischen Regierung an die Mitgliedstaaten des Weltpostvereins vom Oktober 1957 sind als Erfüllung ihrer der Deutschen Demokratischen Republik gegenüber gemäß Artikel XIX

des Schlußprotokolls des Weltpostvertrages (Brüssel) von 1952 bestehenden Depositärpflicht anzusehen. Insoweit wird auf die oben gemachten Ausführungen Bezug genommen.
Der von der belgischen Regierung gemachte Vorbehalt betrifft nicht ihre Pflicht als Depositärstaat des Weltpostvertrages (Brüssel) von 1952 gegenüber „Deutschland", sondern allein ihre juristische Stellung als Regierung des Königreichs Belgien gegenüber der Deutschen Demokratischen Republik und deren Regierung. Die Erfüllung der der belgischen Regierung gegenüber der Deutschen Demokratischen Republik aus Artikel XIX des Schlußprotokolls des Weltpostvertrages (Brüssel) von 1952 auferlegten Pflicht als Depositärstaat ist nicht als Anerkennung der Deutschen Demokratischen Republik durch Belgien zu werten. Es ist in der Staatenpraxis – wir werden bei der Behandlung des Internationalen Fernmeldevertrages ausführlicher hierauf zurückkommen – durchaus nichts Neues, daß Staaten einer Konvention beitreten, selbst wenn sie von anderen Mitgliedstaaten der gleichen Konvention nicht anerkannt sind bzw. andere Mitgliedstaaten dieser Konvention nicht anerkannt haben.
Mit den Noten der belgischen Regierung vom Oktober 1957, in denen sie den anderen Mitgliedstaaten gemäß Artikel XIX § 2 des Schlußprotokolls des Weltpostvertrages (Brüssel) von 1952 den Beitritt der Deutschen Demokratischen Republik anzeigte, ist die Deutsche Demokratische Republik völkerrechtlich wirksam Mitglied des Weltpostvereins geworden. Weder aus dem allgemeinen Völkerrecht noch aus dem Weltpostvertrag (Brüssel) von 1952 läßt sich eine rechtliche Bestimmung nachweisen, die eine in Übereinstimmung mit dem Völkerrecht vollzogene Depositärverpflichtung nachträglich als „rechtlich bedeutungslos" rechtfertigen könnte. Es würde jedem Völkerrecht widersprechen, eine völkerrechtlich wirksam vollzogene völkerrechtliche Handlung nachträglich unwirksam machen zu wollen beziehungsweise sie als „rechtlich bedeutungslos" hinzustellen. Die völkerrechtliche Wirkung der belgischen Noten vom Oktober 1957 kann nicht mehr aus der Welt geschafft werden.
e) Die Behauptung, die belgischen Noten vom Oktober 1957 stellten keine Notifizierung des Beitritts der DDR zum Weltpostverein dar, soll nun mit Hilfe der zweiten belgischen Note in die Noten vom Oktober 1957 inhaltlich hineingezaubert werden, nachdem die bel-

gische Regierung ganz offensichtlich von anderer Seite – sprich: Bonn – auf die mit ihren Noten vom Oktober 1957 vollzogenen völkerrechtlichen Konsequenzen hingewiesen wurde. Es wird der untaugliche Versuch unternommen, durch die zweite Note die völkerrechtlichen Konsequenzen der Noten vom Oktober 1957 aufzuheben. Das ist rechtlich nicht mehr möglich.

Der im Schreiben des Internationalen Büros vom 21. Dezember 1957 wiedergegebene Wortlaut der zweiten belgischen Note läßt erkennen, daß die belgische Regierung ihre eigene, allerdings durch die Mitgliedschaft Belgiens zur NATO und zur Westeuropäischen Union entscheidend beeinflußte politische Haltung gegenüber der DDR mit ihren Pflichten als Depositär des Weltpostvertrages (Brüssel) von 1952 im Falle „Deutschland" verquickt.

Die politische Haltung der Regierung des Depositärstaates einer dem Prinzip der Universalität dienenden Konvention darf in Depositärfragen nicht den ihr nach dem Völkerrecht obliegenden besonderen Depositärpflichten übergeordnet, ja, die Erfüllung dieser, der Völkerrechtsgemeinschaft in ihrer Gesamtheit dienenden Depositärpflichten davon abhängig gemacht werden, ob der betreffenden Depositärregierung die Staats- und Gesellschaftsordnung des jeweiligen, seinen Beitritt zur Konvention erklärenden Staates paßt oder nicht, ob erstere letzteren anerkannt hat oder nicht. Ein solches Verhalten würde der offenen Willkür in den internationalen Beziehungen Tür und Tor öffnen und damit die internationalen Beziehungen jeder rechtlichen Grundlage berauben.

Daß die belgische Regierung nicht die rechtliche Möglichkeit hat, als Depositärstaat dem Artikel XIX eine „authentische", alle Vereinsländer bindende Interpretation zu geben, ist von ihr selbst in ihrer Note an das Internationale Büro vom 21. Juni 1955 zugegeben und anerkannt worden. Wenn sie in ihrer zweiten Note trotzdem einen derartigen Versuch unternimmt, so muß sie sich der Rechtswidrigkeit ihres Verhaltens durchaus bewußt sein.

Die im Schreiben des Internationalen Büros vom 21. Dezember 1957 wiedergegebene belgische Note beeinträchtigt deshalb rechtlich weder die wirksame Erfüllung der Belgien gegenüber der Deutschen Demokratischen Republik obliegenden Depositärpflicht noch den damit vollzogenen und völkerrechtlich verbindlichen Beitritt der DDR zum Weltpostverein. Es sei nur noch darauf hingewiesen, daß die zweite belgische Note unter Umständen als Meinung eines von vielen Mitgliedstaaten des Weltpostvereins angesehen werden kann, der aber keine rechtliche Bedeutung beigemessen zu werden braucht, da sie weder die Voraussetzungen der Artikel 25 bis 28 noch die des Artikels 31 des Weltpostvertrages (Brüssel) von 1952 erfüllt.[391]

f) Die im Schreiben des Internationalen Büros vom 21. Dezember 1957 ausgesprochene Nichtanerkennung der Deutschen Demokratischen Republik als Mitgliedstaat des Weltpostvereins fußt

auf der bis zum 14. Weltpostkongreß (Ottawa) und noch während seines Verlaufes eingenommenen rechtswidrigen Haltung der belgischen Regierung,

auf der darauf beruhenden Entscheidung der Mandatsprüfungskommission des 14. Weltpostkongresses

und folgert aus der Tatsache, daß die Mehrheit des 14. Weltpostkongresses eine rechtswidrige Handlung unterstützt hat, nun seinerseits, daß die Beitrittserklärung der DDR im Sinne der zweiten belgischen Note „einen Akt ohne juristische Tragweite darstelle". Mit anderen Worten: Ein völkerrechtliches Unrecht wird mit einem zweiten völkerrechtlichen Unrecht begründet.

Hierzu ist zu sagen:

Das Internationale Büro läßt die Tatsache der Notifizierung durch Belgien und den damit völkerrechtlich wirksam vollzogenen Beitritt der DDR zum Weltpostverein völlig unberücksichtigt. Das Internationale Büro tut so, als habe niemals eine Notifizierung stattgefunden, indem es mit der zweiten belgischen Note direkt an den 14. Weltpostkongreß (Ottawa) anknüpft. Es gründet seine Stellungnahme damit auf Dokumente und Tatsachen, die – von ihrer recht-

[391] Wollte man die Auffassung der belgischen Regierung in der Frage der Notifizierung des Beitritts der DDR zum Weltpostverein auf andere Konventionen anwenden, bei denen Belgien Depositärstaat ist und bei denen Belgien den Beitritt der DDR den Partnerstaaten notifiziert hat, so würde das bedeuten, daß auch die von der belgischen Regierung vollzogene Notifizierung des Beitritts der DDR zum „Internationalen Übereinkommen zur einheitlichen Feststellung von Regeln über die Hilfeleistung und Bergung in Seenot" und zum „Internationalen Übereinkommen zur einheitlichen Feststellung von Regeln beim Zusammenstoß von Schiffen" vom 23. September 1910 ohne „irgendeine juristische Wirkung" sei.

lichen Unhaltbarkeit soll hier einmal abgesehen werden – durch andere Dokumente und Tatsachen, nämlich die Notifizierung des Beitritts der DDR zum Weltpostverein, bereits überholt und damit rechtlich unbeachtlich geworden sind. Hinzu kommt, daß der 14. Weltpostkongreß (Ottawa) über die Mitgliedschaft der DDR zum Weltpostverein keinen formellen Beschluß gefaßt hat. Selbst wenn man, wie es das Internationale Büro offenbar tut, aus der Entscheidung der Mandatsprüfungskommission einen derartigen Beschluß herauslesen sollte, so ist dieser durch die Notifizierung des Beitritts der DDR zum Weltpostverein durch Belgien im Oktober 1957 – also nach dem 14. Weltpostkongreß – rechtlich hinfällig geworden. Das Internationale Büro vermeidet es geflissentlich, von sich aus auf die in der zweiten belgischen Note enthaltene Auslegung der belgischen Notifizierungsnoten vom Oktober 1957 einzugehen und die eigene Stellungnahme auch damit zu begründen. Offensichtlich ist sich auch das Internationale Büro der rechtlichen Unhaltbarkeit der belgischen Argumentation durchaus bewußt.

Keine Bestimmung des Weltpostvertrages (Brüssel) von 1952 und seiner Nebenabkommen – insbesondere des Artikels 17 WPV und der Artikel 103 bis 109 der Vollzugsordnung – gibt dem Internationalen Büro das Recht, eine authentische, alle Vereinsländer bindende Interpretation des Vertrages oder der Kongreßbeschlüsse zu geben. Es kann sich nach Artikel 104 § 2 der Vollzugsordnung nur „in strittigen Fragen auf Verlangen der Beteiligten gutachtlich äußern" oder im Verfahren der Artikel 25 bis 28 oder des Artikels 31 WPV tätig sein. Beide Voraussetzungen liegen jedoch in diesem Falle nicht vor. Auch ein Tätigwerden des Internationalen Büros im Sinne des Artikels 104 § 3 der Vollzugsordnung ist nicht gegeben.

Das Internationale Büro begründet die Ablehnung der Anerkennung der Deutschen Demokratischen Republik als Mitgliedstaat des Weltpostvereins in seinem Schreiben vom 21. Dezember 1957 mit *seiner* Auslegung der Beschlüsse des 14. Weltpostkongresses (Ottawa). Eine verbindliche und damit rechtlich wirksame Auslegung des Weltpostvertrages und der Kongreßbeschlüsse ist aber noch nicht einmal dem Vollzugs- und Verbindungsausschuß des Weltpostvereins (Artikel 15 WPV) gestattet, sondern allein den Vereinsländern selbst im Rahmen des in den Artikeln 25 bis 28 WPV zugelassenen Verfahrens vorbehalten.

Die vom Internationalen Büro getroffene Feststellung, die Deutsche Demokratische Republik könne von ihm nicht als Mitgliedsland des Weltpostvereins angesehen werden, stellt demzufolge eine eindeutige Überschreitung der ihm nach dem Weltpostvertrag (Brüssel) von 1952 und der Vollzugsordnung zustehenden Kompetenzen dar und ist rechtlich ohne Wirkung.

Ein ähnliches den völkerrechtlichen Pflichten eines Depositärstaates widersprechendes Verhalten legte in einem anderen Falle die französische Regierung gegenüber der Deutschen Demokratischen Republik an den Tag. Frankreich ist Depositärstaat des Internationalen Verbandes zum Schutze der überseeischen Telegraphenkabel – Seekabelkonvention – vom 14. März 1884. Diese Konvention enthält in ihrem Artikel 14 die Beitritts- oder Adhäsionsklausel, nach der andere Staaten, die der Konvention beizutreten wünschen, dies durch bloße Abgabe einer Erklärung an den Depositärstaat tun können, ohne daß hierzu – und das unterscheidet die Seekabelkonvention vom Weltpostvertrag – die Zustimmung der anderen Mitgliedstaaten erforderlich ist: „Dieser Beitritt wird auf diplomatischem Wege der Regierung der französischen Republik notifiziert und von dieser den anderen Signatarstaaten.“[392]

Die Seekabelkonvention ist ein internationales Abkommen, das völkerrechtlich als offener Vertrag anzusehen ist. Derartige Verträge enthalten Bestimmungen, die dritten Staaten bestimmte Rechte einräumen. „Solche Vertragsbestimmungen sind vor allem die Beitrittsklauseln in offenen Verträgen, da durch sie den eingeladenen Staaten das Recht zum Beitritt eingeräumt wird.“[393] Diese Beitritts- oder Adhäsionsklausel gibt jedem Staat, der noch nicht Mitglied eines solchen offenen Vertrages ist, sich ihm aber anzuschließen wünscht, das Recht, dem Abkommen durch bloße Abgabe einer entsprechenden Erklärung an den Depositärstaat beizutreten. Dabei hat der Depositärstaat nichts anderes zu tun, als die Beitrittserklärung entgegenzunehmen und sie den anderen Signatarstaaten des Abkommens mitzuteilen. Hierfür ist es gleichgültig, ob der Depositärstaat mit dem seinen Beitritt erklärenden Staat diplomatische Beziehungen unterhält oder nicht, ob jener diesen anerkannt hat oder

[392] Reichsgesetzblatt 1888, S. 163.
[393] Verdross, VR, S. 158.

nicht, da sich die Pflichten des Depositärs aus dem allgemeinen Völkerrecht ergeben, also unabhängig von den speziellen rechtlichen oder politischen Beziehungen zwischen Depositär und beitretendem Staat sind.
Trotz dieser klaren Rechtslage lehnte es die französische Regierung bisher ab, ihrer sich aus dem Recht der Deutschen Demokratischen Republik zum Beitritt zur Seekabelkonvention ergebenden Pflicht als Depositärstaat nachzukommen und den übrigen Mitgliedstaaten der Seekabelkonvention den Beitritt der Deutschen Demokratischen Republik zu notifizieren.
In Übereinstimmung mit den völkerrechtlichen Pflichten der Regierung eines Depositärstaates handelte dagegen die belgische Regierung, als sie die Wiederanwendungserklärung der Deutschen Demokratischen Republik bezüglich des „Internationalen Übereinkommens zur einheitlichen Feststellung von Regeln über den Zusammenstoß von Schiffen" und bezüglich des „Internationalen Übereinkommens zur einheitlichen Feststellung von Regeln über die Hilfeleistung und Bergung in Seenot" den anderen Mitgliedstaaten beider Konventionen auf diplomatischem Wege bekanntgab; ebenso wie die Schweizer Regierung völkerrechtlich korrekt den Beitritt der Deutschen Demokratischen Republik zu den vier Genrer Rot-Kreuz-Abkommen, zu der „Berner Konvention über kulturellen und Urheberrechtsschutz" sowie zu der „Pariser Verbandsübereinkunft über gewerblichen Rechtsschutz" notifizierte.

2. *Die alleinige völkerrechtliche Zuständigkeit der Deutschen Demokratischen Republik für ihren Jurisdiktionsbereich*

Ein weiterer, gleichermaßen völkerrechtswidriger Versuch, die Deutsche Demokratische Republik vom internationalen Verkehr auszuschließen, wird von den Westmächten dadurch praktiziert, daß sie erklären, zu internationalen Abkommen könne nur *ein* Deutschland zugelassen werden. Dabei ignorieren sie unter Bruch des Völkerrechts nicht nur das effektive Bestehen zweier deutscher Staaten, sondern versuchen sogar – ebenso völkerrechtswidrig –, die Deutsche Bundesrepublik diesem „einem Deutschland" gleichzusetzen. Zu diesem Zweck behaupten sie gegenüber Beitrittserklärungen der Deutschen Demokratischen Republik zu internationalen Konventionen, die betreffende Konvention sei bezüglich „Deutschlands" bereits durch den Beitritt der Deutschen Bundesrepublik in Kraft getreten.

Besonders klar kommt diese von den Westmächten angewandte Methode im Falle der Beitrittserklärung der Deutschen Demokratischen Republik zur „Internationalen Fernmelde-Union" (IFU) zum Ausdruck:

Mit einem Schreiben vom 3. Oktober 1951, das dem Generalsekretär der IFU, Mulatier, auf diplomatischem Wege durch Vermittlung der Schweizer Regierung zugestellt worden war, teilte die Regierung der Deutschen Demokratischen Republik in Übereinstimmung mit Artikel 17 und Zusatzprotokoll II des Internationalen Fernmeldevertrages von Atlantic City vom Jahre 1947 dem Generalsekretär den Beitritt der Deutschen Demokratischen Republik zur IFU mit. Analog den Pflichten eines Depositärstaates wäre nun der Generalsekretär völkerrechtlich verpflichtet gewesen, den Beitritt der DDR zu registrieren und den Mitgliedstaaten des Fernmeldevertrages mitzuteilen. Dies geschah jedoch nicht; vielmehr legte der Generalsekretär die Beitrittserklärung der Deutschen Demokratischen Republik dem Verwaltungsrat (Conseil d'administration) der IFU zur Entscheidung vor. Das Ergebnis war, daß die westliche Abstimmungsmehrheit sowohl im Verwaltungsrat der IFU als auch während der Konferenz der Regierungsbevollmächtigten in Buenos Aires im Oktober 1952 die Aufnahme der DDR in die IFU ablehnte mit der Begründung, daß die „Deutschland" betreffende Klausel des Fernmeldevertrages von Atlantic City (1947) bereits durch den Beitritt Westdeutschlands verbraucht worden sei und demzufolge bezüglich der Deutschen Demokratischen Republik nicht mehr zur Anwendung kommen könne.

Dieses Verhalten verstieß sowohl gegen die Bestimmungen des Internationalen Fernmeldevertrages von Atlantic City als auch gegen die elementarsten Grundsätze des allgemeinen Völkerrechts:

a) Protokoll II des Vertrages von Atlantic City vom Jahre 1947 enthält eine dem Artikel XIX des Schlußprotokolls des Weltpostvertrages (Brüssel) von 1952 analoge Bestimmung.[394] Wir können

[394] Internationaler Fernmeldevertrag von Atlantic City, herausgegeben vom Ministerium für Post und Fernmeldewesen der Deutschen Demokratischen Republik — Protokoll Nr. II des Fernmeldevertrages von

insoweit auf die oben zu Artikel XIX gemachten Rechtsausführungen verweisen.

Hinzufügen möchten wir noch: Die Einschaltung des Verwaltungsrates durch den Generalsekretär läßt sich auch durch eine noch so weite Auslegung des Vertrages von Atlantic City nicht rechtfertigen. Das Verhalten des Generalsekretärs steht im Widerspruch zu Protokoll II und Artikel 17 des Vertrages von Atlantic City (1947).

b) Das Fernmeldewesen eines jeden Staates ist – ebenso wie auch das Postwesen – Ausfluß seiner territorialen Hoheitsrechte, die, wie wir festgestellt haben, von den Westmächten und der Deutschen Bundesrepublik auch gegenüber der von ihnen noch nicht de jure anerkannten Deutschen Demokratischen Republik zu respektieren sind. Die von der Mehrheit im Verwaltungsrat und in der Vollversammlung vertretene Auffassung müßte, wenn man sie konsequent zu Ende denkt, dazu führen, daß die Deutsche Bundesrepublik im internationalen Maßstab das Fernmeldewesen der Deutschen Demokratischen Republik vertritt und so in der Lage wäre, dieses außerhalb ihres Jurisdiktionsbereiches liegende und ihr nicht unterstehende Fernmeldewesen rechtlich wirksam zu berechtigen und zu verpflichten. Mehr noch: Das völkerrechtliche Endergebnis dieser Auffassung wäre schließlich und endlich, daß das Gebiet der Deutschen Demokratischen Republik eine terra nullius darstellen würde und „daß mangels einer Pflicht, die Territorialhoheit von solchen Staaten zu achten, jeder Staat das Recht hätte, das Gebiet eines

Atlantik City lautet: „Die Anwesenden sind übereingekommen, daß Deutschland und Japan dem Internationalen Fernmeldevertrag von Atlantic City unter Beachtung der Bestimmungen des Artikels 17 beitreten können, sobald die maßgebenden Stellen diesen Beitritt für angebracht halten. Die im Artikel 1 des Vertrages vorgesehenen Formalitäten sind auf diese beiden Länder nicht anwendbar" (S. 43);
und Artikel 17: „1. Die Regierung eines Landes, das diesen Vertrag nicht unterzeichnet hat, kann ihm jederzeit gemäß den Bestimmungen des Artikels 1 beitreten.
2. Die Beitrittserklärung ist auf diplomatischem Wege durch Vermittlung der Regierung des Landes, in dem sich der Vereinssitz befindet, dem Generalsekretär zu übermitteln, der den Beitritt den Ordentlichen und Außerordentlichen Mitgliedern mitteilt und jedem von ihnen eine beglaubigte Abschrift der Urkunde übermittelt. Der Beitritt wird mit dem Tage der Hinterlegung der Beitrittsurkunde wirksam, sofern nichts anderes vereinbart ist" (S. 15).

von ihm nicht anerkannten Staates als terra nullius zu okkupieren, was sicherlich der allgemeinen Rechtsauffassung widerspricht"[395].
Wir haben aus Völkerrechtswissenschaft und Staatenpraxis bewiesen, daß die tatsächliche und rechtliche Existenz eines Staates unabhängig vom Wollen oder Nichtwollen anderer Staaten ist – und infolgedessen auch das Fernmeldewesen dieses Staates. Die völkerrechtliche Existenz eines Staates kann nicht dadurch aus der Welt geschafft werden, daß andere Staaten aus politischen Erwägungen heraus und mit rein politischen Mitteln diese Existenz zu ignorieren versuchen, aus dieser ihrer politischen Haltung eine Unmöglichkeit der Teilnahme dieses Staates am internationalen Leben konstruieren und sogar noch erklären, er werde gegen seinen Willen durch die Organe eines anderen Staates in internationalen Organisationen vertreten. Es hieße das Völkerrecht auf den Kopf stellen, wollte man annehmen, daß die Deutsche Bundesrepublik für das Fernmeldewesen der Deutschen Demokratischen Republik im internationalen Maßstab verantwortlich sei. Ebensowenig wie „Deutschland" gleich Deutsche Bundesrepublik ist, ebensowenig ist Bonn in der Lage, innerhalb der IFU die entsprechende Gleichung für das Fernmeldewesen aufzustellen. Mit Recht erklärte der Regierungsbevollmächtigte der UdSSR auf der Vollversammlung der IFU in Buenos Aires (1952), daß die Haltung der Westmächte einen unfreundlichen Akt gegenüber dem deutschen Volk darstelle, der von politischen Erwägungen bestimmt sei.
Diese „Erwägungen" sind zu bekannt, als daß sie hier erneut dargelegt werden müßten. Wie sehr sie dem der Tätigkeit der IFU zugrunde liegenden Prinzip der Universalität widersprechen, das sagte vor Eintritt in die Debatte über den Status der DDR auf der Vollversammlung der Regierungsbevollmächtigten selbst der Vertreter der Schweiz in einer Erklärung allgemeinen Charakters:
„Die Internationale Fernmelde-Union hat den Zweck, die internationale Zusammenarbeit zur Verbesserung und zum rationellen Gebrauch aller Arten von Fernmeldeverbindungen zu erhalten und zu erweitern. Sie muß die Entwicklung und bestmögliche Anwendung der technischen Mittel fördern, um die Leistungsfähigkeit des Fernmeldedienstes zu erhöhen, seine Verwendung auszubauen

[395] Verdross, VR, S. 183.

und ihn in höchstmöglichem Maße der Öffentlichkeit nutzbar zu machen. Die Union soll die auf dieses gemeinsame Ziel gerichteten Anstrengungen aller Nationen koordinieren ...

Folglich müßte jedes unabhängige Volk, das über eine Verwaltung verfügt, mit der eine effektive Zusammenarbeit möglich ist, zu den Arbeiten der Union zugelassen werden können. Da jedoch die Frage, ob ein Volk unabhängig ist, eine Frage ist, die unglücklicherweise auf der politischen Ebene behandelt wird, wird sich die Schweiz in Übereinstimmung mit ihrer hundertjährigen Neutralität bei Abstimmungen über die diesbezüglichen Grundfragen der Stimme enthalten ..."[396]

Soweit die Ausführungen des Vertreters der Schweiz. Es ist zu bedauern, daß die in ihnen enthaltenen richtigen Gedanken von der Mehrheit der Regierungsbevollmächtigten nicht zur Grundlage ihrer Abstimmungsentscheidung gemacht wurden. Und wir sind darüber hinaus der Ansicht, daß es für die internationalen Beziehungen, für die Durchsetzung des Prinzips der friedlichen Koexistenz gut wäre, wenn mehr Staaten als bisher bei Fragen, „die unglücklicherweise auf der politischen Ebene behandelt werden", die grundlegenden und allgemein anerkannten Normen des Völkerrechts berücksichtigten und sich, unabhängig von ihrer jeweiligen Struktur, für die Durchsetzung dieser Normen einsetzten.

[396] Union internationale des télécommunications, Conférence des Plénipotentiaires de Buenos Aires, 1952, Assemblée plénière, Document Nr. 54 — F, 10 octobre 1952, S. 2 — „L'Union internationale des télécommunications a pour objet de maintenir et d'étendre la cooperation internationale pour l'amélioration et l'emploi rationel des télécommunications de toutes sortes. Elle doit favoriser le développement de moyens techniques et leur exploitation la plus efficace, en vue d'augmenter le rendement des services de télécommunications, d'accroître leur emploi et de généraliser, le plus possible, leur utilisation par le public. L'union doit harmoniser les efforts des nations vers ces fins communes ...

Dès lors, tout peuple indépendant, qui dispose d'une administration avec laquelle une coopération effective est possible, devrait pouvoir être admis aux travaux de l'Union. Mais puisque la question de savoir si un peuple est indépendant est une question qui se trouve malheureusement traité sur le plan politique, la Suisse s'abstiendra de voter sur les questions de fond y relatives, pour se conformer au principe séculaire de sa neutralité".

In diesem Zusammenhang erscheint uns der Hinweis von Nutzen, daß es gerade diesen grundlegenden und allgemein anerkannten Normen des Völkerrechts entspricht, wenn die USA in einer ganzen Reihe von Fällen keine Bedenken trugen, an internationalen Konferenzen teilzunehmen oder sich an multilateralen Verträgen oder Konventionen zu beteiligen, bei denen auch von den USA nicht anerkannte Staaten und Regierungen vertreten waren. So nahm eine USA-Delegation am 4th Pan American Congress on Child Welfare teil, der vom 12. bis 19. Oktober 1924 in Santiago de Chile stattfand, obwohl die USA die damalige Regierung von Chile nicht anerkannt hatten. Die Vertreter der USA machten nur den Vorbehalt, „daß die Teilnahme der Delegierten der Vereinigten Staaten an dem in Frage stehenden Kongreß nicht als Anerkennung des zur Zeit in Chile wirksamen Regimes als Regierung zu betrachten sei“[397]. Bei der Unterzeichnung der International Sanitary Convention vom 21. Juni 1926 gaben die Bevollmächtigten der USA die formelle Erklärung ab, „daß die Unterzeichnung der International Sanitary Convention vom heutigen Datum durch sie nicht so auszulegen ist, daß die Vereinigten Staaten von Amerika dadurch ein Regime oder Organ, das als Regierung einer Signatar- oder beigetretenen Macht tätig ist, anerkennt, wenn dieses Regime oder Organ von den Vereinigten Staaten nicht als Regierung dieser Macht anerkannt ist“[398]. Die gleichen Vorbehalte der USA sind unter anderem enthalten in der Londoner Konvention über die Sicherheit des Lebens auf See vom 31. Mai 1929, der Londoner International load-line Convention vom 5. Juli 1930 und der Genfer Rauschgift-Konvention vom 13. Juli 1931.[399]

Von besonderer Wichtigkeit ist die Tatsache, daß die USA bei der Unterzeichnung der Weltpostverträge von Stockholm (28. August 1924) und London (28. Juni 1929) keine entsprechenden Vorbehalte

[397] Hackworth, Bd. I, S. 347 – „. . . that participation of the delegates from the United States in the Congress in question is not be considered as a recognition of the regime now functioning in Chile as the Government“.

[398] Ebenda, S. 349 – „. . . that their signing the International Sanitary Convention of this date is not to be construed to mean that the United States of America recognize a regime or entity, acting as Government of a signatary or adhering Power when that regime or entity ist not recognized by the United States as the Government of that Power“.

[399] Ebenda.

machten.[400] Auch dem Internationalen Fernmeldevertrag von Madrid aus dem Jahre 1932 fehlt dieser Vorbehalt, „da die Regierung der Vereinigten Staaten der Auffassung ist, daß der Beitritt zu einem multilateralen Vertrag oder die Unterzeichnung eines multilateralen Vertrages, dem auch die Vereinigten Staaten angehören oder den sie unterzeichnet haben, durch eine Regierung, die nicht von dieser Regierung anerkannt ist, nicht die Anerkennung einer solchen Regierung durch die Vereinigten Staaten darstellt . . .Die Anerkennung ist in erster Linie eine Frage der Absicht . . . Die Unterzeichnung oder der Beitritt zu einem multilateralen Vertrag durch eine andere Regierung ist als einseitiger Akt von seiten dieser Regierung anzusehen"[401].

Wir sehen: Die Regierung der USA hat bei einer ganzen Reihe multilateraler Verträge den grundlegenden, allgemein anerkannten Normen des Völkerrechts Rechnung getragen. Auch wir sind der Ansicht, daß der Beitritt eines von dritten Staaten oder ihren Regierungen nicht anerkannten Staates oder seiner Regierung zu einem multilateralen Vertrag oder zu einer auf der Grundlage eines multilateralen Vertrages arbeitenden internationalen Organisation keine Anerkennung dieses Staates oder seiner Regierung bedeutet. Die von der Regierung der USA in den genannten Fällen – also auch im Weltpostverein und in der Internationalen Fernmelde-Union – eingenommene Haltung beweist, daß sie sich durchaus der diesen multilateralen Verträgen zugrunde liegenden humanitären, für alle Völker und Staaten gleichermaßen geltenden völkerrechtlichen Prinzipien bewußt war, die dagegen sprechen, einen Staat oder seine Regierung von der Mitarbeit an einem der Universalität dienenden Vertrage auszuschließen. Die grundlegenden Rechte und Pflichten, die auch ein nichtanerkannter Staat oder seine Regierung nach dem

[400] Ebenda.

[401] Ebenda, S. 350 – „. . . it is considered by the Government of the United States that the adherence to or the signature of a multilateral treaty by a government which has not been recognized by this Government, and which has been signed by the United States or to which the United States is a party does not constitute recognition of such government by the United Staates . . . Recognition is primarily a matter of intent . . . Signature or accession by another government to a multilateral treaty is believed to be a unilateral act upon the part of such government".

Völkerrecht innerhalb der Völkerrechtsgemeinschaft besitzt, machen es unmöglich, die Mitarbeit eines solchen Staates oder seiner Regierung an multilateralen Verträgen oder in darauf beruhenden Organisationen von den eigenen politischen Interessen dritter Staaten oder Regierungen abhängig zu machen. Der in Kapitel I Artikel 1 Ziffer 3 der UN-Charta niedergelegte Grundsatz: „Internationale Zusammenarbeit zu erzielen, um internationale Probleme wirtschaftlicher, sozialer, kultureller oder humanitärer Art zu lösen ..."[402], ist auch der Leitsatz der Arbeit internationaler Organisationen; und jeder Versuch, dritte Staaten von dieser Zusammenarbeit auszuschließen, verkehrt diesen Satz in das Gegenteil, verstößt damit gegen eine wichtige Norm des modernen Völkerrechts.

3. *Das Legitimitätsprinzip und seine Hintergründe*

Im Mittelpunkt aller rechtswidrigen Versuche der Westmächte und Bonns, die Deutsche Demokratische Republik und ihre Regierung in den internationalen Beziehungen für „nichtexistent" zu erklären, steht das sogenannte Legitimitätsprinzip, das heißt die absurde Behauptung, wie MARSCHALL VON BIEBERSTEIN es formuliert, „daß allein die verfassungsmäßigen Organe der Bundesrepublik im Sinne des Legitimitätsprinzips rechtmäßige Staatsgewalt in Deutschland ausüben"[403].

Dieses „Prinzip" ist ebenso reaktionär wie die Theorie von der konstitutiven Wirkung der Anerkennung. Sie stellt, wie jene, ein Werkzeug imperialistischer Politik dar, mit dem versucht wird, den geschichtlichen Fortschritt aufzuhalten. Denn nur *der* Staat oder *die* Regierung sollen im Sinne des sogenannten Legitimitätsprinzips „legitim" sein, die bereit sind, sich dem Willen der herrschenden Kreise des Imperialismus zu unterwerfen; nur das soll „legitim" sein, was auch imperialistisch ist.

[402] UN-Charta, S. 4.

[403] MARSCHALL VON BIEBERSTEIN In: „Deutsche Zeitung und Wirtschaftszeitung", Stuttgart, 27. April 1957; siehe hierzu auch die in der Schlußakte der Londoner Neunmächtekonferenz vom 3. Oktober 1954 enthaltene „Erklärung der Regierungen Frankreichs, des Vereinigten Königreichs und der Vereinigten Staaten von Amerika" (BRANDWEINER, Verträge, S. 337).

Blicken wir hinter die Kulissen des von Bonn und den Westmächten so oft und gern zitierten „Legitimitätsprinzips“:
Die Anfänge dieses Prinzips reichen bis in das Mittelalter zurück. Bereits im Kampf der geistlichen Gewalt gegen die weltliche Gewalt spiegelt sich der Versuch der römisch-katholischen Kirche wider, nur die Vertreter der weltlichen Gewalt für „legitim“ zu erklären, die gewillt waren, der kirchlichen Gewalt den Vorrang vor der weltlichen Gewalt einzuräumen. Auch die Inquisition war Ausdruck des Anspruchs der römisch-katholischen Kirchenhierarchie, die einzig „legitime“ Vertreterin Gottes auf Erden, die allein „legitime“ Sprecherin in religiösen Dingen zu sein.
Schon weiter ausgeprägt finden wir das „Legitimitätsprinzip“ dann in der Zeit der Französischen Revolution am Ende des 18. Jahrhunderts, als sich Leopold II. von Österreich und Friedrich Wilhelm II. von Preußen zur Intervention in Frankreich entschlossen, um die Französische Revolution niederzuwerfen und die „legitimen“ Rechte der Bourbonen wiederherzustellen. Beide Könige beriefen sich dabei auf die „Legitimität“ des verfaulenden Feudalismus und leiteten aus dieser „Legitimität“ das Recht ab, sich in die inneren Angelegenheiten Frankreichs, das heißt in die bürgerlich-demokratische Revolution einzumischen, um das Rad der Geschichte zurückzudrehen.
Nach dem Sturze Napoleons I. schlossen Alexander I. von Rußland, Franz I. von Österreich und Friedrich Wilhelm III. von Preußen am 26. September 1815 die „Heilige Allianz“ zur Unterdrückung aller fortschrittlichen Bewegungen in Europa. Der gleiche Geist der „Legitimität“ und der Restauration, der Mitte des 20. Jahrhunderts aus so manchem „Europa“-Dokument der westlichen Welt spricht, führte auch den Verfassern der „Heiligen Allianz“ die Feder, wenn wir in Artikel 2 unter anderem lesen: „Infolgedessen wird für die Beziehungen sowohl zwischen den genannten Regierungen wie ihren Untertanen einzig der Grundsatz gelten, sich wechselseitig zu dienen, sich in unwandelbarem Wohlwollen die gegenseitige Zuneigung zu bezeigen, von der sie beseelt sein müssen, und sich alle nur als Glieder einer und derselben christlichen Nation zu betrachten, wobei die drei verbündeten Fürsten sich selber nur als von der Vorsehung damit beauftragt ansehen, drei Zweige der einen und selben Familie zu regieren, nämlich Österreich, Preußen und Rußland . . .“[404]

[404] Vertrags-Ploetz, S. 128.

Doch die fortschrittliche Bewegung ließ sich nicht aufhalten. Darum unterschrieben die Herrscher Preußens, Österreichs und Rußlands in Troppau ein Protokoll, das als Zirkularnote von Troppau vom 8. Dezember 1820 in die Geschichte des Völkerrechts eingegangen ist und in der es heißt: „Die Umwälzung der Dinge in Spanien, Portugal und Neapel mußte notwendig die Mächte, welche die Revolution bekämpft hatten, mit Sorge und Unruhe erfüllen. Es mußte in ihnen das Bedürfnis rege werden, dem neuen Unheil, welches Europa bedroht, Einhalt zu tun ... Unstreitig steht den Mächten das Recht zu, gemeinschaftliche Maßregeln der Vorsicht gegen Staaten zu nehmen, deren Umformung, durch Anfuhr erzeugt, schon als Beispiel den rechtmäßigen Regierungen feindlich entgegentritt ..., demzufolge haben die in Troppau vereinten Monarchen die erforderlichen Maßnahmen verabredet und den Höfen von London und Paris ihre Ansichten mitgeteilt, wie teils durch Vermittlung, teils durch Gewalt der gewünschte Zweck erreicht werden kann ... Dieses System hat nur den Zweck, den Bund der Mächte zu befestigen; es zielt weder auf Eroberung, noch soll der Unabhängigkeit anderer Mächte nahe getreten werden. Weise und freiwillige administrative Verbesserungen sollen nicht verhindert werden; nur die Ruhe wollen sie erhalten, nur Europa vor der Geißel neuer Revolutionen schützen und diesen so viel als möglich zuvorkommen.“[405] Im Manifest von Laibach vom 13. Mai 1821 bekannten sich Österreich, Rußland und Preußen offen zum Prinzip der Intervention im Namen der „Legitimität“, indem sie dem Prinzregenten von Neapel die Besetzung des Königreichs Neapel durch 80000 Österreicher ankündigten und dies mit der Notwendigkeit rechtfertigten, „... die Komplotte zu ersticken und den Unruhen ein Ende zu machen, wodurch das Bestehen des allgemeinen Friedens bedroht war ...“[406].

England lehnte es ab, sich der Zirkularnote von Troppau und dem Manifest von Laibach anzuschließen, da dies den Interessen des englischen Bürgertums widersprach. Es bekannte sich zum „Prinzip der Nichtintervention“ in die inneren Angelegenheiten anderer Staaten, wie es am 28. Januar 1823 von CANNING proklamiert worden war: „Wir lehnen es für uns selbst ab und verneinen auch für andere Mächte das Recht, irgendwelche Veränderungen in den interna-

[405] Ebenda, S. 136.
[406] Ebenda, S. 137.

tionalen Einrichtungen von unabhängigen Staaten mit der Drohung zu fordern, im Falle der Ablehnung bewaffnet einzugreifen . . ."[407]
In dieser Zeitepoche war es das geschichtliche Verdienst der Vereinigten Staaten von Amerika, gegen das „Legitimitätsprinzip" angekämpft und das Effektivitätsprinzip zur Praxis ihrer internationalen Beziehungen gemacht zu haben. Amerikanische Staatsmänner waren es vor allem, die scharf gegen die in Europa herrschende „Heilige Allianz" und das von ihr vertretene „Legitimitätsprinzip" Stellung nahmen und in der Frage des Entstehens und der Anerkennung neuer Staaten und ihrer Regierungen dem Effektivitätsprinzip zum Siege verhalfen.
So schrieb THOMAS JEFFERSON im Jahre 1793 an Pinckney: „Wir können sicherlich den anderen Nationen nicht das Prinzip absprechen, auf dem unsere eigene Regierung gegründet ist, daß jede Nation das Recht hat, sich im Innern nach der Form zu regieren, die ihr gefällt, und diese Form nach ihrem eigenen Willen zu ändern; und nach außen ihre Beziehungen zu anderen Nationen durch Organe ihrer eigenen Wahl zu unterhalten, sei es ein König, eine Konvention, ein Komitee, ein Präsident oder was immer es sein mag."[408]
Im Jahre 1848 instruierte Staatssekretär BUCHANAN den amerikanischen Botschafter in Paris: „Wir mischen uns nicht in die Frage der Legitimität einer bestehenden Regierung ein. Es genügt uns, zu wissen, daß eine Regierung besteht, die in der Lage ist, sich zu behaupten; ihre Anerkennung durch uns ist dann eine selbstverständliche Folge"[409]; und am 12. Januar 1852 erklärte Staatssekretär

[407] Ebenda, S. 131 — „We disclaim for oneselves and deny for other powers the right of requiring any changes in the international institutions of independent states, with the menace of hostile attack in case of refusal . . ."

[408] Zitiert nach BROWN, Legal effects, S. 622 — „We certainly cannot deny for other nations that principle whereon our own government is founded, that every nation has the right to govern itself internally under what forms it pleases, and to change these forms at its own will; and externally to transact business with other nations through whatever organ it chooses, whether that be a king, convention, committee, president, or whatever it be".

[409] MOORE, Bd. I, S. 124 — „We do not go behind the existing government to involve ourselves in the question of legitimacy. It is sufficient for us to know that a government exists capable of maintaining itself; and then its recognition on our part inevitably follows".

WEBSTER dem französischen Botschafter Rives: „Von der Zeit des Präsidenten Washington bis zum heutigen Tage ist es ein von den Vereinigten Staaten von Amerika immer anerkanntes Prinzip gewesen, daß jede Nation das Recht hat, sich nach ihrem eigenen Willen zu regieren, ihre Institutionen nach Belieben zu ändern und ihre Beziehungen durch solche Vertreter zu unterhalten, die sie für richtig findet. Dieser Kernpunkt in unserer Politik ist deutlich dadurch illustriert worden, daß die verschiedenen Formen politischer Macht anerkannt wurden, die von Frankreich in den verschiedenen Revolutionen, die in diesem Lande stattfanden, nacheinander angenommen wurden."[410] Noch deutlicher umriß die amerikanische Stellungnahme gegenüber der Regierung Rivas-Walker in Nicaragua aus dem Jahre 1856 jede Ablehnung des „Legitimitätsprinzips": „Es ist eine feststehende Politik der USA, alle Regierungen anzuerkennen, ohne die Frage nach ihrer Herkunft, Zusammensetzung oder nach der Art und Weise, wie die regierenden Persönlichkeiten zur Macht gekommen sind, zu stellen, vorausgesetzt, daß de facto eine Regierung besteht ... Wir mischen uns nicht in die Angelegenheiten fremder Regierungen dadurch ein, daß wir die Frage nach ihrer Legitimität aufwerfen."[411] Und am 28. März 1913 stellt ein Memorandum des Unterstaatssekretärs an den Staatssekretär in der Frage der Anerkennung der Republik China durch die USA fest: „Die Regierungsform ist niemals eine wesentliche Bedingung für eine Anerkennung gewesen; mit anderen Worten, das De-jure-

[410] Zitiert nach HYDE, S. 159 – „Form President Washington's time down to the present day it has been a principle, always acknowledged by the United States, that every nation possesses a right to govern itself according to its own will, to change its institutions at discretion, and to transact business through whatever agents it may think proper to employ. This cardinal point in our policy has been strongly illustrated by recognizing the many forms of political power which have been successively adopted by France in the series of revolutions with which that country has been visited".

[411] MOORE, Bd. I, S. 142 – „It is the established policy of the United States to recognize all governments without question of their source, or organization, or the means by which the governing persons attain their power, provided there be a government de facto ... We do not go behind the fact of a foreign governments exercising actual power to investigate the questions of legitimacy".

Element der Legitimität des Rechtsanspruches ist beiseite gelassen worden ..."[412]

Wir stellen fest: Die Anerkennung eines Staates oder einer Regierung wurde von den USA „ohne Rücksicht darauf gewährt, ob Amerika mit der neuen Regierungsform sympathisierte oder nicht, was in amerikanischen Instruktionen oft sehr deutlich zum Ausdruck kommt"[413].

„Die Unzulässigkeit der Einmischung in die inneren Angelegenheiten anderer Staaten, die sich aus dem Prinzip der souveränen Gleichheit der Staaten unmittelbar ergibt, gehört zu den wichtigsten Grundsätzen des gegenwärtigen Völkerrechts. Die Nichteinmischung in die inneren Angelegenheiten anderer Staaten ist eines der höchsten Prinzipien des Völkerrechts und der internationalen Beziehungen."[414]

Die herrschende Lehre sowohl der älteren[415] als auch der neueren[416] Völkerrechtsliteratur vertritt übereinstimmend die Meinung, daß kein Staat das Recht hat, sich unter Verletzung des Prinzips der Nichteinmischung zum Richter über die Form der Entstehung dieses Staates oder seiner Regierung, über seine weltanschaulichen Grundlagen oder seine Staats- und Gesellschaftsordnung aufzuwerfen. „Die Organisation eines Staates wird von den anderen Staaten als eine innere Angelegenheit betrachtet, in die sie sich grundsätzlich nicht einzumischen haben."[417] Daraus folgt, wie HOLTZENDORFF sagt, daß die Anerkennung eines Staates „mit der Legitimität oder Illegitimität des staatlichen Entstehungsprozesses ... in keinem notwendigen Zusammenhang" steht.[418] Mit aller Klarheit sagt FAUCHILLE: „Ein erstes Prinzip muß festgestellt werden. Da jeder Staat die Freiheit besitzt, sich die Regierung zu geben, die er will, haben sich die Staaten, um mit einem anderen Staat in Beziehungen zu treten, weder um die Form noch um den Ursprung der in diesem Staat herrschenden Staatsmacht zu kümmern: wenn sie die Frage der ver-

[412] HACKWORTH, B. I, S. 176 – „The form of government has not been a conditional factor in such recognition; in other words, the de jure element of legitimacy of title has been left aside ..."

[413] KUNZ, Anerkennung, S. 137.

[414] JEWGENJEW, Sp. 573.

[415] Siehe Literaturhinweise bei KUNZ, Anerkennung, S. 137, Anm. 6.

[416] Siehe Literaturhinweise bei CHEN, S. 111, Anm. 36, S. 117, Anm. 3.

[417] HEILBORN, Anerkennung, S. 15.

[418] Handbuch des Völkerrechts, S. 24.

fassungsmäßigen Legalität dieser Staatsmacht prüfen würden, würden sie einen unrechtmäßigen Akt der Intervention begehen."[419] BORCHARD bezieht sich bei seiner Ablehnung des „Legitimitätsprinzips" ausdrücklich auf die amerikanische Staatenpraxis: „Aber das Völkerrecht, das zu einem beachtlichen Teil auf den von der frühen amerikanischen Praxis als gültig angenommenen Grundlagen beruht, stellte als eine Folge der Doktrin der Nichteinmischung das Prinzip auf, daß Regierungen das Recht haben, von fremden Regierungen anerkannt zu werden, wenn sie den Regierungsapparat tatsächlich kontrollieren. Das ist eine Maxime der internationalen Beziehungen und daher, das ist anzunehmen, des Völkerrechts ... Wenn die Anerkennung trotzdem verweigert wird oder besondere Bedingungen hinsichtlich der Legitimität oder ihrer ökonomischen oder politischen Prinzipien gestellt werden, liegt eine Intervention vor."[420] Und auch CHEN betont: „Es ist ein Grundprinzip des Völkerrechts, daß ein Staat das Recht hat, seine eigene Regierungsform frei von äußerer Einmischung zu bestimmen. Das Aufwerfen der Frage nach der verfassungsmäßigen Legalität der Regierung eines anderen Staates stellt eine Einmischung in die inneren Angelegenheiten dieses Staates dar."[421]

[419] FAUCHILLE, S. 321 – „Un premier principe doit être posé. Tout Etat étant libre de se donner le gouvernement qu'il veut, les Etats, pour entrer en relations avec un autre Etat, n'ont à se préoccuper ni de la forme ni de l'origine du pouvoir qui exerce l'autorité chez celui-ci: S'ils pouvaient examiner la question de légalité constitutionelle de ce pouvoir, ils commettraient un acte injustifiable d'intervention".

[420] BORCHARD, The unrecognized government, S. 261 – „But international law, accepting as valid the foundations laid to a considerable extent by early American practice, set up, as a corollary of the doctrine of non-intervention, the doctrine that governments have the right to be recognized by foreign governments when they are in actual control of the governmental machinery. That is a maxime of international intercourse and hence, it is believed, of international law ... If recognition is still withheld or special conditions are laid, with respect to legitimacy or its economic or political principles, intervention has taken place".

[421] CHEN, S. 111 – „... It is an elementary principle of international law that a State should have the right to choose its own rulers, free from external interference. To examine the constitutional legality of the government of another State constitutes an intervention in the domestic affairs of that State".

Wir sehen: Das sogenannte Legitimitätsprinzip widerspricht nach Ansicht der Völkerrechtswissenschaft dem Prinzip der Nichteinmischung; das heißt, dritte Staaten haben kein Recht, „eine Regierung bloß wegen der Art ihres Zustandekommens abzulehnen oder wegen ihres Regimes, sie haben auch ihrer Anerkennung keinen Tadel hierüber hinzuzufügen. Eine solche Überprüfung und Kontrolle würde eine Einmischung in die inneren Angelegenheiten eines anderen Staates bedeuten, da kraft Völkerrecht zur Kompetenz der Staaten die Verfassungsautonomie gehört, würde also dem völkerrechtlichen Interventionsverbot zuwiderlaufen."[422]

Auch die moderne Staatenpraxis lehnt das „Legitimitätsprinzip" als Intervention in die inneren Angelegenheiten fremder Staaten ab. Der amerikanische Staatssekretär HUGHES schrieb am 19. Juli 1923 an den Präsidenten der American Federation of Labour, Compers: „Wir befassen uns nicht mit der Frage der Legitimität einer Regierung, wie es früher in Europa gebräuchlich war. Wir erkennen das Recht auf Revolution an und versuchen nicht, die inneren Angelegenheiten anderer Staaten zu bestimmen."[423] Als nach der griechischen Revolution der König von Griechenland im Januar 1924 außer Landes ging und Venizelos zu Macht kam, schrieb der gleiche Staatssekretär HUGHES am 25. Januar 1924 in einem Brief an Präsident Coolidge: „Die letzte Entscheidung in bezug auf die Regierungsform ist eine solche, in die wir uns meiner Meinung nach in keiner Weise einmischen sollten."[424]

Gewiß, es besteht ein Unterschied zwischen diesen und ähnlichen Erklärungen amerikanischer Staatsmänner und der tatsächlichen Außenpolitik der USA; immer wieder wurde die völkerrechtliche Theorie durch die gesellschaftliche Praxis in das Gegenteil verkehrt. Das soll uns jedoch nicht hindern, die Richtigkeit der von HUGHES gemachten Äußerungen zu unterstreichen und ihre Übereinstimmung mit den allgemein anerkannten Prinzipien des Völkerrechts festzustellen.

422 KUNZ, Anerkennung, S. 161.

423 HACKWORTH, Bd. I, S. 177 – „... We are not concerned with the question of the legitimacy of a government as judged by former European standards. We recognize the right of revolution and we do not attempt to determinate the internal concerns of other States".

424 HACKWORTH, Bd. I, S. 168 – „The ultimate decision as to the form of government is one with which I feel we should in no way interfere".

Eines der bekanntesten, gegen das „Legitimitätsprinzip" gerichteten völkerrechtlichen Dokumente ist die nach dem damaligen mexikanischen Außenminister DON GENARO ESTRADA benannte Estrada-Doktrin vom 27. September 1930, in der es heißt: „Nach einem sehr sorgfältigen Studium dieser Frage (das heißt der Anerkennung, J.P.) hat die Regierung von Mexiko ihren Ministern und Geschäftsträgern in den kürzlich von politischen Krisen betroffenen Ländern Instruktionen übermittelt, in denen sie dahin unterrichtet werden, daß die mexikanische Regierung keine Erklärungen bezüglich einer Gewährung der Anerkennung herauszugeben beabsichtigt, weil Mexiko der Ansicht ist, daß eine solche Maßnahme eine beleidigende Praxis darstellt, eine Praxis, die über die Tatsache hinaus, daß sie die Souveränität anderer Staaten verletzt, insoweit ein wie auch immer geartetes Urteil über die inneren Angelegenheiten dieser Nationen durch andere Regierungen enthält, als letztere sich tatsächlich ein Urteil anmaßen, wenn sie, sei es günstig oder ungünstig, über die rechtliche Qualifikation einer fremden Regierung entscheiden."[425] In Übereinstimmung mit dieser Doktrin wurde auf der Panamerikanischen Konferenz von Mexiko City im Jahre 1945 ein Resolutionsentwurf Guatemalas, nach dem sich alle Staaten des amerikanischen Kontinents verpflichten sollten, keine Regierung eines, wie es so schön heißt: „antidemokratischen Regimes" („antidemocratic regime") – sprich: antiimperialistischen Regimes – anzuerkennen, von der juristischen Kommission dieser Konferenz als Verstoß gegen das völkerrechtliche Prinzip der Nichteinmischung abgelehnt.[426]

[425] A. J. 25 (1931), Anhang S. 203 – „After a very careful study of the subject, the Government of Mexico has transmitted instructions to its Ministers or Chargés d'Affaires in the countries affected by the recent political crisis, informing them that the Mexican Government is issuing no declarations in the sense of grants of recognition, since that nation considers that such a course is an insulting practice and one which, in addition to the fact that it offends the sovereignty of other nations, implies that judgement of some sort may be passed upon the internal affairs of those nations by other governments, inasmuch as the latter assume, in effect, an attitude of criticism, when they decide, favorably or unfavorably, as to the legal qualifications of foreign régimes".

[426] FENWICK, Recognition, S. 864.

Das Prinzip der Nichteinmischung ist geltendes Völkerrecht. Es ist die Grundlage von Artikel 3 der von Roosevelt und Churchill am 14. August 1941 unterzeichneten Atlantikcharta, in dem es heißt: „Sie achten das Recht aller Völker, sich diejenige Regierungsform zu wählen, unter der sie leben wollen . . ."[427]

Auf diese Formulierung der Atlantikcharta bezieht sich die Erklärung von Jalta vom 11. Februar 1945: „. . . das Recht aller Völker, sich die Regierungsform, unter der sie leben wollen, selbst zu wählen."[428]

Artikel 2 der Deklaration von Chapultepec vom 3. März 1945 besagt, „daß jeder Staat gegenüber den anderen Mitgliedern der internationalen Gemeinschaft das Recht auf Achtung seiner Eigenart und Unabhängigkeit besitzt"[429].

Artikel 1 § 2 und Artikel 55 der Charta der Organisation der Vereinten Nationen fordern, daß die Beziehungen zwischen den Staaten „auf der Achtung des Grundsatzes der Gleichberechtigung und des Selbstbestimmungsrechts der Völker"[430] beruhen müssen. Hierzu stellte auf der Gründungskonferenz der UN in San Francisco das Komitee I der Kommission I fest: „Das Komitee ist der Auffassung, daß das Prinzip der Gleichberechtigung der Völker und das der Selbstbestimmung zwei Seiten der gleichen Medaille sind und daß die Achtung dieses Prinzips die Grundlage für die Entwicklung freundschaftlicher Beziehungen und einer der Maßstäbe zur Stärkung des allgemeinen Friedens ist."[431]

Artikel 2 § 1 und Artikel 78 der UN-Charta erklären „den Grundsatz der souveränen Gleichheit aller ihrer Mitglieder"[432] zur Grundlage der Tätigkeit der UN. Auch hierzu gab das Komitee I der Kommission I einen Kommentar: „Das Komitee stimmte dafür, den Be-

[427] Vertrags-Ploetz, S. 384.
[428] Potsdamer Abkommen und andere Dokumente. Berlin 1950, S. 10.
[429] „Friedenswarte" 45 (1945), S. 190.
[430] UN-Charta, S. 4 und 25.
[431] Zitiert nach KELSEN, United Nations, S. 52, Anm. 1 – „The Committee understands that the principle of equal rights of peoples and that of self-determination are two complementary parts of one standard of conduct; that the respect of that principle is a basis for the development of friedly relations and is one of the measures to strenghten universal peace . . ."
[432] UN-Charta, S. 5 und 34.

griff ‚souveräne Gleichheit' dahin auszulegen, daß er folgende Elemente beinhaltet:

1. daß alle Staaten juristisch gleich sind;
2. daß jeder Staat das angestammte Recht der vollen Souveränität besitzt;
3. daß die Persönlichkeit des Staates sowohl in seiner territorialen Integrität als auch in seiner politischen Unabhängigkeit zu achten ist;
4. daß der Staat innerhalb der internationalen Ordnung all seinen Verpflichtungen getreu nachkommt."[433]

In diesem Zusammenhang sei darauf hingewiesen, daß bei den Verhandlungen über die Völkerbundssatzung im Jahre 1919 Artikel 15 § 8 – der den Völkerbundsrat in Fragen, die nach internationalem Recht unter die ausschließliche eigne Zuständigkeit der Staaten fallen, für unzuständig erklärte – auf ausdrücklichen Wunsch der Regierung der USA in die Satzung aufgenommen wurde.[434] Eine ähnliche Bestimmung enthält auch die UN-Charta in Artikel 2 § 7, der von der grundsätzlichen Feststellung ausgeht: „Keine Bestimmung der vorliegenden Satzung berechtigt die Vereinten Nationen, in Angelegenheiten einzugreifen, die ihrem Wesen nach in die innerstaatliche Zuständigkeit jedes Staates gehören . . ."[435]. In der 17. Sitzung des Komitees I der Kommission I betonte der Vertreter der Vereinigten Staaten in seinen Ausführungen über den Zweck des Artikels 2 § 7, daß diese Bestimmung die Nichteinmischung in die inneren Angelegenheiten als ein „grundlegendes Prinzip" („basic principle") behandelt.[436] Der kurzgefaßte Bericht über die 16. Sitzung des Komitees I/I enthält zu Artikel 2 § 7 den ausdrücklichen Hinweis, „daß keine unzulässige Einmischung in die

[433] Zitiert nach Kelsen, United Nations, S. 51, Anm. 9 – „The Committee voted to use the terminology „sovereign equality" on the assumption that it includes the following elements: 1. that states are juridically equal; 2. that each state enjoys the right inherent in full sovereignty; 3. that the personality of the state is respected, as well as its territorial integrity and political independence; 4. that the state should, under international order, comply faithfully with its international duties and obligations".

[434] Rousseau, S. 235/236. [435] UN-Charta, S. 6.

[436] Kelsen, United Nations, S. 769, Anm. 1.

inneren Angelegenheiten der verschiedenen Staaten erfolgen darf"[437]. In der 60. Sitzung des Sicherheitsrates erklärte der Vertreter der Ukrainischen Sozialistischen Sowjetrepublik, daß Artikel 2 § 7 der UN-Charta den Regierungen der Staaten das Recht verweigere, sich in die inneren Angelegenheiten eines fremden Staates einzumischen.[438] Auch KELSEN, obwohl er in der Auslegung des Artikels 2 § 7 eine abweichende Meinung vertritt, kommt zu der grundsätzlichen Feststellung: „Nach allgemeinem Völkerrecht stellt die gewaltsame Einmischung eines Staates in die Angelegenheiten eines anderen Staates eine unrechtmäßige Intervention dar, die die politische Unabhängigkeit oder territoriale Integrität des letzteren verletzt."[439]

Und nicht zuletzt hat das der sogenannten Legitimität entgegengesetzte Prinzip der Nichteinmischung in die inneren Angelegenheiten fremder Staaten dank des unermüdlichen Kampfes der Sowjetunion für die Durchsetzung gerade dieses Prinzips in den internationalen Beziehungen in den letzten Jahren seinen Niederschlag in einer Reihe wichtiger internationaler Dokumente gefunden; so

im Kommuniqué über die Besprechungen zwischen dem Ministerpräsidenten der Volksrepublik China, Tschou En-lai, und dem Ministerpräsidenten der Republik Indien, J. Nehru, vom 28. Juni 1954[440];

im Kommuniqué über die Besprechungen zwischen Tschou En-lai und dem Ministerpräsidenten der Union von Burma, U Nu, vom 29. Juni 1954[441];

im Kommuniqué über die Besprechungen zwischen Nehru und dem ägyptischen Ministerpräsidenten Nasser im Februar 1955[442];

[437] Ebenda, S. 769/770, Anm. 1 — „. . . that there should not be undue interference with the domestic jurisdiction of the several states".

[438] Official Record of the Security Council, Jahrgang I, Reihe 2, Nr. 8, S. 209.

[439] KELSEN, United Nations, S. 770 — „Under general international law, illegal intervention is a dictatorial interference by a state in the affairs of another state, affecting the latter's political independence or territorial integrity".

[440] „Neues Deutschland", Berlin, 29. Juni 1954.

[441] „Tägliche Rundschau", Berlin, 12. Januar 1955.

[442] „Neues Deutschland", Berlin, 18. Februar 1955.

im Schlußkommuniqué der Asiatisch-Afrikanischen Konferenz von Bandung vom 24. April 1955[443];
in der Erklärung der Regierungen der UdSSR und der Föderativen Volksrepublik Jugoslawien vom 2. Juni 1955[444];
in der Erklärung über die Besprechungen zwischen dem Vorsitzenden des Ministerrates der UdSSR und dem indischen Ministerpräsidenten vom 22. Juni 1955[445];
im Kommuniqué über die Besprechungen zwischen Regierungsdelegationen der Sowjetunion und Burmas vom 3. November 1955[446];
in der gemeinsamen sowjetisch-indischen Erklärung über den Staatsbesuch einer sowjetischen Regierungsdelegation in Indien im November und Dezember 1955[447];
in dem ägyptisch-jugoslawischen Kommuniqué über die Kairoer Besprechungen zwischen Tito und Nasser vom 5. Januar 1956[448];
auch in der britisch-sowjetischen Erklärung vom 26. April 1956[449] sowie in der sowjetisch-französischen Erklärung vom 19. Mai 1956.[450]

Wir stellen fest: Alle Versuche der Westmächte und der Deutschen Bundesrepublik, die Deutsche Demokratische Republik unter Berufung auf eine angebliche „Nichtlegitimität" der Regierung der DDR von der Mitgliedschaft in multilateralen Verträgen und der Mitarbeit in internationalen Organisationen – insbesondere den Spezialorganisationen der Vereinten Nationen – auszuschließen, beruhen auf einer reaktionären Doktrin, die im Völkerrecht niemals anerkannt worden ist, die von Wissenschaft und Praxis übereinstimmend als dem Völkerrecht zuwiderlaufend bezeichnet wird. Das gilt sowohl für das „Legitimitätsprinzip" alter Form als auch für seine moderne Abart, den sogenannten Konstitutionalismus. Wenn Marschall von Bieberstein behauptet, das „Legitimitätsprinzip" gewinne seit dem ersten Weltkrieg zunehmend an Bedeutung, so ist er uns den völkerrechtlichen Beweis für seine Be-

443 „Tägliche Rundschau", Berlin, 26. April 1955.
444 Ebenda, 3. Juni 1955.
445 „Neues Deutschland", Berlin, 24. Juni 1955.
446 Ebenda, 5. November 1955.
447 Ebenda, 14. Dezember 1955.
448 Ebenda, 7. Januar 1956.
449 „Daily Worker", London, 27. April 1956.
450 „L'Humanité", Paris, 21. Mai 1956.

hauptung schuldig geblieben. Wir glauben vielmehr, schlüssig bewiesen zu haben, daß auch und gerade nach dem ersten Weltkrieg, vor allem aber seit dem Ende des zweiten Weltkrieges allein das dem „Legitimitätsprinzip" diametral entgegengesetzte und mit dem Effektivitätsprinzip übereinstimmende Prinzip der Nichteinmischung die internationalen Beziehungen, und damit das Völkerrecht, bestimmt. Nach wie vor wird das „Legitimitätsprinzip" von Völkerrechtswissenschaft und Staatenpraxis als interventionistisch abgelehnt und die Nichteinmischung zu einem der wichtigsten, allgemein anerkannten Grundprinzipien der internationalen Beziehungen und des Völkerrechts erklärt.

Gewiß hat es einige amerikanische Theoretiker gegeben, die das „Legitimitätsprinzip" beziehungsweise den „Konstitutionalismus" vertreten haben; und gewiß war die Staatenpraxis der USA für eine bestimmte Zeit und gegenüber einigen mittelamerikanischen Staaten vom „Konstitutionalismus" bestimmt. Es ist indessen eine ausgepaukte Sache, daß der „Konstitutionalismus" als partikulärvölkerrechtliche Norm nur für das Verhältnis der USA zu diesen mittelamerikanischen Staaten galt: Am 20. Februar 1907 schlossen die mittelamerikanischen Staaten Nicaragua, Honduras, Guatemala, Costarica und Salvador unter maßgeblichem Einfluß der USA in Washington einen Vertrag, in dem sie sich verpflichteten, „eine andere Regierung, die in einer der fünf Republiken als Folge eines Staatsstreiches oder einer Revolution gegen die anerkannte Regierung zur Macht kommt, so lange nicht anzuerkennen, bis die frei gewählten Vertreter des dortigen Volkes das Land nicht konstitutionell reorganisiert haben"[451]. Diese nach dem Außenminister Ekuadors, Dr. Tobar, benannte und mit Vertrag vom 7. Februar 1923 noch verschärfte Tobar-Doktrin „war seit 1913 auch für die Vereinigten Staaten im Verhältnis zu Zentralamerika richtunggebend"[452].

[451] Hackworth, Bd. I, S. 186 – Artikel I dieses Vertrages lautet: „The Governments of the High Contracting Parties shall not recognize any other Government which may come into power in any of the five Republics as a consequence of a coup d'état or of a revolution against the recognized Government, so long as the freely elected representatives of the people thereof, have not constitutionally reorganized the country".

[452] Verdross, VR, S. 252.

Es ist hier nicht unsere Aufgabe, den imperialistischen Inhalt der Tobar-Doktrin im einzelnen zu analysieren. Wir halten es aber nichtsdestoweniger für notwendig, mit einigen Worten auf die wahren Hintergründe dieser Doktrin einzugehen:

Eine gewisse Änderung der von uns dargelegten traditionellen amerikanischen Anerkennungspolitik trat nämlich ein, als der Kapitalismus der freien Konkurrenz in den Imperialismus überging. Hier beweist sich die Richtigkeit des Wortes LENINs aus seiner Schrift „Der Imperialismus als höchstes Stadium des Kapitalismus": „Das Finanzkapital ist eine so gewaltige, man darf wohl sagen, entscheidende Macht in allen ökonomischen und internationalen Beziehungen, daß es imstande ist, sich sogar Länder zu unterwerfen, und auch tatsächlich unterwirft, die die vollste politische Unabhängigkeit besitzen; . . ."[453].

Diese Entwicklung begann gegen Ende des 19. Jahrhunderts auf Druck der amerikanischen Monopole. Ausgehend vom Dollarimperialismus, entwickelte sich in der amerikanischen Außenpolitik gegenüber den mittelamerikanischen Staaten ein sogenannter „verfassungsmäßiger oder republikanischer Legitimismus"[454], der die Anerkennung eines Staates oder einer Regierung durch die USA davon abhängig machen wollte, ob dieser Staat oder diese Regierung nach Ansicht des State Department „verfassungsmäßig" oder „legitim" sei, so wie es Präsident WILSON in seiner Botschaft vom 11. März 1913 zum Ausdruck brachte: „Eine Zusammenarbeit ist nur dann möglich, wenn die andere Regierung sich in ihrer Arbeit jederzeit von Rechtsgrundsätzen leiten läßt und nicht auf Willkür oder Revolution beruht . . . Als Freunde bevorzugen wir deshalb solche Staaten, die sich von den Interessen des Friedens und der Ehre leiten lassen, die privaten Rechte schützen und die Verfassung einhalten."[455]

[453] LENIN, Ausgewählte Werke in zwei Bänden. Bd. I, S. 833.

[454] CHEN, S. 107 – „. . . constitutional or republican legitimism".

[455] Zitiert nach CHEN, S. 108 – „Cooperation is possible only when supported at every turn by the orderly processed or just government based upon law, not upon arbitrary or irregular force . . . As friends therefore, we shall prefer those who act in the interest of peace and honour, who protect private rights, and respect the restraints of constitutional provision".

Was sich hinter der Fassade der Worte „rechtmäßig" „Gesetz", „Friede", „private Rechte" und „verfassungsmäßig" im Sinne der Wilson-Doktrin verbirgt, zeigt besonders instruktiv die Anwendung dieser Doktrin auf die mexikanisch-amerikanischen Beziehungen in den Jahren 1913 und 1914:
Der die Interessen der amerikanischen Erdölkonzerne vertretende Präsident Mexikos, Madere, wurde im Februar 1913 durch General Huerta gestürzt. Im Gegensatz zu allen anderen Großmächten erkannte USA-Präsident Wilson die Regierung Huerta nicht an, da diese durch eine Revolution zur Macht gekommen sei und die Anerkennung einer solchen Regierung den Prinzipien der USA widerspreche.[456]
Wilson schickte jedoch einen Vertrauensmann nach Mexiko, der Huerta klarmachen sollte, daß die revolutionäre Bewegung unter „gewissen Voraussetzungen" mit einer Anerkennung durch die USA rechnen könne. Zu diesen Voraussetzungen zählte unter anderem die Verpflichtung General Huertas, sich nicht als Präsidentschaftskandidat aufstellen zu lassen.[457] In einem solchen Fall würde, so ließ Wilson wissen, die USA-Regierung amerikanischen Banken nahelegen, Mexiko die Gewährung einer Anleihe anzubieten.[458]
In einer Botschaft an die beiden Häuser des amerikanischen Parlaments begründete Wilson seine „Neutralitätspolitik" gegenüber Mexiko mit Worten, die eine geradezu verblüffende Ähnlichkeit mit dem ersten Jahresbericht des damaligen europäischen Oberbefehlshabers der NATO, General Eisenhower, bezüglich Westdeutschlands[459] aufweisen. Wilson sagte, daß Mexiko an einer Stelle liege, auf die sich aller Augen richteten. Zentralamerika werde in kurzer Zeit mit den großen Welthandelsstraßen und Verkehrsbahnen verbunden sein, die von einem Weltmeer zum anderen über den Isthmus laufen. Die Zukunft berge große Dinge für Mexiko in ihrem Schoße; aber die besten Gaben könnten dem Lande nur dann zugute kommen, wenn es bereit und in „Freiheit" imstande sei, sie zu empfangen und in „Ehren zu genießen".[460]

456 Hale, S. 52–58.
457 U. S. Congressional Record, Bd. 50, S. 3803/3804.
458 U. S. Foreign Relations, 1913, S. 835.
459 J. Peck, Was wird aus Europa. Teil I, Berlin 1955, S. 46.
460 U. S. Foreign Relations, 1913, S. 823 und 896.

Als sich Huerta am 26. Oktober 1913 trotz der mehr oder weniger deutlichen „Warnungen" WILSONS zum Präsidenten von Mexiko wählen ließ, beschlossen die Vereinigten Staaten, Huerta dadurch zu beseitigen, daß sie ihm die Unterstützung durch die englische Regierung zu entziehcn suchten. In Besprechungen, die in dieser Angelegenheit Anfang November 1913 zwischen WILSON und dem Unterstaatssekretär des englischen Außenministeriums, Sir William Tyrrell, geführt wurden, fragte Tyrrell Präsident Wilson unter anderem nach dem Ziel der amerikanischen Mexiko-Politik. WILSON antwortete: „Ich bin dabei, den südamerikanischen Republiken beizubringen, gute Männer zu wählen!"[461] In diesen Besprechungen ließ WILSON ferner durchblicken, daß er den Gouverneur von Nord-Mexiko, Carranza, für einen „guten Mann" halte. Die Gründe für diese gute Meinung können wir einem Bericht des USA-Botschafters in Mexiko, HENRY LANE-WILSON, an Staatssekretär Bryan entnehmen, in dem der Botschafter erklärte, daß Carranza die Absicht habe, eine unabhängige nordmexikanische Republik zu schaffen, die einen großen Teil der nordmexikanischen Staaten umfassen solle. Das Programm der Organisation, der Carranza angehöre, gehe dahin, „sich zunächst von Mexiko zu lösen und dann, dem Beispiel von Texas folgend, um Zulassung als Staaten innerhalb der Amerikanischen Union nachzusuchen"[462].

Ohne Zweifel, ein „guter Mann" für WILSONS Dollarimperialismus. Es kam zwischen England und Amerika zu einer Einigung. England erhielt gewisse Konzessionen bezüglich der Panamakanalgebühren in Aussicht gestellt und gab dafür seinerseits den Vereinigten Staaten „freie Hand" in Mexiko.[463] Es folgte eine finanzielle Blockade Mexikos durch die Vereinigten Staaten. Mexiko mußte im Januar 1914 den Staatsbankrott erklären, der vom „Wallstreet-Journal" ganz offen der Finanzblockade des Präsidenten Wilson zugeschrieben wurde.[464]

[461] VAGTS, S. 199 – „I am going to teach the South American Republics to elect good men!"

[462] RÖMER, S. 61 – „first to secede from Mexico and then, following the Texas precedent, to apply for admission as states into the American Union".

[463] VAGTS, S. 199/200.

[464] „Wallstreet-Journal", New York, 15. Januar 1914.

Kurz darauf änderte WILSON seine „Neutralitätspolitik" gegenüber Mexiko und gestattete die Lieferung von USA-Waffen an Carranza. Als Grund gab er an, daß Mexiko die „Freiheit" haben sollte, seine Verhältnisse *selbst* zu regeln und sie so rasch wie möglich aus „eigener" Kraft und Entschließung auf eine „kontitutionelle Grundlage" zu stellen.[465] Im Frühjahr des Jahres 1914 spitzte sich das Verhältnis zwischen Huerta und den Vereinigten Staaten immer mehr zu. Die berechtigte Verhaftung einiger amerikanischer Soldaten in Tampico wurde vom US-State Department zum Anlaß genommen, durch eine militärische Intervention energische Maßnahmen gegen den „Usurpator" zu ergreifen.[466]

Am 21. April 1914 besetzten amerikanische Marinestreitkräfte die Stadt Veracruz. Am 25. April 1914 boten Argentinien, Brasilien und Chile ihre Vermittlung im amerikanisch-mexikanischen Konflikt an. Es kam zur Konferenz von Niagara, die jedoch ohne Ergebnis blieb. Infolge der starken Waffenlieferungen der USA an Carranza mußte Huerta am 15. Juli 1914 abdanken. Carranza wurde Präsident von Mexiko und seine Regierung von den USA *sofort* als die „legitime" Regierung Mexikos anerkannt.

Soweit Mexiko. – Die gleiche „konstitutionelle", sprich „legitimistische" Politik finden wir zum Beispiel noch in den Beziehungen der USA zu Costa Rica im Jahre 1917, zu Haiti im Jahre 1922, zu Nicaragua im Jahre 1926 und zu Guatemala im Jahre 1930.[467] Und wir könnten aus den Beziehungen der USA zu den mittelamerikanischen Staaten eine Fülle weiterer Beispiele aufzählen – unter anderem den von der United Fruit Company im Jahre 1954 in Guatemala inszenierten Staatsstreich –, die klar und eindeutig beweisen, daß es sich bei der von den USA geforderten „Legitimität" oder dem „Konstitutionalismus" der Regierungen dieser Staaten immer nur darum handelte, hinter so schönen Worten wie „freie Wahlen", „Förderung gemeinsamer Interessen", „Erhaltung der Unabhängigkeit" oder „Schutz von Leben, Eigentum und persönlicher Freiheit" die Profitinteressen der amerikanischen Monopole, kurz das, was

[465] U. S. Foreign Relations, 1914, S. 447/448.
[466] Ebenda, S. 450/451.
[467] CHEN, S. 114.

Wissenschaft und Politik als Dollarimperialismus bezeichnen, zu verbergen.[468]

Durch die Forderung nach der „Legitimität" oder dem „Konstitutionalismus" versuchen die herrschenden Kreise des modernen Kapitalismus, die internationalen Beziehungen und damit das Völkerrecht diesem reaktionären Prinzip zu unterwerfen. Nur das soll „legitim" oder „konstitutionell" sein, was den Interessen des Imperialismus dient. Sie sind bestrebt, das Völkerrecht zu verfälschen, ein so verfälschtes „Recht" in den Dienst des Unrechts zu stellen, um unter dem Deckmantel sogenannter völkerrechtlicher „Legitimität" ihren Weltherrschaftsanspruch zu verwirklichen. Sie wollen allein bestimmen können, was „legitim" oder „konstitutionell" in anderen Staaten ist, um sich so zum „Weltrichter" oder „Weltgendarmen" eines von ihnen dirigierten „Weltstaates" aufwerfen zu können; denn das würde ihnen das „Recht" geben, sich überall in die inneren Angelegenheiten fremder Staaten einzumischen und die verfassungsmäßige Ordnung dieser Staaten nach ihrem Willen zu bestimmen.

Hierin liegt auch der innere Zusammenhang zwischen der Theorie von der konstitutiven Wirkung der Anerkennung und dem „Legitimitätsprinzip". Nur der Staat soll rechtmäßig entstanden, nur die Regierung „legitim" oder „konstitutionell" gebildet sein, die nach Ansicht des „closed club" der imperialistischen Staaten „legitim" im Sinne ihrer Staats- und Gesellschaftsordnung sind und darum von ihnen als Staaten „anerkannt" werden. All dies geschieht aus dem gleichen Grunde, aus dem sich Leopold II. von Österreich und Friedrich Wilhelm II. von Preußen, aus dem sich der „closed club" der „Heiligen Allianz" auf die „Legitimität" beriefen: aus Furcht vor dem geschichtlichen Fortschritt. Aber ebensowenig, wie es vor über hundert Jahren der preußisch-österreichischen Koalition oder

468 Weitere Literatur hierzu: C. A. Beard, Contemporary American History. New York 1914; I. W. Pratt, Expansionists of 1918. Baltimore 1936; J. H. Latane, America as a World Power. New York 1907; H. Strode, Kampf um Kuba. München 1938; C. Beals, The Crime of Cuba. Philadelphia und London 1933; W. Herzog, Panama. München 1950; P. Müller-Heymer, Der Panamaskandal. Berlin 1909; S. G. Imman, Problems of Panamericanism. New York 1921; C. L. Jones, Caribbean Interests of the United States. New York 1919.

der „Heiligen Allianz" gelungen war, das Rad der Geschichte zurückzudrehen und den geschichtlichen Fortschritt aufzuhalten, ebensowenig wird es in unserer Zeit den herrschenden Kreisen des modernen Kapitalismus gelingen.

Alle Versuche des Dollarimperialismus, das Völkerrecht dem „Legitimitätsprinzip" oder dem „Konstitutionalismus" dienstbar zu machen, sind gescheitert. Selbst amerikanische Autoren haben darauf hingewiesen, daß das „Legitimitätsprinzp" nur zwischen den Staaten der „Tobar-Doktrin" und den USA in ihrem Verhältnis zueinander Anwendung gefunden habe, daß es für die Nichtsignatarstaaten dieser Doktrin keine Geltung besitze und nicht als Postulat des Völkerrechts betrachtet werden könne.[469]

Auch HACKWORTH betont, daß in der Frage der Anerkennung neuer Regierungen durch die USA der „Konstitutionalismus" nur gegenüber gewissen zentralamerikanischen Staaten eine Rolle gespielt habe, daß sich aber ansonsten „die Voraussetzungen . . . wesentlich nach der von Jefferson geschaffenen sogenannten De-facto-Politik der Anerkennung gerichtet haben"[470]. Diese Politik unterstrich Staatssekretär STIMSON in einer Adresse an das Council of Foreign Relations vom 6. Februar 1931 durch die Worte: „Die Praxis dieses Landes in der Frage der Anerkennung neuer Regierungen ist seit der Zeit des Staatssekretärs Jefferson bis zur Zeit des Staatssekretärs Bryan im Jahre 1913 im wesentlichen die gleiche geblieben . . . Die allgemein angewandte Praxis bestand darin, den Akt der Anerkennung nicht auf die verfassungsmäßige Legitimität der neuen Regierung zu gründen, sondern auf ihre tatsächliche Fähigkeit, ihre Verpflichtungen als Glied der Staatengemeinschaft zu erfüllen . . ."[471]

[469] KUNZ, Anerkennung, S. 151; ebenso ROSS, S. 190.

[470] HACKWORTH, Bd. I, S. 174 – „. . . the prerequisites . . . have conformed substantially to the so-called de facto policy of recognition instituted by Jefferson".

[471] Zitiert nach CHEN, S. 127 – „The practice of this country as to the recognition of new governments has been substantially uniform from the days of Secretary of State Jefferson to the days of Secretary of State Bryan in 1913 . . . The general practice, as thus observed, was to base the act of recognition, not upon the constitutional legitimacy of a new government but upon its de facto capacity to fulfil its obligations as a member of the family of nations . . ."

Wir sehen: Die Geltendmachung des „Legitimitätsprinzips" gegenüber der Deutschen Demokratischen Republik und ihrer Regierung in den internationalen Organisationen verstößt gegen das Völkerrecht. Weder die Regierungen der Westmächte noch die der Deutschen Bundesrepublik oder irgendeines sonstigen Staates haben nach den Normen des Völkerrechts das Recht, die Frage der „Legitimität" der Regierung eines dritten Staates aufzuwerfen. Sie verstoßen gegen das völkerrechtliche Interventionsverbot, wenn sie die Rechtmäßigkeit der Regierung eines Staates danach bewerten, wie diese Regierung gebildet wurde, ob dieser Entstehungsprozeß ihnen paßt oder nicht. Sie verletzen das Völkerrecht, wenn sie die Anerkennung der Deutschen Demokratischen Republik und ihrer Regierung davon abhängig machen, wie sie selbst die inneren, konstitutionellen Verhältnisse der Deutschen Demokratischen Republik, ihre Staats- und Gesellschaftsordnung, zu beurteilen belieben. Jeder Schritt in dieser Richtung verletzt das völkerrechtliche Prinzip der Verfassungsautonomie eines jeden Staates, stellt eine völkerrechtswidrige Intervention in die inneren Angelegenheiten der Deutschen Demokratischen Republik dar.

4. Die Deutsche Demokratische Republik als ein Nachfolgestaat des ehemaligen Deutschen Reiches

Und noch eine völkerrechtliche Feststellung widerlegt die Identitätstheorie und den Ausschließlichkeitsanspruch der Deutschen Bundesrepublik: Die Deutsche Demokratische Republik ist — ebenso wie die Deutsche Bundesrepublik — ein Nachfolgestaat des ehemaligen Deutschen Reiches und daher nach allgemeinem Völkerrecht sowohl berechtigt, den Inhalt gewisser Rechte ihres Gebietsvorgängers wahrzunehmen als auch verpflichtet, dem Inhalt gewisser, von dem Gebietsvorgänger eingegangener Verpflichtungen nachzukommen.

Gewiß, die Staatennachfolge und ihre Folgen sind eines der umstrittensten Gebiete des Völkerrechts und der Völkerrechtswissenschaft. Dies trifft sowohl für die ältere[472] als auch für die moderne[473]

[472] Strupp, S. 82; G. Jellinek, S. 278, Anm. 2; Fauchillè, Bd. 1, Teil 1, S. 373 ff.

[473] Sauèr, S. 104; Castrén, S. 402; Wilkinson, S. 15; Schwarzenbergèr, Völkerrecht, S. 56; Corbett, S. 515; Jones, S. 360.

Völkerrechtsliteratur zu. Auch waren die von einer Staatennachfolge betroffenen Staaten immer bestrebt, dieses Problem zu ihren Gunsten auszulegen. So waren die USA *vor* dem ersten Weltkrieg im wesentlichen bemüht, eventuelle Folgen der Staatennachfolge nach Möglichkeit einzuschränken und zu begrenzen[474], während sie *nach* dem ersten Weltkrieg gegenüber der UdSSR bekanntlich einen entgegengesetzten Standpunkt einnahmen; oder: Die USA erklärten 1901, daß das „unabhängige“ Kuba nicht mehr an die britisch-spanischen Verträge gebunden sei[475], während sie 1929 die Ansicht vertraten, daß ein 1830 zwischen den Vereinigten Staaten und dem Ottomanischen Reich abgeschlossener Vertrag Ägypten nach wie vor binde.[476]
Trotz aller Meinungsverschiedenheiten in Literatur und Staatenpraxis gibt es jedoch bei der Staatennachfolge gewisse grundlegende Tatbestände, über die Übereinstimmung herrscht[477]; und auf diese kommt es uns hier allein an.
Die Staatennachfolge gibt in den Fällen die wenigsten Probleme auf, in denen sie auf vertraglichen Abmachungen beruht, da in diesen Fällen die in Frage stehenden Probleme zumeist im einzelnen geregelt werden. Schwieriger ist es dann, wenn ein solcher Vertrag fehlt, sei es, daß der Wechsel eines Territoriums vom Vorgänger auf den Nachfolger gewaltsam erfolgte, sei es, daß der Vorgänger untergegangen ist und sich auf seinem Territorium mehrere Neustaaten gebildet haben – wobei uns im Falle der Deutschen Demokratischen Republik vor allem das letztere interessiert.

Das Deutsche Reich ist im Jahre 1945 untergegangen; zwei deutsche Nachfolgestaaten, die Deutsche Demokratische Republik und die Deutsche Bundesrepublik, sind entstanden. Auch der Untergang eines Staates „hindert das Phänomen der Staatennachfolge nicht“[478]. Auf dem Territorium des untergegangenen Staates können sich zwei oder mehrere neue Staaten bilden. Dann entstehen, wie Meshdunarodnoje Pravo mit Recht feststellt, an Stelle des unter-

[474] Castren, S. 402.
[475] Jenks, S. 127.
[476] Hackworth, Bd. V, S. 366.
[477] Brandweiner, Staatennachfolge, S. 496.
[478] Ebenda, S. 497; ebenso Kelsen, Principles, S. 296; Schoenborn, S. 14.

gegangenen Völkerrechtssubjektes zwei oder mehrere neue selbständige Völkerrechtssubjekte.[479] Auch nach OPPENHEIM-LAUTERPACHT tritt eine Staatennachfolge dann ein, „wenn ein Staat in Teile auseinanderfällt, die ... aus sich heraus selbständige Völkerrechtssubjekte werden ...“[480].

Es ist in der modernen Völkerrechtswissenschaft allgemein anerkannt, daß der Nachfolgestaat – in unserem Falle also die Deutsche Demokratische Republik – ein *eigenes* und unabhängiges Recht an dem neuen Territorium hat.[481] Die Rechte und Pflichten, die sich aus der Staatennachfolge für den Nachfolgestaat ergeben, sind also *nicht* mit denen des Vorgängers *identisch*; aus dem grundlegenden Prinzip der Souveränität heraus kann keine Identität der Rechte und Pflichten des Nachfolgers mit denen des Vorgängers vorliegen.[482] Es ergeben sich vielmehr in gewissem Umfang für den Nachfolgestaat *neue*, *eigene* Rechte und Pflichten, die denen seines Vorgängers entsprechen.[483]

Da im Falle der Deutschen Demokratischen Republik[484] vertragliche Bestimmungen in bezug auf die Staatennachfolge nicht gegeben sind, ein unmittelbares Band zwischen Vorgänger und Nachfolger also nicht besteht und der Vorgänger den Nachfolger rechtlich auch nicht verpflichten kann, so bleiben nur die allgemeinen Normen des Völkerrechts, die uns Auskunft darüber geben können, welche Rechte und Pflichten sich für die Deutsche Demokratische Republik aus dem Phänomen der Staatennachfolge ergeben. Hierbei kommt es, wie gesagt, nicht „auf eine Identität der Rechte und Pflichten an, die übergehen; entscheidend ist, ob es nach dem Völkerrecht ge-

[479] Meshdunarodnoje Pravo, S. 123 – Diese Feststellung trifft gleichermaßen auf die Deutsche Demokratische Republik und auf die Deutsche Bundesrepublik zu. Bei der Deutschen Demokratischen Republik ergibt sich darüber hinaus die Tatsache der Staatennachfolge auch aus dem Umstand, daß sie im Verhältnis zum Vorgängerstaat Deutsches Reich ihrem Klassencharakter nach einen neuen Staatstyp darstellt (ebenda, S. 111/112 und S. 120).

[480] OPPENHEIM-LAUTERPACHT, Bd. I, S. 157 – „... when a State breaks up into parts, which ... become separate International Persons on their own ...“

[481] CASTRÉN, S. 388 – „... l'Etat a un droit propre et independent au nouveau territoire“.

[482] So auch KELSEN, Principles, S. 296.

[483] SCHOENBORN, S. 11.

[484] Das gleiche trifft auf die Deutsche Bundesrepublik zu.

wisse Rechte und Pflichten gibt, die dem Nachfolgestaat zugebilligt und auferlegt sind, deren Inhalt gewissen Rechten und Pflichten des Vorgängerstaates entspricht"[485].

Wir haben festgestellt, daß jeder Neustaat mit seinem Eintritt in die Staatengemeinschaft unabhängig von seiner und anderer Staaten Zustimmung an die allgemein anerkannten Normen des Völkerrechts gebunden ist. Weder kann er sich selbst, noch können die anderen Staaten ihn von der sich aus dem allgemeinen Völkerrecht ergebenden Berechtigung und Verpflichtung ausschließen. Weder darf dem Neustaat gegenüber den Altstaaten, noch darf den Altstaaten gegenüber dem Neustaat freigestellt werden, sich je nach Belieben an das allgemeine Völkerrecht zu halten oder nicht. Alle Staaten – ob alte oder neue – sind an das Völkerrecht gebunden, für alle – unabhängig von ihrer Staats- und Gesellschaftsordnung – gelten die gleichen Normen.

Die Normen, die einem Nachfolgestaat gewisse Rechte einräumen, die nicht von ihm stammen, die ihm gewisse Pflichten auferlegen, die er nicht übernommen hat, sind also die allgemein anerkannten Normen des Völkerrechts, an die jeder Staat unabhängig von seiner und der anderen Staaten Zustimmung gebunden ist. Daß der Inhalt dieser Rechte und Pflichten – wie BRANDWEINER sagt – „gewissen Rechten und Pflichten des Vorgängerstaates entspricht", ergibt sich direkt aus dem allgemeinen Völkerrecht.[486]

Selbst amerikanische Völkerrechtswissenschaftler widerlegen die offizielle westdeutsche Identitäts- und Ausschließlichkeitsthese. KELSEN nimmt das Entstehen zweier *neuer* deutscher Staaten an und erwähnt bei der Darstellung der Staatennachfolge in seinen „Principles of international law" die Dismenbration Deutschlands nach dem zweiten Weltkrieg als typisches Beispiel für eine Staatennachfolge.[487] KUNZ erklärt: „. . . ein souveränes Westdeutschland ist nicht identisch mit Vorkriegsdeutschland, sondern ein neuer Staat, ein Nachfolgestaat."[488] Der gleichen Ansicht ist auch PLISCHKE,

[485] BRANDWEINER, Staatennachfolge, S. 497.
[486] So auch KELSEN, Principles, S. 296.
[487] Ebenda, S. 77, 263 und 295.
[488] KUNZ, London and Paris Agreements, S. 213 – „. . . a sovereign West Germany is not identical with pre-war Germany, but a new state, a successor state; . . ."

wenn er sagt, die Deutsche Bundesrepublik „ist mit dem früheren Deutschen Reich eindeutig nicht identisch. Sie ist ein neuer Staat ... ein Nachfolgestaat des Deutschen Reiches."[489]

Es ist unbestreitbar, daß die Deutsche Demokratische Republik und die Deutsche Bundesrepublik zwei *neue* Nachfolgestaaten des früheren Deutschen Reiches sind. Jeder dieser beiden Staaten ist auch aus dem Institut der Staatennachfolge heraus nach allgemeinen Völkerrecht berechtigt und verpflichtet. Diese Rechte und Pflichten sind nicht mit denen des Vorgängers – also des Deutschen Reiches – identisch, sondern entsprechen ihnen nur inhaltlich, wobei sie in jedem Einzelfall gesondert zu untersuchen sind.

In unserem Zusammenhang ist diese Feststellung darum von Bedeutung, weil nach CASTRÉN die Mehrzahl der völkerrechtlichen Autoren annimmt, daß bei Konventionen der Inhalt der sich aus dem multilateralen Vertrag ergebenden Rechte und Pflichten nach allgemeinem Völkerrecht auf den Nachfolgestaat übergeht.[490] SAUER begründet dies damit, „es würde einer unerträglichen Schlechterstellung der Bewohner des Übernahmegebietes gleichkommen, wollte man ihnen beispielsweise die Vorteile der Teilnahme am Weltpostverkehr vorenthalten"[491]. JENKS bezeichnet derartige Konventionen als „Verträge, die einen Charakter allgemeiner Nützlichkeit haben", und versteht darunter solche, „an denen zur Regelung von Fragen, die alle in fast gleichem Maße interessieren, die große Mehrzahl aller Mächte beteiligt ist; Beispiele hierfür sind die Post-, Telegraphen- und Telephonkonventionen, die Genfer Rot-Kreuz-Konvention, die Brüsseler Konvention über das Verbot des Sklavenhandels oder die Petersburger Deklaration betreffend Explosivgeschosse."[492]

489 PLISCHKE, in: „Political Science Quarterly", 69 (1954), S. 262 – „... is clearly not identical with the former German Reich. It is a new state ... a successor state to the German Reich".

490 CASTRÉN, S. 439.

491 SAUER, S. 106.

492 JENKS, S. 111/112 – „... treaties which have a character of general utility ...", und: „... participated in by the great majority of the Powers for the regulation of questions which interest them in an almost equal degree; illustrations are the postal, telegraphic, and telephonic conventions, the Geneva convention on the care of the wounded, the Brussels convention for the abolition of the slave trade, or the St. Petersburg declaration concerning explosive bullets".

Ziel, Zweck und Inhalt dieser und anderer Konventionen ist es, dem friedlichen Verkehr zwischen den Staaten zu dienen, das Leben der Staaten untereinander auf gutnachbarlicher und freundschaftlicher Grundlage zu regeln und die Völker einander näherzubringen. Sie sind in ganz besonderem Maße Ausdruck der Notwendigkeit friedlicher Koexistenz aller Staaten, die nun einmal auf den gegebenen historischen Realitäten beruht. Und zu diesen Realitäten gehört es, daß die kürzesten Post-, Telegraphen-, Telephon- und Eisenbahnverbindungen zwischen Ost- und West-, Nord- und Südeuropa durch das Territorium der Deutschen Demokratischen Republik laufen und daß alle Staaten auch nach dem Untergang des früheren Deutschen Reiches an einem ordnungsgemäßen und reibungslosen Ablauf dieses Verkehrs interessiert sind. Es ist auch so, daß die von der deutschen Ostseeküste aus nach den nordischen Staaten führenden internationalen Kabel trotz der Nichtnotifizierung des Beitritts der DDR zur Seekabelkonvention durch die französische Regierung nach wie vor an einem Punkt des ehemaligen Deutschen Reiches in die Ostsee führen, der innerhalb der Gebietshoheit der Deutschen Demokratischen Republik liegt.
Die von den Westmächten gegenüber der Deutschen Demokratischen Republik verfolgte Politik des Nichtsehen-Wollens steht damit auch im Widerspruch zu Feststellungen, die von der Völkerrechtswissenschaft übereinstimmend in der Frage der Behandlung von multilateralen Verträgen innerhalb des Instituts der Staatennachfolge getroffen werden. Es sind dies Feststellungen, die einmal mehr das unabdingbare Recht der Deutschen Demokratischen Republik unter Beweis stellen, in internationalen Organisationen und Konventionen gleichberechtigt mitzuarbeiten und von den anderen Mitgliedstaaten als selbständiges Völkerrechtssubjekt anerkannt zu werden. Das bedeutet, daß die Deutsche Demokratische Republik als Nachfolgestaat des ehemaligen Deutschen Reiches berechtigt ist, den Konventionen, denen das ehemalige Deutsche Reich angehörte, durch bloße Abgabe einer Wiederanwendungsklausel beizutreten.

*

Zusammenfassend stellen wir fest:

1. Die Deutsche Demokratische Republik ist ein Subjekt des Völkerrechts. Sie ist nicht bloß faktisch, sondern auch rechtlich, völker-

rechtlich, vorhanden; sie ist mit ihrer Entstehung ipso jure und unabhängig von ihrer und anderer Staaten Zustimmung Mitglied der Völkerrechtsgemeinschaft geworden und von diesem Zeitpunkt an durch die allgemeinen Normen des Völkerrechts berechtigt und verpflichtet.

2. Die Deutsche Demokratische Republik ist ein Nachfolgestaat des ehemaligen Deutschen Reiches. Die anderen Staaten sind – ohne daß sie eine Verpflichtung haben, mit der Deutschen Demokratischen Republik regelmäßigen, offiziellen Verkehr zu pflegen – nach den Normen des Völkerrechts verpflichtet, die Rechtssubjektivität und die Rechtssphäre der Deutschen Demokratischen Republik anzuerkennen und ihre Hoheitsrechte zu achten.

3. Die Frage der Staats- und Gesellschaftsordnung der Deutschen Demokratischen Republik ist für ihre völkerrechtliche Rechtssubjektivität ohne Bedeutung. Als souveräner Staat ist sie frei in der Gestaltung ihrer inneren und äußeren Angelegenheiten, in denen sie nach eigenem Ermessen, ohne Einmischung anderer Staaten, entscheiden kann.

4. Infolge der Effektivität der Deutschen Demokratischen Republik und ihrer Regierung im Sinne des Völkerrechts dürfen weder fremde Staaten noch internationale Organisationen die Tatsache der Existenz der Deutschen Demokratischen Republik oder das Recht ihrer Regierung, sie in internationalen Angelegenheiten zu vertreten, ignorieren. Jeder Schritt in dieser Richtung ist eine Verletzung der allgemein anerkannten Normen des Völkerrechts.

III. DAS VÖLKERRECHT UND DER WEG ZUR WIEDERVEREINIGUNG DEUTSCHLANDS AUF FRIEDLICHER UND DEMOKRATISCHER GRUNDLAGE

Wenn wir zu Beginn unserer Untersuchung gesagt haben, daß sich in einer völkerrechtlichen Untersuchung die objektiven Entwicklungsgesetze der Geschichte widerspiegeln müssen, so trifft dies auch auf die Tatsache der Spaltung Deutschlands, auf das Entstehen und Bestehen zweier deutscher Subjekte des Völkerrechts, die Nachfolgestaaten des früheren Deutschen Reiches sind, zu.

Es ist eine Tatsache, daß die in den völkerrechtlichen Normen des Jahres 1945 festgelegte und sich in Übereinstimmung mit den grundlegenden Prinzipien der UN-Charta befindende territoriale, bevölkerungsmäßige, wirtschaftliche, politische und rechtliche Einheit Deutschlands entgegen dem klaren Wortlaut der genannten Dokumente gespalten wurde, was völkerrechtswidrig ist. Es ist aber ebenso eine Tatsache, daß die heutige Existenz zweier unabhängiger und souveräner deutscher Staaten als Nachfolgestaaten des früheren Deutschen Reiches auf dem Völkerrecht basiert, also völkerrechtsgemäß ist.

Das sei, so wird man uns entgegenhalten, ein Widerspruch. Wie könne ein Tatbestand völkerrechtswidrig sein, wenn er zugleich völkerrechtsgemäß sei?

Jawohl, es ist ein Widerspruch; und zwar ein dialektischer Widerspruch, der seine Wurzeln im gesellschaftlichen Sein Deutschlands hat.

Nicht ohne Grund versuchen diejenigen imperialistischen Kräfte, die für die Spaltung Deutschlands verantwortlich sind, die sie im Interesse ihrer gegen das Lager des Friedens, der Demokratie und des Sozialismus gerichteten aggressiven Politik bewußt und planmäßig herbeigeführt haben, den Zusammenhang zwischen den materiellen

Lebensbedingungen der Menschen und den in ihren Köpfen herrschenden Vorstellungen zu vertuschen. Nicht umsonst gehen sie in der Deutschlandfrage mit idealistischen Begriffen wie „abendländische Kultur“, „westliche Freiheit“, „europäische Lebensart“ oder anderen „absoluten Werten“, die jeder für sich und alle gemeinsam vor dem „bösen Osten“ geschützt werden müßten, hausieren. Dabei versuchen sie, die völkerrechtswidrige Spaltung Deutschlands als Abziehbild dieser „absoluten Werte“ hinzustellen und zu rechtfertigen, während sie im gleichen Atemzuge die Anerkennung der Tatsache des Entstehens und Bestehens zweier deutscher Nachfolgestaaten des früheren Deutschen Reiches ablehnen. In Wahrheit ist es aber so, daß die „abendländische Kultur“ und ihre „Rettung“ mit den Mitteln des kalten Krieges nichts anderes sind als ein Abziehbild der imperialistischen Politik, deren ökonomisches Sein zur Spaltung Deutschlands geführt hat, und daß die sich daraus ergebende Tatsache der Existenz zweier deutscher Staaten eine aus der geschichtlichen Entwicklung heraus geborene Notwendigkeit darstellt, die allein in der Lage ist, die in den völkerrechtlichen Dokumenten des Jahres 1945 niedergelegte Entwicklung Deutschlands zu einem einheitlichen, friedlichen und demokratischen Staatswesen zu ermöglichen.

Geschichtliche Tatsachen sind unerbittliche Zeugen. Und der Zeugnisse, daß die Spaltung Deutschlands ihre Wurzeln im ökonomischen Sein des modernen Kapitalismus hat, gibt es zur Genüge. Die Geschichte der Außenministerkonferenzen und des Alliierten Kontrollrates, die Geschichte der Bi- und Trizone Deutschlands, die Geschichte der „Londoner Empfehlungen“ und des westdeutschen „Parlamentarischen Rates“, die Geschichte des ersten Deutschland- und des EVG-Vertrages, die Geschichte der Montanunion, der Pariser Verträge und der Aufnahme der Deutschen Bundesrepublik in die NATO – alle enthalten sie eine Fülle von Tatsachen, die unbestechlich davon zeugen, wie die Spaltung Deutschlands von den aggressiven Kreisen des Imperialismus ebenso bewußt und planmäßig vorbereitet und durchgeführt wurde, wie sie auch weiterhin aufrechterhalten werden soll.

Die Zusammenhänge der Spaltung Deutschlands und des Entstehens und Bestehens zweier deutscher Staaten ergeben sich nicht aus irgendwelchen abstrakten Überlegungen über „absolute Werte“, sondern einzig und allein aus den geschichtlichen Tatsachen, die ihre Wurzeln im ökonomischen Sein haben. Nicht irgendwelche Phrasen über die „Rettung der abendländischen Kultur" oder den „Schutz der westlichen Freiheit" geben uns Aufschluß über die Zusammenhänge, die zur Spaltung Deutschlands geführt haben. Eine solche Betrachtungsweise würde bedeuten, irgendwelche „absoluten" Zusammenhänge in die geschichtlichen Tatsachen hineinzukonstruieren und sie damit zu verfälschen. Wir müssen vielmehr von der geschichtlichen Wirklichkeit und ihren Gesetzmäßigkeiten ausgehen und die Zusammenhänge der Spaltung Deutschlands und des Entstehens und Bestehens zweier deutscher Staaten aus den Tatsachen heraus aufdecken und nachweisen. Die Spaltung Deutschlands und das Entstehen und Bestehen zweier deutscher Staaten ist ein Teil der Geschichte Deutschlands, die wir in ihrem inneren Zusammenhang historisch betrachten müssen, und zwar nach den Gesetzen, die uns die Geschichte selbst in die Hand gibt.

Auch die Deutschlandfrage steht unter dem Gesetz der Einheit der Gegensätze. „Dieses Gesetz gilt überall, in der Natur, in der menschlichen Gesellschaft und im Denken des Menschen. Widersprüchliche Gegensätze vereinigen sich ebenso, wie sie miteinander kämpfen, und veranlassen somit alle Dinge, sich zu bewegen und zu verändern."[493] Auch die Nachkriegsgeschichte Deutschlands, die Geschichte seiner Spaltung und des Entstehens und Bestehens zweier deutscher Staaten ist – ebenso wie es die Geschichte der Überwindung dieser Spaltung und der friedlichen und demokratischen Wiedervereinigung sein wird – eine dialektische Entwicklung, das heißt eine durch alle Zickzackbewegungen und sogar gegenüber zeitweiligen Rückschlägen sich durchsetzende Bewegung vom Gestern zum Morgen, vom Rückschritt zum Fortschritt. Gewiß, das Bestehen zweier deutscher Staaten ist in der gegebenen historischen Situation die Verneinung der Einheit Deutschlands. Sie ist Wirklichkeit; aber es ist eine Wirklichkeit, die ohne bleibende Notwendigkeit ist, eine Wirklichkeit, die unvernünftig ist, die unwirklich wird. Die Spaltung Deutschlands wird durch das Handeln der Deutschen selbst immer mehr eine sterbende Wirklichkeit; an ihre

[493] Mao Tse-tung, Über die richtige Lösung von Widersprüchen im Volke. In „Neues Deutschland", Berlin, 22. Juni 1957, Beilage S. 4.

Stelle wird eine neue, lebensfähige, auf höherer Stufe stehende Wirklichkeit, die demokratische und friedliebende Einheit Deutschlands in einem demokratischen und friedliebenden einheitlichen deutschen Staat treten.

Um so mehr ist es in der gegebenen historischen Situation unsere Aufgabe, von den historischen Gegebenheiten auszugehen, diese unseren völkerrechtlichen Untersuchungen als Tatbestände zugrunde zu legen. Nicht Adenauers „unmögliche Tatsachen“ bringen uns der Einheit Deutschlands näher, sondern allein die in der gegebenen historischen Situation beruhende Wirklichkeit des Bestehens zweier deutscher Völkerrechtssubjekte Staat, der in der Effektivität der Gebietserstreckung begründete Gebietserwerb des Deutschland in den Grenzen des Potsdamer Abkommens verbliebenen deutschen Territoriums durch die beiden existenten deutschen Staaten.

Die Lage in Deutschland wird durch die Tatsache bestimmt, daß zwei deutsche Völkerrechtssubjekte Staat bestehen: die Deutsche Bundesrepublik und die Deutsche Demokratische Republik. Es hieße deshalb Vogel-Strauß-Politik treiben, wollte man übersehen, daß die Lösung der wichtigsten nationalen Frage Deutschlands, die Wiederherstellung seiner Einheit auf friedlichem und demokratischem Wege, auch eine Frage des Völkerrechts ist; denn:

1. Die grundlegenden Prinzipien des Potsdamer Abkommens enthalten die völkerrechtliche Verpflichtung der vier Großmächte der Anti-Hitler-Koalition des zweiten Weltkrieges, keine Remilitarisierung und Refaschisierung Deutschlands mehr zuzulassen, alles zu unternehmen, um eine derartige Entwicklung in Deutschland zu verhindern, und dem deutschen Volk selbst die Möglichkeit zu geben, „sein Leben auf einer demokratischen und friedlichen Grundlage von neuem wiederaufzubauen“.

2. Es gibt nur ein Deutschland, ein deutsches Volk, eine deutsche Nation; aber es bestehen in der gegebenen historischen Situation zwei effektive deutsche Staaten, die, jeder für sich, Völkerrechtssubjektivität besitzen, von denen jeder mit anderen Staaten in diplomatischen oder sonstigen Beziehungen steht, von denen jeder Mitglied internationaler Organisationen und verschiedener Paktsysteme ist.

3. Unabhängig davon, ob der eine oder der andere deutsche Staat von diesem oder jenem dritten Staat anerkannt wird oder nicht, ist jeder der beiden deutschen Staaten Mitglied der europäischen Staatengemeinschaft und damit den allgemein anerkannten Normen des Völkerrechts unterworfen; und zwar nicht nur in ihren Beziehungen zu dritten Staaten, sondern – und das sollte einmal ausgesprochen werden – auch in ihren Beziehungen *zueinander*. Wir kommen angesichts der gegebenen Tatsachen nicht um die Feststellung herum: Es gibt ein durch die historische Lage bedingtes, für eine gewisse Zeit währendes völkerrechtliches Nebeneinanderbestehen zweier deutscher Völkerrechtssubjekte Staat.

Diese völkerrechtlichen Feststellungen vertiefen die Spaltung Deutschlands nicht. Auch der Beurteilung der Deutschlandfrage müssen wir den erkenntnistheoretischen Satz zugrunde legen, daß alles von der gegebenen Situation, von Zeit, Ort und Bedingungen abhängt. Auch jede völkerrechtliche Untersuchung muß sich in Übereinstimmung mit der Wirklichkeit, mit den konkreten historischen Verhältnissen unserer Tage und unseres Landes befinden. Daher stellt das Völkerrecht nur unter Zugrundelegung des die internationalen Beziehungen beherrschenden Effektivitätsprinzips fest, daß zwei deutsche Staaten den völkerrechtlichen Rechtstatbestand Völkerrechtssubjekt erfüllen und daß diese beiden Staaten infolgedessen den allgemein anerkannten, für alle Staaten – unabhängig von ihrer Staats- und Gesellschaftsordnung – geltenden demokratischen Grundprinzipien des Völkerrechts unterworfen sind. Darum dient eine völkerrechtliche Untersuchung der mit der Spaltung Deutschlands verbundenen Probleme nur dazu, die gegebene historische Situation wissenschaftlich zu klären und so einen notwendigen Beitrag zur Schaffung der Voraussetzungen für die friedliche Überwindung der Spaltung Deutschlands zu leisten.

Das Völkerrecht unserer Tage hat die große und schöne Aufgabe, der Sicherung und Festigung des Friedens zu dienen. Und es dient dem auch in der Deutschlandfrage; trägt es doch auf seinem Gebiet dazu bei, das Verhältnis der beiden deutschen Staaten sowohl zu dritten Staaten als auch zueinander auf eine reale und vor allem friedliche Grundlage zu stellen, schreibt es doch damit nicht nur Geschichte, sondern hilft mit, sie zum Wohle unseres Volkes zu beeinflussen.

Adenauers „unmögliche Tatsache" des Bestehens zweier deutscher Staaten hat ihre Wurzeln nicht zuletzt auch in dem Versuch der aggressiven Kreise des modernen Kapitalismus, das dem Frieden und der Völkerfreundschaft dienende Völkerrecht auszuhöhlen, es in seiner Bedeutung herabzusetzen und die Lösung der herangereiften internationalen Probleme ausschließlich einem brutalen „Spiel der Kräfte" zu überlassen. Diese Kreise wollen aus den internationalen Beziehungen der Staaten ein Schlachtfeld machen, auf dem allein die Gewalt siegt.

So gibt es in den USA nicht wenige Stimmen, die von der Notwendigkeit einer Änderung der Einschätzung des Völkerrechts für die internationalen Beziehungen sprechen. ALAN FORD behauptet: „In den letzten Jahren hat sich die Einschätzung der Rolle, die das Völkerrecht in diesen Beziehungen spielt, wesentlich geändert. Diese Änderungen gingen in der Richtung vor sich, daß man ... zum modernen ‚politischen Realismus' überging, der die Existenz des Völkerrechts als eines Rechts bestreitet ..."[494]. Die Ansicht dieser „Realisten" geht nach FORD dahin, daß „die internationalen Beziehungen als Beziehungen der Stärke aufgefaßt werden, die nicht kontrollierbar und nicht durch moralische und juristische Prinzipien beschränkt sind..."[495].

Die Truman-Doktrin findet durch MORGENTHAU[496] ebenso ihre „realistische" Untermauerung und „Rechtfertigung" wie die anglofranzösische Aggression gegen Ägypten im Jahre 1956 durch SCHWARZENBERGERs Power Politics. Für diesen „Realisten" ist das Völkerrecht in den internationalen Beziehungen „largely irrelevant", sind die internationalen Beziehungen notwendigerweise „power politics". Diese „Machtpolitik" spricht auch aus jeder Zeile des Rockefeller-Briefes vom Januar 1956. ROCKEFELLER kritisiert nur, daß „die Konzeption der Gewalt ... zu nackt gezeigt wurde"[497]. Auch der „Realist" ROCKEFELLER will eine Machtpolitik, die es den USA ermöglicht, unter dem Deckmantel „uneigennütziger Hilfe" in anderen Ländern die „Schlüsselpositionen der einheimischen Wirtschaft zu übernehmen", um dann nach dem „Prinzip der ständig

[494] Zitiert nach Bogdanow, Sp. 132.
[495] Ebenda.
[496] MORGENTHAU, Politics among Nations. New York 1948.
[497] „Neues Deutschland", Berlin, 15. Januar 1957, S. 3.

wachsenden ... politischen Forderungen" – auf gut deutsch heißt das Erpressung – „die Außenpolitik dieser Länder in eine uns (das heißt den aggressiven Kreisen des USA-Imperialismus, J. P.) erwünschte Richtung zu lenken"[498].

Angesichts dieser Entwicklung spricht KUNZ von einer „Krise des Völkerrechts" in den USA. Er schreibt: „Das ist zum Teil eine Folge . . . der einzigartigen Stellung der Vereinigten Staaten als Führer der freien Welt. Die Situation der Wissenschaft und des Unterrichts des Völkerrechts in den Vereinigten Staaten um die Mitte des 20. Jahrhunderts ist aus der Unzufriedenheit (! J. P.) mit dem geltenden Völkerrecht *und* der traditionellen Völkerrechtswissenschaft, der Einsicht in die Notwendigkeit einer Änderung und der führenden Stellung der Vereinigten Staaten zu erklären."[499]

In den USA, so erklärt KUNZ weiter, hält man sich darum „vom Völkerrecht eher fern und unterstreicht das Politische und die Macht"[500].

Diese Abwendung vom Völkerrecht als einem Friedensrecht, als einem juristischen Instrument der Völkerfreundschaft und der Völkerverständigung, in Richtung auf eine durch moralische und juristische Prinzipien nicht beschränkte Machtpolitik ist Öl auf das Feuer der deutschen Militaristen. Sie ist für Deutschland deshalb von so entscheidender Bedeutung, als sie – auf die derzeitige Politik Bonns angewandt – in das politische Konzept von einer gewaltsamen „Befreiung" der Deutschen Demokratischen Republik mit Hilfe des in Westdeutschland wiedererstandenen deutschen Militarismus einmündet. Die Erklärung Dr. ADENAUERS vom 7. September 1953: „Bis jetzt hat man immer wieder von der Wiedervereinigung gesprochen. Wir sollten aber lieber sagen: Befreiung!"[501] läßt deutlich erkennen, daß das Bestreben der Adenauer und Strauß, der Abs und Pferdmenges, der Speidel und Heusinger dahin geht, an die Stelle einer in Übereinstimmung mit dem Völkerrecht befindlichen und daher friedlichen und demokratischen Wiedervereinigung Deutsch-

498 Ebenda.

499 KUNZ, in: „Österreichische Zeitschrift für öffentliches Recht", S. 402/403.

500 Ebenda.

501 „Deutsche Volkszeitung", Freudenstadt, Nr. 1/54, 9. Januar 1954 – Diese Erklärung ist von Dr. ADENAUER seitdem verschiedentlich wiederholt worden.

lands eine gewaltsame Ausdehnung des Bonner Jurisdiktionsbereichs mit den Mitteln der „Politik der Stärke", das heißt einer Machtpolitik, zu setzen. Wenn der CDU-Abgeordnete Baron VON MANTEUFFEL-SZÖGE am 23. Januar 1958 in einer außenpolitischen Debatte des Bonner Bundestages Atomwaffen zur Bekämpfung des „Bösen" forderte und auf Zwischenrufe hin die Deutsche Demokratische Republik diesem „Bösen" gleichsetzte, wenn der CDU-Abgeordnete JAEGER in der Atom-Debatte des Bundestages im März 1958 die Entscheidung über die Anwendung von Atomwaffen auf Dresden und Magdeburg in das Ermessen ehemaliger, in der Taktik der „verbrannten Erde" erfahrener Offiziere der ehemaligen Hitler-Wehrmacht legen will und wenn in der gleichen Debatte der Bonner Kriegsminister STRAUSS nur noch einen „Fall Rot" kennt, so zeigt dies die ganze Gefahr der vom Bonner System betriebenen Machtpolitik, die darauf hinausläuft, Deutschland und Europa in eine Atomwüste zu verwandeln.

Die Aufgabe unserer Völkerrechtswissenschaft muß es daher sein, der Bonner Machtpolitik die dem Frieden der Völker dienenden Normen des Völkerrechts entgegenzusetzen und damit ihr Teil zur Wiedervereinigung Deutschlands auf friedlichem und demokratischem Wege beizutragen. Drei Punkte stehen dabei im Vordergrund, auf sie kommt es vor allem an:

1. Das Völkerrecht sichert das unabdingbare Recht des deutschen Volkes auf einen demokratischen Friedensvertrag mit Deutschland.[502]

Es gibt in der Geschichte der modernen internationalen Beziehungen kein Beispiel dafür, daß einem besiegten Volk 15 Jahre nach Beendigung der Kampfhandlungen der Abschluß eines Friedensvertrages noch immer verwehrt und damit eine sichere Friedens-

[502] Siehe hierzu im einzelnen: Gutachten des Ausschusses für Auswärtige Angelegenheiten der Volkskammer der DDR über den Entwurf der Regierung der UdSSR für einen Friedensvertrag mit Deutschland vom 10. Januar 1959, in: „Deutsche Außenpolitik", Berlin, Sonderheft I/1959; R. ARZINGER, Warum Friedensvertrag? Berlin 1959; G. SCHIRMER, Über die völkerrechtlichen Grundlagen eines Friedensvertrages mit Deutschland. In: „Neue Justiz", 13 (1959), S. 149ff.; S. BOCK, Der sowjetische Friedensvertragsentwurf und das Völkerrecht. In: „Neue Justiz", 13 (1959), S. 73ff.; M. Mai, Friedensvertrag und Konföderation. In: „Neue Justiz", 13 (1959), S. 1ff.

regelung unmöglich gemacht wird. Bei keinem einzigen der ehemaligen Verbündeten Hitler-Deutschlands ist eine derartige Praxis angewandt worden.

Das Fehlen einer dauerhaften Friedensregelung mit Deutschland macht sich der deutsche Militarismus in Westdeutschland zunutze, um von Westdeutschland aus die Völker Europas und damit auch das deutsche Volk mit einem dritten Weltkrieg zu bedrohen. Das ist der tiefere Grund dafür, warum der Frieden in Gefahr ist, warum die friedliche und demokratische Lösung der Deutschlandfrage keinen Schritt vorankommt.

Es ist notwendig, im Sinne von Artikel I §1 der Charta der Organisation der Vereinten Nationen „durch friedliche Mittel und in Übereinstimmung mit den Grundsätzen der Gerechtigkeit und des Völkerrechts“ die Maßnahmen zu ergreifen, die geeignet sind, der Bedrohung des Friedens durch den deutschen Militarismus Einhalt zu gebieten. Das ist der entscheidende Beitrag, den die vier Großmächte bei der Lösung des deutschen Problems leisten müssen; und sie können ihn leisten durch den Abschluß eines demokratischen Friedensvertrages mit Deutschland.

Friedensvertrag, das heißt die vertragliche Regelung der *künftigen* friedlichen Beziehungen zwischen den Staaten der Anti-Hitler-Koalition des zweiten Weltkrieges und Deutschland in seiner Gesamtheit, wobei unter Deutschland – wie wir bewiesen haben – die beiden bestehenden deutschen Staaten zu verstehen sind. Ein Friedensvertrag mit Deutschland, der sich gemäß der UN-Charta „in Übereinstimmung mit den Grundsätzen der Gerechtigkeit und des Völkerrechts“ befindet, bindet die vier Großmächte sowohl in ihrem Verhältnis zueinander als auch in ihren Beziehungen zu beiden deutschen Staaten, stellt diese Beziehungen auf eine friedliche Grundlage. Ihm müssen die völkerrechtlich verbindlichen Prinzipien des Potsdamer Abkommens – das heißt die Entnazifizierung, Entmilitarisierung und Demokratisierung ganz Deutschlands – zugrunde liegen; er muß sicherstellen, daß der deutsche Militarismus, wie das Potsdamer Abkommen es fordert, „. . . niemals mehr seine Nachbarn oder die Erhaltung des Friedens in der ganzen Welt bedrohen kann“.

Das deutsche Volk fordert einen demokratischen Friedensvertrag, der sich gegen den revanchistischen deutschen Militarismus wendet.

Das friedliebende und demokratische Deutschland wird nur einen solchen Friedensvertrag anerkennen, der dem deutschen Militarismus den Garaus macht. *Mit* dem deutschen Militarismus kann es keinen demokratischen Friedensvertrag geben, nur *gegen* ihn. Das lehrt die blutige Geschichte des deutschen wie aller europäischen Völker.

2. Die Wiedervereinigung Deutschlands kann nur auf der Grundlage des Selbstbestimmungsrechts des deutschen Volkes, das heißt durch das deutsche Volk selbst, erfolgen; sie muß friedlich und demokratisch sein.

Auch dazu weist das Völkerrecht den in der gegebenen historischen Situation einzig realen Weg: die Bildung eines deutschen Staatenbundes aus den beiden existenten deutschen Staaten, wie ihn die Regierung der Deutschen Demokratischen Republik erstmalig in ihrer Erklärung vom 26. Juli 1957 dem deutschen Volk unterbreitet und seitdem verschiedentlich präzisiert hat.

Eine Konförderation oder ein „Staatenbund ist eine auf Grund eines völkerrechtlichen Vertrages bestehende Verbindung souveräner Staaten, bei der wenigstens einzelne politische Angelegenheiten durch Bundesorgane geregelt werden“[503]. Grundlage der Konföderation sind also unabhängige und souveräne Staaten, im Falle Deutschland die Deutsche Demokratische Republik und die Deutsche Bundesrepublik.

Der Staatenbund entsteht durch völkerrechtlichen Vertrag zweier oder mehrerer Völkerrechtssubjekte Staat; er ist eine „in völkerrechtlichen Normen gegründete Verbindung“ souveräner Staaten.[504] Das entscheidende Kriterium eines Staatenbundes ist also, daß die Einzelstaaten im Staatenbund trotz der durch den Vertrag konstituierten, höheren, über ihnen stehenden partikulär-völkerrechtlichen Rechtsordnung souverän bleiben. Das bedeutet, wie es Ministerpräsident GROTEWOHL in einem Referat am 11. Februar 1957 in der Deutschen Akademie der Wissenschaften zu Berlin darlegte, „daß zunächst die beiden deutschen Staaten in ihrer gegenwärtigen Form, in ihrem Inhalt und ihrer ganzen Lebensweise selbständig bestehenbleiben“[505].

[503] VERDROSS, VR, S. 279.
[504] KUNZ, Staatenverbindungen, S. 458.
[505] „Neues Deutschland“, 13. Februar 1957.

Die Konföderation schafft kein neues, über den Mitgliedstaaten des Staatenbundes stehendes Subjekt des Völkerrechts.[506] Keiner der beiden deutschen Staaten wäre demnach innerhalb eines deutschen Staatenbundes in der Lage, dem anderen Staat seinen Willen aufzuzwingen, ihn zu beherrschen. Die Konföderation ist vielmehr eine „Gemeinschaft internationalen Charakters"[507], deren Mitgliedstaaten sich zur Erreichung eines gemeinsamen Zieles zusammengeschlossen haben. Sie schafft für die Bürger der Mitgliedstaaten keine neue Staatsangehörigkeit; es verbleibt vielmehr bei der Staatsangehörigkeit der Einzelstaaten.[508]

Das gemeinsame Ziel der in einer deutschen Konföderation zusammengeschlossenen beiden deutschen Staaten heißt: Vorbereitung und Abschluß eines Friedensvertrages mit Deutschland, Vorbereitung der Wiederherstellung der Einheit Deutschlands auf friedlichem und demokratischem Wege. Wenn die Schaffung einer Konföderation, wie Ministerpräsident Grotewohl sagte[509], auch keinem „politischen Idealzustand gleichkommen könnte", so bietet sie doch in der gegebenen historischen Situation die einzige Möglichkeit, zu einer Annäherung der beiden deutschen Staaten in Richtung auf die Wiedervereinigung zu gelangen.

„Gegenwärtig wird der Kampf in Deutschland zwischen zwei politischen Hauptkräften und zwei gesellschaftlichen Systemen geführt."[510] Diese Tatsache muß allen Bestrebungen, die Spaltung Deutschlands zu überwinden, zugrunde gelegt werden. Es ist von führenden Staatsmännern der Deutschen Demokratischen Republik mit Recht darauf hingewiesen worden, daß es angesichts der Existenz zweier deutscher Staaten mit verschiedenen Staats- und Gesellschaftsordnungen keine rein mechanische Wiedervereinigung geben kann, sondern daß die Aufgabe erst einmal darin besteht, unter Berücksichtigung der entstandenen gesellschaftlichen, politischen und

506 Kunz, Staatenverbindungen, S. 462; Oppenheim-Lauterpacht, 7. Auflage, Bd. I, S. 164; Sauer, S. 66; anderer Meinung: Verdross, VR, S. 279.
507 Oppenheim-Lauterpacht, ebenda.
508 Kunz, Staatenverbindungen, S. 476.
509 „Neues Deutschland", Berlin, 13. Februar 1957.
510 Walter Ulbricht in seinem Referat auf der 30. Tagung des ZK der SED. „Neues Deuschland", Berlin, 3. Februar 1957.

rechtlichen – also auch völkerrechtlichen – Gegebenheiten die diesen gesellschaftlichen, politischen und rechtlichen – also auch völkerrechtlichen – Gegebenheiten entsprechenden Voraussetzungen für die Wiedervereinigung Deutschlands zu schaffen. Das heißt: Ausgehend von der realen Tatsache, daß zwei souveräne deutsche Staaten existieren, stehen wir vor der geschichtlichen Notwendigkeit, mit der Schaffung eines deutschen Staatenbundes einen völkerrechtlichen Prozeß zu durchlaufen, an dessen Ende das einheitliche, friedliche und demokratische Deutschland als neuer einheitlicher Staat steht.
Eine solche Entwicklung ist in der Geschichte der Staaten nichts Neues. Schließen sich doch, wie KUNZ bemerkt, gewöhnlich solche Staaten zu Staatenbünden zusammen, „die sich durch die Gemeinsamkeit der Nation und andere Bande nahestehen“[511]. Die Nordamerikanische Konföderation von 1778 bis 1787, die Schweizer Eidgenossenschaft von 1815 bis 1848 und vor allem der Deutsche Bund von 1815 bis 1866 waren aus selbständigen Staaten bestehende Staatenbünde. Das Bedeutsame an ihnen war, daß sie – wenn auch unter anderen historischen Bedingungen – auf Grund eines gemeinsamen Bandes alle Durchgangsstufen zur späteren Bildung eines einheitlichen Staates – in diesen Fällen Bundesstaaten – darstellten.

Wir erkennen: Der Vorschlag der Regierung der Deutschen Demokratischen Republik gründet sich auf die Erfahrungen der Staatengeschichte und weist dem deutschen Volk den allen Deutschen am Herzen liegenden ersehnten friedlichen Weg zur Wiedervereinigung. Denn das ist es: Bei vielen Deutschen, die es ehrlich mit der friedlichen und demokratischen Wiedervereinigung unseres Vaterlandes meinen, bestehen über die praktische Durchführung der Wiedervereinigung mehr oder weniger nebelhafte Vorstellungen. *Wie* soll sie denn nun tatsächlich vor sich gehen? lautet ihre Frage. Auf dieses „Wie“? eine klare, den historischen Gegebenheiten und Möglichkeiten entsprechende, ja, direkt mit den Händen greifbare Antwort gegeben zu haben, darin liegt die historische Bedeutung der Erklärung der Regierung der Deutschen Demokratischen Republik vom 26. Juli 1957.
Weiter: JELLINEK[512] nennt in Übereinstimmung mit der herrschenden Lehre der Völkerrechtswissenschaft als Zweck eines Staaten-

[511] KUNZ, Staatenverbindungen, S. 468.
[512] G. JELLINECK, S. 762; ebenso KUNZ, Staatenverbindungen, S. 478.

bundes den „Schutz des Bundesgebietes nach außen“ und die „innere Friedensbewahrung“ zwischen den Mitgliedstaaten der Konföderation.[513] Das heißt: Der Vorschlag einer Konföderation beider deutscher Staaten setzt nicht nur den friedlichen Weg, sondern umfaßt gleichzeitig die Mittel, und zwar die *friedlichen* Mittel, zur Erreichung der Wiedervereinigung. Die Schaffung einer deutschen Konföderation würde den völkerrechtlich wirksamen Verzicht beider deutscher Staaten auf Gewaltanwendung bei der Wiedervereinigung bedeuten und jeder Form der „Politik der Stärke“, die die Gefahr der Auslösung eines deutschen Bruderkrieges und damit eines dritten Weltkrieges in sich birgt, einen Riegel vorschieben.

Ferner: Jeder Staatenbund ist eine organisierte Staatenverbindung, das heißt er hat gewöhnlich „ein Hauptorgan: die Versammlung“[514]. Das wäre im Falle Deutschland der Gesamtdeutsche Rat. In diesem Organ der Konföderation haben – wie Kunz sagt – jeder der Mitgliedstaaten „in der Regel *eine* und nur eine Stimme“[515]. Auch Kelsen betont ausdrücklich: „Diese Gleichheit entspricht dem Gedanken der in der Völkerrechtsgemeinschaft einander gleichgeordneten Staaten.“[516] Das bedeutet, daß der Gesamtdeutsche Rat sich in Übereinstimmung mit dem Völkerrecht paritätisch aus Vertretern der Deutschen Demokratischen Republik und der Deutschen Bundesrepublik zusammensetzen muß und daß aus dem Gedanken der Gleichordnung heraus in dem Gesamtdeutschen Rat kein parlamentarisches Gegeneinander, sondern nur ein der friedlichen Wiederherstellung der Einheit Deutschlands dienendes demokratisches Miteinander die Grundlage seiner Arbeit bilden kann.

Es ist nun behauptet worden, die Forderung nach der Schaffung demokratischer Verhältnisse in Westdeutschland stelle eine Einmischung in die inneren Angelegenheiten der Deutschen Bundesrepublik dar und verletze als Vorausleistung das auch der Schaffung

[513] So sagte zum Beispiel Artikel II der deutschen Bundesakte vom 8. Juni 1815 über den Zweck des Bundes: Erhaltung der äußeren und inneren Sicherheit Deutschlands. – Vertrags-Ploetz, S. 124.

[514] Kunz, Staatenverbindungen, S. 470; Oppenheim-Lauterpacht, 7. Aufl. Bd. I, S. 165 und andere.

[515] Kunz, Staatenverbindungen, S. 470.

[516] Kelsen, Staatslehre, S. 217.

des Gesamtdeutschen Rates zugrunde liegende Prinzip der Gleichordnung beider deutscher Staaten.

Auch hier gibt uns das Völkerrecht die Antwort: Die Gleichordnung beider deutscher Staaten im Staatenbund muß auf den grundlegenden Prinzipien des Potsdamer Abkommens beruhen; jenen Prinzipien also, die von der Anti-Hitler-Koalition des zweiten Weltkrieges, demnach auch von den drei Westmächten, als richtungsweisend für die Entwicklung eines friedlichen und demokratischen Deutschlands bezeichnet wurden. Diese Prinzipien sind, wie wir oben festgestellt haben, nach wie vor die völkerrechtliche Magna Charta der deutschen Einheit. Die von der Deutschen Demokratischen Republik geforderte Entmilitarisierung, Entnazifizierung und Demokratisierung der Deutschen Bundesrepublik stellt also keine Vorausleistung dar, sondern nur die Erfüllung einer Deutschland im Potsdamer Abkommen auferlegten völkerrechtlichen Verpflichtung auch in Westdeutschland. Die Deutsche Demokratische Republik stellt für die Schaffung eines deutschen Staatenbundes an Westdeutschland keine über die Prinzipien des Potsdamer Abkommens hinausgehenden Forderungen, zum Beispiel die Forderung nach einer sozialistischen Deutschen Bundesrepublik. Sie befindet sich aber in voller Übereinstimmung mit dem Völkerrecht, wenn sie der Tätigkeit des Gesamtdeutschen Rates die grundlegenden Prinzipien des Potsdamer Abkommens zugrunde legt.

Der die Konföderation schaffende völkerrechtliche Vertrag zwischen beiden deutschen Staaten umreißt gleichzeitig die Befugnisse des Gesamtdeutschen Rates. Dieser Vertrag ist „die höchste Norm dieser partikulär-völkerrechtlichen Rechtsgemeinschaft, er ist die Verfassung des Staatenbundes“[517], aus der sich als Aufgabenstellung die Durchführung der Maßnahmen ergeben muß, die eine Annäherung beider deutscher Staaten mit dem Ziel der Wiedervereinigung zum Inhalt haben. Daraus folgt auch im Falle einer deutschen Konföderation die Aufgabenstellung des Bundesorgans, des Gesamtdeutschen Rates. Hierzu sagte der Erste Sekretär des ZK der SED und Erste Stellvertreter des Vorsitzenden des Ministerrats der DDR, Walter Ulbricht, in einem der amerikanischen Nachrichtenagentur UPI am 23. Januar 1959 gewährten Interview: „Zum Auf-

[517] Kunz, Staatenverbindungen, S. 458.

gabenbereich des Gesamtdeutschen Rates würden zum Beispiel solche Fragen gehören: Abschluß von Abkommen mit ausländischen Staaten über die Sicherung der Außenhandelsbeziehungen für die deutsche Konföderation, über die Seeschiffahrt, über den Zugang zu den Weltmärkten, über den Beitritt zu internationalen Organisationen. Insbesondere wird sich natürlich der Gesamtdeutsche Rat der Konföderation vor allem mit der Regelung der Beziehungen zwischen der Deutschen Demokratischen Republik und der Deutschen Bundesrepublik befassen. Dabei gibt es solche Fragen wie die Aufhebung der Militärdienstpflicht in der Bundesrepublik, die Festlegung der zahlenmäßigen Stärke der Streitkräfte in beiden deutschen Staaten, die Probleme des innerdeutschen Handels, des Güterverkehrs, der Transportfragen zwischen den beiden deutschen Staaten usw. Die Konföderation hätte kein Weisungsrecht gegenüber den Regierungen und Parlamenten der beiden deutschen Staaten, sondern würde nur Empfehlungen geben können. Wenn man sich aber im Rat der Konföderation über einzelne Fragen verständigt hat, ist es wahrscheinlich, daß solche Empfehlungen von den beiden Regierungen und Parlamenten auch akzeptiert werden."

3. Die von uns getroffenen völkerrechtlichen Feststellungen genügen indessen allein noch nicht, um unser Volk in der Frage des Friedensvertrages und der Wiedervereinigung Deutschlands einen Schritt voranzubringen. Es geht darum auch nicht an, sich nur auf diese Feststellungen zu beschränken und im übrigen die Hände in den Schoß zu legen und auf das Wirksamwerden der völkerrechtlichen Grundsätze und Normen für die Erhaltung des Friedens und für die Wiedervereinigung Deutschlands zu warten, ohne selbst etwas dafür zu tun. Das würde bedeuten, sowohl den Friedensvertrag mit Deutschland als auch die Wiedervereinigung lehrbuchmäßig-abstrakt, das heißt losgelöst von den gesetzmäßigen, ursächlichen Zusammenhängen der gesellschaftlichen Erscheinungen im Leben der Völker, zu betrachten. Auch das Völkerrecht ist kein metaphysisches „Ding an sich", sondern hat seine Grundlagen in den objektiven Entwicklungsgesetzen der menschlichen Gesellschaft. Mit Recht weist BAUMGARTEN darauf hin, daß das Völkerrecht unserer Tage „nicht toter Buchstabe, sondern eine lebensvolle gesellschaftliche Erscheinung" ist.[518]

[518] BAUMGARTEN, in: Staat und Recht im Lichte des Großen Oktober. Berlin 1957, S. 80.

Das ist für die Entwicklung des modernen Völkerrechts von großer Bedeutung; denn: Die friedliebenden Menschen in aller Welt wollen Frieden. Sie haben ein ureigenstes Interesse daran, daß die dem Frieden dienenden Grundsätze und Normen des Völkerrechts von allen Staaten eingehalten werden, daß dem Völkerrecht seine zutiefst demokratischen Prinzipien erhalten bleiben. Sie sind es, die den errungenen Frieden ein für allemal gesichert sehen wollen; und sie sind es deshalb, die in zunehmendem Maße einen entscheidenden Einfluß auf die Einhaltung und Weiterentwicklung völkerrechtlicher Normen ausüben, die dabei sind, eine neue Etappe in der Geschichte des Völkerrechts einzuleiten.

Ein Rückblick auf die letzten Jahrzehnte der internationalen Beziehungen beweist, daß in dieser Zeit der Einfluß der Völker auf das Völkerrecht und die Völkerrechtswissenschaft unaufhaltsam wächst. Immer häufiger finden wir seit der Jahrhundertwende in außenpolitischen Erklärungen und Dokumenten Hinweise auf die „Völker", die „öffentliche Meinung", die Notwendigkeit der „Zusammenarbeit der Völker" usw. Internationale Verträge, wie zum Beispiel die Völkerbundssatzung, der Washingtoner Vertrag von 1925, das Genfer Protokoll von 1925 oder der Briand-Kellogg-Pakt von 1928, wurden von den Regierungen *im Namen ihrer Völker* unterzeichnet. Besonders klar kommt diese Entwicklung dann in der Charta der Organisation der Vereinten Nationen zum Ausdruck, die zwar von Regierungsvertretern unterzeichnet wurde, die aber mit der verpflichtenden Feststellung beginnt: „Wir, die Völker der Vereinten Nationen ..." Darum weist KOROWIN mit Recht darauf hin, „... daß der Wille der Völker und die Forderung des gesellschaftlichen Bewußtseins in zahlreichen internationalen Akten der neuesten Zeit – sowohl der kapitalistischen Staaten als auch des Sowjetstaates – als entscheidender Faktor für das Entstehen dieser Dokumente und der in ihnen formulierten völkerrechtlichen Prinzipien anerkannt werden"[519].

Ein entscheidender Markstein in dieser Entwicklung war das „Dekret über den Frieden" der jungen Sowjetmacht vom 8. November 1917, das sich nicht nur an die Regierungen der kriegführenden Staaten, sondern auch und vor allem an die Völker der kriegführenden Länder

[519] KOROWIN, Volksmassen, Sp. 396.

richtete, indem es einen gerechten und demokratischen Frieden forderte, „... den die überwältigende Mehrheit der durch den Krieg erschöpften, gepeinigten und gemarterten Klassen der Arbeiter und der Werktätigen aller kriegführenden Länder ersehnt ..."[520].

Der aufrüttelnde Inhalt dieses Dekrets machte Millionen Menschen in aller Welt klar, daß es an ihnen ist, einen bestimmenden Einfluß auf die internationalen Beziehungen und damit auch auf das Völkerrecht auszuüben. Es vollzog sich, worauf wir bereits eingangs hingewiesen haben, eine Mobilisierung breitester Volksmassen gegenüber allen Fragen der internationalen Beziehungen und des Völkerrechts. Eine Bestätigung dessen finden wir vor allem in den Grundsätzen und Prinzipien der Anti-Hitler-Koalition des zweiten Weltkrieges, die im Potsdamer Abkommen ihre zusammenfassende völkerrechtliche Aussage erhalten haben. Es ist bekannt – und so manche Erklärung selbst aus westlichem Munde hat es bestätigt –, daß der kollektive Wille der Völker eine entscheidende Rolle bei der Ausarbeitung und beim Zustandekommen der völkerrechtlichen Dokumente der Kriegs- und unmittelbaren Nachkriegszeit gespielt hat. Die in die Erkenntnis der Völker umgesetzte Erfahrung der Geschichte war es, die den Staatsmännern in Teheran, Yalta und Potsdam die Feder führte. Und wenn sich auch die Hand dieses oder jenes westlichen Staatsmannes gesträubt haben mag, der Wille der Völker zwang sie zur Unterschrift. So beeinflussen die gesellschaftlichen Erscheinungen im Leben der Völker mehr und mehr die Beziehungen der Staaten zueinander und üben damit einen entscheidenden Einfluß auch auf die rechtlichen Beziehungen zwischen den Staaten, auf das Völkerrecht aus.

Aber ebenso, wie der Einfluß der Volksmassen auf die Entstehung neuer, demokratischer Prinzipien des Völkerrechts wächst, ebenso müssen sie dafür Sorge tragen, daß diesen völkerrechtlichen Prinzipien ihr demokratischer Inhalt erhalten bleibt. Denn es wäre natürlich naiv, anzunehmen, daß die aggressiven Kreise des Imperialismus in ihrer internationalen Praxis den wahren Willen der Völker verwirklichen, die demokratischen Prinzipien des Völkerrechts einhalten würden. Die Geschichte unserer Zeit bietet eine Fülle von Beispielen dafür, daß es gerade diese Kreise sind, die die Grundsätze

[520] Lenin, Ausgewählte Werke, Bd. II, S. 256.

und Normen des Völkerrechts verfälschen, ja in das genaue Gegenteil verkehren und sich damit in Gegensatz zum tatsächlichem Willen der Völker stellen.

Das zeigte sich und zeigt sich auch immer wieder in der Deutschlandfrage. Das Völkerrecht steht auf der Seite des deutschen Volkes; es sichert ihm sein Recht auf Selbstbestimmung zu, sein Recht auf Nichtintervention, sein Recht darauf, in einem unabhängigen und souveränen, friedlichen und demokratischen, einheitlichen deutschen Staat die Geschicke der Nation selbst zu bestimmen. Aber es gibt auch hier keine Rechte „an sich", Rechte, die dem deutschen Volk von irgendwoher in den Schoß fallen. Das deutsche Volk muß sich die Anwendung der demokratischen Grundsätze und Normen des Völkerrechts auf die Deutschlandfrage erkämpfen; erkämpfen auch durch das eigene Handeln, die eigene Tat für Deutschland und den Frieden.

Wir stehen in diesem Kampf nicht allein. An unserer Seite stehen die friedliebenden Menschen der ganzen Welt, stehen vor allem die sozialistischen Staaten, die als sozialistische Staaten die unmittelbaren Vertreter des Willens ihrer Völker sind. Die Ereignisse unserer Zeit bestätigen unwiderlegbar, daß der Wille der Völker nach Frieden und friedlicher Zusammenarbeit immer mehr wächst, daß dieser Wille die Volksmassen ergreift, sie organisiert und mobilisiert, daß dieser Wille ein mächtiger Faktor in der Geschichte wird. Das bedeutet, daß auch die zutiefst demokratischen Grundsätze und Normen des modernen Völkerrechts ständig an Kraft gewinnen; denn hinter ihnen stehen die schaffenden Menschen, steht der geschichtliche Fortschritt.

LITERATURVERZEICHNIS

ABENDROTH, W., Die Haftung des Reiches, Preußens, der Mark Brandenburg und der Gebietskörperschaften des öffentlichen Rechts für die Verbindlichkeiten, die vor der Kapitulation vom 8. 5. 1945 entstanden sind. In: „Neue Justiz", 1 (1947), S. 73ff.

ALEXANDROWICZ-ALEXANDER, Ch. H., The quasi-judicial function in recognition of States and Governments. In: A. J., *46* (1952), S. 631ff.

ANZILOTTI, D., Lehrbuch des Völkerrechts. Bd. I, Berlin 1929.

BATY, TH., The Canons of International Law.

BAUER, TH. L., Deutschland als Ganzes, die völkerrechtlichen Gegebenheiten zur Wiederherstellung der deutschen Einheit und zur Durchführung freier Wahlen. In: „Gemeinschaft und Politik", Zeitschrift herausgegeben vom Institut für Geosoziologie und Politik, Bad Godesberg, 5 (1957), Heft 1, S. 45ff.

BENOIST, Le Conseil de Contrôle et l'Occupation de l'Allemagne. In: „Politique Etrangère", 11 (1946), S. 61ff.

BINDSCHEDLER, R. L., Die völkerrechtliche Stellung Deutschlands. In: Schweizerisches Jahrbuch für internationales Recht, VI (1949), S. 37ff.

BISHOP, J. W., The „Contractual Agreements" with the Federal Republic of Germany. In: A. J., 49 (1955), S. 125ff.

BOGDANOW, O. W., Die bürgerliche Völkerrechtsdoktrin über das Problem der internationalen Zusammenarbeit. In: RID, 5 (1956), Sp. 129ff.

BORCHARD, E. M., Recognition and Non-recognition. In: A. J., 36 (1942), S. 108ff.
Zitiert: BORCHARD, Recognition.

The unrecognized Government in american courts. In: A. J., 26 (1932), S. 261ff.
Zitiert: BORCHARD, The unrecognized Government.

BRANDWEINER, H., Die Pariser Verträge. 2. Aufl., Berlin 1956.
Zitiert: BRANDWEINER, Verträge.

Die Deutsche Demokratische Republik und das Problem der Staatennachfolge. In: „Deutsche Außenpolitik“, 1 (1956), S. 496ff.
Zitiert: BRANDWEINER, Staatennachfolge.

BRIERLY, J. L., Grundlagen des Völkerrechts. Berlin 1948.

BRIGGS, H. W., The Law of Nations Cases, documents and notes. 2. Ausgabe, New York 1952.
Zitiert: BRIGGS, Law of Nations.

Recognition of States: Some reflections on Doctrine and Practice. In: A. J., 43 (1949), S. 113ff.
Zitiert: BRIGGS, Recognition.

BROWN, PH. M., The effects of recognition. In: A. J., 36 (1942), S. 106ff.
Zitiert: BROWN, Effects.

The legal effects of recognition. In: A. J., *44* (1950), S. 617ff.
Zitiert: BROWN, Legal effects.

CALVO, M. CH., Le droit international. 3. Aufl., Bd. I, Paris 1880.

CASTRÉN, E., Aspects récents de la succession d'états. In: RdC, 78 (1951), S. 385ff.

Die Charta der Vereinten Nationen
und das Statut des Internationalen Gerichtshofes. Herausgegeben von der Informationsabteilung der Vereinten Nationen, ohne Ort und Datum.
Zitiert: UN-Charta.

CHEN, T., The International Law of Recognition. London 1951.

CORBETT, P. E., Social Basis of a Law of Nations. In: RdC, 85 (1954), S. 471ff.

CÚTH, J., Einige Probleme der Anerkennung der Staaten im gegenwärtigen Völkerrecht. In: RID, 5 (1956), Sp. 404ff.

DELBEZ, L., Le nouveau statut de l'Allemagne occoupée. In: RGDIP, 54 (1950), S. 3ff.

Deutsches Institut für Zeitgeschichte: Geschichtliche Zeittafeln 1945 bis 1953. Berlin 1953.
Zitiert: DIZ/I.

Geschichtliche Zeittafeln, Deutsche Demokratische Republik. Berlin 1954.
Zitiert: DIZ/II.

DICKINSON, E. D., Recognition cases 1929–1930. In: A. J., 25 (1931), S. 214ff.

Zitiert: DICKINSON, Recognition cases.

Recent Recognition Cases. In: A. J., 19 (1925), S. 263ff.
Zitiert: DICKINSON, Recent recognition cases.

ENGELS, F., Ludwig Feuerbach und der Ausgang der klassischen deutschen Philosophie. In: Karl Marx und Friedrich Engels, Ausgewählte Schriften in 2 Bänden. Bd. II, Berlin 1955, S. 333ff.
Zitiert: ENGELS, Feuerbach.

Der Ursprung der Familie, des Privateigentums und des Staates. Ebenda, S. 173ff.
Zitiert: ENGELS, Ursprung.

ERICH, R., La naissance et la reconnaissance des états. In: RdC, 13, III (1926), S. 431ff.

FAUCHILLE, P., Traité de droit international public. Paris 1922.

FAWCETT, J. E. S., The Belligerent Status of Germany in 1945. In: B. Y., XXIII (1946), S. 381ff.

FENWICK, CH. G., International Law. 3. Aufl., New York und London 1948.
Zitiert: FENWICK.

The recognition of the de facto governments. In: A. J., 42 (1948), S. 863ff.
Zitiert: FENWICK, Recognition.

FINCH, G. E., The Nuremberg Trial and International Law. In: A. J., 41 (1947), S. 20ff.

FISHER WILLIAMS, SIR J., Aspects of Modern International Law. London 1939.
Zitiert: FISHER WILLIAMS, International Law.

Recognition. In: „Grotius Transactions", 15 (1929).
Zitiert: FISHER WILLIAMS, Recognition.

Flick-Prozeß
Deutsches Protokoll, Privatdruck.

FREEMAN, A. V., War crimes by enemy nationals administering justice in occupied territory. In: A. J., 41 (1947), S. 579ff.

FRIED, J. H. E., Transfer of civilian manpower from occupied territory. In: A. J., 40 (1946), S. 303ff.

GAREIS, C., Institutionen des Völkerrechts. Gießen 1888.

GEILER, K., Die gegenwärtige völkerrechtliche Lage Deutschlands. Bremen 1947.

GROS, A., La condition juridique de l'Allemagne. In: RGDIP, 50 (1946), S. 67 ff.

Grundlagen der marxistischen Philosophie. Berlin 1959.

GUGGENHEIM, P., Lehrbuch des Völkerrechts. Basel 1948.
Zitiert: GUGGENHEIM, VR.
Beiträge zur völkerrechtlichen Lehre vom Staatenwechsel. Berlin 1925.
Zitiert: GUGGENHEIM, Staatenwechsel.
Les Principes de Droit International Public. In: RdC, 80 (1952), S. 5 ff.
Zitiert: GUGGENHEIM, Principes.

HACKWORTH, G. H., Digest of international law. Bd. I bis VIII, Washington 1940–1944.

HALE, W. B., Our Moral Empire in America. In: World's Work, Bd. 28 (1914).

HALL, W. E., A treatise on International Law. 8. Aufl., Oxford 1924.

HEILBORN, P., Die Anerkennung neuer Staaten. Berlin 1931.

HERSHEY, A. S., The Essentials of International Public Law. New York 1918.

HERVEY, J. G., The legal effects of recognition in international law. London 1928.

HOLD-FERNECK, A., Lehrbuch des Völkerrechts. Bd. I, Leipzig 1930; Bd. II, Leipzig 1932.

HUBER, M., Die Staatensukzessionen, Völkerrechtliche und staatsrechtliche Praxis im 19. Jahrhundert. Leipzig 1898.

HYDE, CH. CH., International Law. 2. Aufl., Bd. I, Boston 1947.

JELLINEK, G., Allgemeine Staatslehre. 3. Aufl., Berlin 1913.

JELLINEK, HANSJÖRG, Der automatische Erwerb und Verlust der Staatsangehörigkeit durch völkerrechtliche Vorgänge, zugleich ein Beitrag zur Lehre von der Staatensukzession. Berlin/Detmold/Köln 1951.

JENKS, C. W., State Succession in respect of law-making treaties. In: B. Y., 29 (1952), S. 105 ff.

JENNINGS, R. Y., Government in Commission. In: B. Y., XXIII (1946), S. 112 ff.

JESSUP, P. J., Modernes Völkerrecht. Wien 1950.

JEWGENJEW, W. W., Rechtssubjektivität, Souveränität und Nichteinmischung im Völkerrecht. In: RID, 4 (1955), Sp. 567 ff.

JONES, J. M., State Succession in the Matter of Treaties. In: B. Y., 24 (1947), S. 360 ff.

KAUFMANN, E., Potsdamer Abkommen und Bonner Grundgesetz. Der Weg für die Erörterung der verfassungsrechtlichen Frage im Verfahren auf Feststellung der Verfassungswidrigkeit der KPD ist frei. In: Bulletin des Presse- und Informationsamtes der Bundesregierung vom 10. Dezember 1954, Nr. 232, S. 2137ff.
Zitiert: KAUFMANN, Gutachten.

Die These von den zwei deutschen „Teilstaaten" oder „Teilvölkern". In: Bulletin des Presse- und Informationsamtes der Bundesregierung vom 6. Januar 1955, Nr. 3, S. 17ff.
Zitiert: KAUFMANN, Teilstaaten.

KELSEN, H., Das Problem der Souveränität und die Theorie des Völkerrechts. Tübingen 1920.
Zitiert: KELSEN, Souveränität.

Allgemeine Staatslehre. Berlin 1925.
Zitiert: KELSEN, Staatslehre.

Principles of International Law. New York 1952.
Zitiert: KELSEN, Principles.

The international legal status of Germany to be established immediately upon termination of the war. In: A. J., 38 (1944), S. 689ff.
Zitiert: KELSEN, The international legal status.

The legal status of Germany according to the Declaration of Berlin. In: A. J., 39 (1945), S. 518ff.
Zitiert: KELSEN, The legal status.

Is a Peace Treaty with Germany Legally Possible and Politically Desirable? In: The American Political Science Review, XLI (1947), S. 1188ff.
Zitiert: KELSEN, Peace Treaty.

Recognition in international law. Theoretical observations. In: A. J., 35 (1941), S. 605ff.
Zitiert: KELSEN, Recognition.

The Law of the United Nations, incorporating Recent Trends in the Law of the United Nations. 1. Aufl. 3. Druck, London 1951.
Zitiert: KELSEN, United Nations.

VON KEMPSKI, J., Deutschland als Völkerrechtsproblem. „Merkur", 1 (1947), S. 188ff.

KOHL, M., Die Vertretung Chinas im internationalen Verkehr. Berlin 1957.

Konferenzen und Verträge
Vertrags-Ploetz, ein Handbuch geschichtlich bedeutsamer Zusammenkünfte, Vereinbarungen, Manifeste und Memoranden. Teil II: 1493 bis 1952. Bearbeitet von H. Rönneforth, Bielefeld 1953.

Zitiert: Vertrags-Ploetz.

KOROWIN, E. A., Einige grundlegende Fragen der gegenwärtigen Theorie des Völkerrechts. In: RID, 4 (1955), Sp. 221ff.
Zitiert: KOROWIN, Grundlegende Fragen.

Proletarian Internationalism in World Relations. In: „International Affairs", 1958/2, S. 23ff.
Zitiert: KOROWIN, Proletarian Internationalism.

Zur Frage der Rolle der Volksmassen bei der Entwicklung des Völkerrechts. In: RID, 5 (1956), Sp. 393ff.
Zitiert: KOROWIN, Volksmassen.

KRÖGER, H., Adenauers „Identitätstheorie" und die völkerrechtliche Stellung der DDR. In: „Deutsche Außenpolitik", 2 (1957), S. 353ff.
Zitiert: KRÖGER, Identitätstheorie.

Die staatsrechtliche Bedeutung des Potsdamer Abkommens für das deutsche Volk. Berlin 1957.
Zitiert: KRÖGER, Potsdamer Abkommen.

KUNZ, J. L., Die Anerkennung von Staaten und Regierungen im Völkerrecht. Stuttgart 1928.
Zitiert: KUNZ, Anerkennung.

Die Staatenverbindungen. Stuttgart 1929.
Zitiert: KUNZ, Staatenverbindungen.

London and Paris Agreements on West Germany. In: A. J., 49 (1955), S. 210ff.
Zitiert: KUNZ, London and Paris Agreements.

The Contractual Agreements with the Federal Republik of Germany. In: A. J., 47 (1953), S. 106ff.
Zitiert: KUNZ, Contractual Agreements.

Ending the war with Germany. In: A. J., 46 (1952), S. 114ff.
Zitiert: KUNZ, Ending the war.

Critical remarks on Lauterpacht's „Recognition in international law". In: A. J., 44 (1950), S. 713ff.
Zitiert: KUNZ, Critical remarks.

Identity of States under International Law. In: A. J., 49 (1955), S. 68ff.
Zitiert: KUNZ, Identity of States.

Der heutige Stand der Wissenschaft und des Unterrichts des Völkerrechts in den Vereinigten Staaten. In: „Österreichische Zeitschrift für öffentliches Recht", Bd. VII, S. 401ff.

LACHS, M., Die Charta der Vereinten Nationen als Grundlage der friedlichen Koexistenz. In: „Neue Justiz“ 10 (1956), S. 353ff.

LAUN, R., Die Haager Landkriegsordnung. Wolfenbüttel und Hannover 1948. Zitiert: LAUN, HLKO.

Staats- und Völkerrecht in Deutschland. In: „Monatsschrift für deutsches Recht“ 1 (1947), S. 246ff.
Zitiert: LAUN, Staats- und Völkerrecht.

LAUTERPACHT, H., Recognition in International Law. London 1947.

LENIN, W. I., Ausgewählte Werke in 2 Bänden. Berlin 1955.
Zitiert: LENIN, Ausgewählte Werke.

Über den Staat. Berlin 1952.

v. LISZT-FLEISCHMANN, Das Völkerrecht, systematisch dargestellt. 12. Aufl., Berlin 1925.

LÖWENTHAL, H., Zum gegenwärtigen völkerrechtlichen Status Deutschlands. In: „Neue Justiz“ 6 (1952), S. 398ff.

LORIMER, M. J., La Doctrine de la reconnaissance, Fondement du Droit International. In: Revue de droit international et de législation comparée, Bd. XVI (1884), S. 331ff.

DE LOUTER, J., Le droit international public positif. Bd. I, Oxford 1920.

LUKASCHUK, J. J., Über die Natur des gegenwärtigen Völkerrechts. In: RID 4 (1955), Sp. 237ff.

MANN, F. A., Deutschlands heutiger Status (Erweiterte Fassung eines Vortrages, gehalten am 5. März 1947 vor der Grotius Society in London). In: „Süddeutsche Juristen-Zeitung“ 2 (1947), Sp. 465ff.

MAREK, K., Identity and continuity of states in public international law. Genf 1954.

MARSCHALL VON BIEBERSTEIN, W. FREIHERR, Gibt es zwei deutsche Staaten? In: „Deutsche Zeitung und Wirtschaftszeitung“ Stuttgart, 27. April 1957.

MARX, K., Zur Kritik der politischen Ökonomie. Berlin 1951.

MEISTER, N., Stimmen des Auslandes zur Rechtslage Deutschlands. In: „Zeitschrift für ausländisches öffentliches Recht und Völkerrecht“ XIII (1950/1951), S. 173ff.

Meshdunarodnoje Pravo
Herausgegeben vom Institut für Recht der Akademie der Wissenschaften der UdSSR, Moskau 1957.

MODSHORJAN, L. A., Zur Frage der Völkerrechts-Subjekte. In: RID 5 (1956), Sp. 683ff.

Zitiert: MODSHORJAN, Völkerrechtssubjekte.

Der Begriff der Souveränität im Völkerrecht. In: RID 4 (1955), Sp. 577 ff.
Zitiert: MODSHORJAN, Souveränität.

MOORE, J. B., A Digest of International Law. Washington 1906.

NOBLEMAN, E. A., American Military Government Courts in Germany. In: A. J. 40 (1946), S. 803 ff.

NOËL-HENRY, Les gouvernements de fait devant le juge. Paris 1927.

NORDEN, A., Um die Nation. Berlin 1952.

NYS, E., La doctrine de la reconnaissance des Etats. In: Revue de droit international et de législation comparée, Serie II, Bd. V (1903), S. 293 ff.

OPPENHEIM-LAUTERPACHT, International Law. 7. Aufl., Bd. II, London 1952.
International Law, 8. Aufl., Bd. I, London 1955.

PLISCHKE, E., Reactivation of Prewar German Treaties. In: A. J. 48 (1954), S. 245 ff.

PLOETZ, K., Auszug aus der Geschichte. 24. Aufl., Würzburg 1951.
Zitiert: Geschichts-Ploetz.

POLAK, K., Die Souveränität der Deutschen Demokratischen Republik und die deutsche Staatsfrage. Leipzig/Jena 1954.

POTTER, P. B., Legal Bases and Character of Military Occupation in Germany and Japan. In: A. J. 43 (1949), S. 323 ff.

RAESTAD, A., La Reconnaissance des nouveaux états et des nouveaux gouvernements. In: Revue de droit international et de législation comparée, Serie III, Bd. XVIII (1936), S. 257 ff.

RIVIER, A., Principes du Droit des Gens. Paris 1896.

RÖMER, H. G., Amerikanische Interessen- und Prinzipienpolitik in Mexiko. Hamburg 1929.

ROSS, A., Lehrbuch des Völkerrechts. Stuttgart und Köln 1951.

ROUSSEAU, I., L'indépendence de l'Etat dans l'ordre international. In: RdC 1948 – II.

SADOROSHNY, G. P., Die völkerrechtlichen Prinzipien des friedlichen Nebeneinanderbestehens der Staaten. In: RID 5 (1956), Sp. 121 ff.

SAUER, E., Grundlehre des Völkerrechts. 3. Aufl., Köln/Berlin 1955.

SAUSER-HALL, G., L'occupation de l'Allemagne par les Puissances Alliées. In: Schweizerisches Jahrbuch für internationales Recht, III (1946), S. 9 ff.

SCHÄTZEL, W., Gebietserwerb. In: Wörterbuch des Völkerrechts, Bd. I.

SCHICK, F. B., The Nuremberg Trial and the International Law of the Future. In: A. J., 41 (1947), S. 770ff.

SCHLOCHAUER, H. J., Deutschlands völkerrechtliche Stellung und die zukünftige Friedensregelung. In: „Deutsche Rechts-Zeitschrift", 2 (1947), S. 118ff.

SCHOENBORN, W., Staatensukzessionen. Berlin/Stuttgart/Leipzig 1913.

SCHURSCHALOW, W. M., Über einige Fragen der Theorie des Völkerrechts. In: RID, 4 (1955), Sp. 240ff.

SCHWARZENBERGER, G., Einführung in das Völkerrecht. Tübingen 1951. Zitiert: SCHWARZENBERGER, Völkerrecht.

Power Politics. 2. Aufl., London 1951. Zitiert: SCHWARZENBERGER, Power Politics.

SCHWELB, E., Crime against Humanity. In: B. Y., XXIII (1946), S. 178ff.

SMITH, H. A., Great Britain and the Law of Nations. Bd. I, London 1932.

Sowjetstaat und Sowjetrecht

Zu den Ergebnissen der Diskussion über einige Fragen der Theorie des gegenwärtigen Völkerrechts. In: RID, 4 (1955), Sp. 585ff.

STANDTKE, H., TILLMANN, H., und WÜNSCHE, H., Zum gegenwärtigen völkerrechtlichen Status Deutschlands. In: „Neue Justiz", 6 (1952), S. 296ff.

(STEINIGER), Der Nürnberger Prozeß. Aus den Protokollen, Dokumenten und Materialien des Prozesses gegen die Hauptkriegsverbrecher vor dem Internationalen Militärgerichtshof. Ausgewählt und eingeleitet von Prof. Dr. P. A. STEINIGER, Berlin 1957.

STIERLIN, P., Die Rechtsstellung der nichtanerkannten Regierung im Völkerrecht. Zürich 1940.

STÖDTER, R., Deutschlands Rechtslage. Hamburg 1948.

STRUPP, K., Grundzüge des positiven Völkerrechts. 5. Aufl., Bonn und Köln 1932.

TRIEPEL, H., Völkerrecht und Landesrecht. Leipzig 1899.

TUNKIN, G., Die Berliner Frage im Licht des Völkerrechts. In: „Blätter für deutsche und internationale Politik", 3 (1959), S. 191ff.

TUREGG, K. E. VON, Deutschland und das Völkerrecht. Köln 1948.

ULLMANN, E., Völkerrecht. Freiburg i. Br. 1898.

VAGTS, A., Mexiko, Europa und Amerika. Berlin 1928.

VERDROSS, A., Die Verfassung der Völkerrechtsgemeinschaft. Wien und Berlin 1928.

Zitiert: VERDROSS, Verfassung.

Völkerrecht. 3. Aufl., Wien 1955.

Zitiert: VERDROSS, VR.

Die völkerrechtliche Stellung Deutschlands von 1945 bis zur Bildung der westdeutschen Regierung. In: „Archiv des Völkerrechts", 3 (1951/1952), S. 129ff.

Zitiert: VERDROSS, Die völkerrechtliche Stellung Deutschlands.

VIRALLY, M., L'administration internationale de l'Allemagne. Paris 1948.

WALDKIRCH, E. VON, Das Völkerrecht. Basel 1926.

WARBURG, J. P., Deutschland – Brücke oder Schlachtfeld. Stuttgart 1949.

WILKINSON, H. A., The American Doctrine of State Succession. Baltimore 1934.

WRIGHT, Q., The Law of the Nuremberg Trial. In: A. J., 41 (1947), S. 38ff.

Zitiert: WRIGHT, Nuremberg Trial.

Legal Positivism and the Nuremberg Judgement. In: A. J., 42 (1948), S. 405ff.

Zitiert: WRIGHT, Legal Positivism.

The Chinese Recognition Problem. In: A. J., 49 (1955), S. 320ff.

Zitiert: WRIGHT, Chinese Recognition Problem.

ABKÜRZUNGEN

A. J.	American Journal of International Law
B. Y.	The British Year Book of International Law
RdC	Recueil des Cours de l'Académie de Droit International de la Haye
RGDIP	Revue Générale de Droit International Public
RID	Rechtswissenschaftlicher Informationsdienst.

FSC
www.fsc.org
MIX
Papier | Fördert gute Waldnutzung
FSC® C083411

Kolibri 360 GmbH
Ferdinand-Jühlke-Straße 7
99095 Erfurt, Deutschland
produktsicherheit@kolibri360.de